AF363485

Une belle âme

et

Un grand cœur

LE CAPITAINE

MALAFAYE

D'aprés sa Correspondance

(1815-1902)

Se trouve chez L'AUTEUR, à Brantôme
et chez M. DANO, à Vergt

Le capitaine MALAFAYE

D'après sa correspondance

Je souhaite à mon pays les bienfaits de la paix, mais je désire me trouver au nombre des combattants toutes les fois que nous aurons à supporter le fléau de la guerre.

(Lettre du capitaine Malafaye devant Sébastopol, 18 mars 1855.)

PRÉFACE-NOTICE

Le 21 octobre dernier, je traversais Périgueux pour me rendre à la gare, quand je fus abordé par un brave négociant de cette ville : « N'étiez-vous pas hier, me dit-il, aux obsèques du capitaine Malafaye ? — Oui, Monsieur, j'y étais. — Savez-vous si on peut se procurer le *prône* qu'a fait à cette cérémonie M. le vicaire général ? — C'est chose impossible pour le moment ; ce discours n'a pas été écrit. — Voyez-vous, Monsieur le curé, j'ai un désir qui me tient au cœur : je veux lire et relire cet éloge funèbre ; je veux demander aux neveux du bon capitaine un morceau de sa défroque ; je le garderai précieusement et je dirai à ma famille : « Nous avons là les reliques d'un saint ! »

Ce commerçant périgourdin n'était pas seul à proclamer la sainteté de l'homme de bien que nous venions de conduire à sa dernière demeure. L'annonce de la mort du capitaine Malafaye avait fait exprimer sous mille formes, dans toute la contrée, cette conviction de tous, qu'un nouvel élu venait d'entrer dans le ciel.

C'est la vie de cet homme, canonisé ainsi par l'opinion publique, et couronné d'ailleurs, en 1893, des lauriers Monthyon, qui fait l'objet de cette notice. Nous l'avons écrite brièvement, parce qu'elle a pour unique but de donner la clef des lettres du capitaine, que nous publions. Là seulement, dans ces pages intimes adressées à sa mère, à ses frères et à quelques amis, on aura la révélation pleine d'intérêt de ses états d'âme, de ses édifiantes vertus. Là aussi, à travers les événements et les faits quotidiens, tantôt menus, tantôt importants, qui marquent son existence, on admirera ses réflexions, ses jugements sagaces sur les hommes et les choses de son temps, les descriptions faciles, élégantes et véridiques de sa plume, qu'il savait manier comme son sabre.

I

Au commencement du dernier siècle, une pauvre mais bien honnête famille d'agriculteurs s'était fondée à Vergt, en Périgord, par le mariage de Léonard Malafaye avec Jeanne Dumas.

De cette union naquirent quatre enfants : Fayou, Titou, Firmin et Louis.

Ce foyer, où rayonnent encore de leur doux éclat les vertus familiales, fut bientôt visité par une douloureuse épreuve : son chef disparut de ce monde, laissant à la charge de sa veuve sans fortune ses quatre fils en bas âge. Le troisième, à peine âgé de quatre ans, — celui qui devait être plus tard le brave et pieux capitaine, — fut confié à sa tante Fillou et à son parrain, qui habitaient le Mouteix. Il vécut donc, dès les jours de sa plus tendre enfance, sevré des caresses de sa mère. Nature très aimante et extrêmement sensible, Firmin devait souffrir par le cœur presque toute sa longue vie.

Après quelques années des plus rudimentaires études, sous la direction d'un instituteur de village, il alla poursuivre son instruction chez son oncle l'abbé Lamothe, curé-doyen de Champagnac-de-Bélair. Dans une lettre en date du 21 janvier 1827, ce vénérable prêtre fait en ces termes l'éloge de son jeune élève : « Firmin va fort bien ; il étudie beaucoup ; je suis très content de lui. »

Trois ans après, le 8 février 1830, l'abbé Lamothe s'éteignait saintement dans la paix du Seigneur. Firmin, désormais sans espoir de continuer ses classes, dut retourner à Vergt. Il avait alors quinze ans ; il en avait passé cinq à Champagnac.

Obligé de gagner son pain, résolu à se suffire quoique adolescent, il ouvre aussitôt, de concert avec son frère Titou, un commerce de chiffons auquel ils adjoignent le double métier de cardeur et de tisseur. Ils vont ensemble par les villages et les hameaux de la contrée, préparant à domicile la laine que les femmes fileront à la quenouille et qu'eux-mêmes trameront ensuite, pour fournir le droguet des vestiaires rustiques.

Mais ce n'était là, dans le plan de Firmin, qu'une situation provisoire et un métier d'attente. Il voulait être soldat, et il le fut à dix-huit ans.

Il entra au service, pour en exempter Titou, le 17 mai 1833. Il était alors d'un caractère entier, opiniâtre, un peu violent peut-être ; son esprit avait de l'ouverture ; son cœur battait pour le devoir, pour la justice, pour la philan-thropie ; nous ne pouvons pas dire pour la charité chrétienne, car, chose étrange, il n'avait gardé des leçons de l'abbé Lamothe aucun prin-cipe religieux. Son seul culte, c'est le culte de la famille : il aime étonnamment ses frères, il adore sa mère, et le tourment de son âme, c'est la crainte de n'être pas l'objet des plus tendres prédilec-tions de cette mère chérie. Comme il le dira plus tard avec Alfred de Musset, on n'est jamais bien méchant lorsqu'on aime sa mère ; lui, sans reli-gion jusqu'à l'époque de son mariage, trouvera de plus, dans cet amour filial si intense, doublé alors d'un amour conjugal porté aux dernières limites, le réveil de la foi chrétienne déposée en son âme par le baptême. Il est aussi permis de voir, dans ces précieuses dispositions d'un jeune cœur, l'heureux prélude d'une vie consacrée jus-qu'à l'extrême vieillesse au soulagement de toutes les infortunes.

Pour tout dire cependant, — et cette consta-tation met en relief une fois de plus l'insuffisance des vertus naturelles que n'anime pas la foi, — dans cette phase de son existence Malafaye n'eut pas toujours une vie absolument sans reproche. Il nous le donne à pressentir lorsqu'il parle, dans ses premières lettres à sa mère, de la mauvaise opinion qu'elle garde de lui et des efforts qu'il fera pour se réhabiliter à tout prix auprès d'elle. Mais, aux yeux de cette vraie chrétienne, la vénération et l'amour de son fils, cent fois si tendrement exprimés, n'y suffisent pas. Elle sait quel ver peut le mordre au cœur et le gâter, tant que Dieu n'y règnera pas par sa grâce. Et, de fait, ce fils, trop respectueux envers sa mère pour être bien méchant, devra un jour lui cacher des défaillances que le monde excuse, que lui-même ne rougira pas de confier à ses frères, mais qu'il expiera, après sa conversion, par une pénitence volontaire, continue, héroïque, durant le demi-siècle de sa vie chrétienne.

Voilà donc le jeune Malafaye au régiment. Du premier abord il s'y fait remarquer par son amour de la discipline, par ses aptitudes à la carrière des armes. Ses chefs ne se contentent pas de l'encourager en le félicitant ; ils s'empressent de lui ouvrir la porte des grades. Malafaye eut ses premiers galons après quelques mois de service, l'épaulette du sous-lieutenant à 26 ans, celle du lieutenant à 27 ans, et les deux épaulettes du capitaine à 36 ans. On voulait faire de lui un officier supérieur ; lui ne le voulut jamais.

Pour Malafaye, bien servir n'est pas tout. A son avis, « un soldat doit tout son temps à la patrie et ne peut, sans engager sa conscience, se livrer à l'oisiveté. » Il consacre donc tout d'abord ses loisirs à son instruction. Il se charge ensuite d'instruire ses camarades.

« Longue, écrit l'un d'eux, serait la liste de ceux qu'il a mis par ses leçons, ses conseils, son exemple, sur le chemin de l'épaulette. » Et il cite, à côté de son propre nom, les noms de six officiers qui, à sa connaissance, doivent à Malafaye leur position dans l'armée.

En Afrique, Malafaye ouvre de véritables écoles qui reçoivent, outre les militaires, des Kabyles et des enfants européens. « Cela me prend quatre heures par jour, écrit-il à ses frères, et m'empêche de m'ennuyer. »

Dans les nombreuses expéditions de cette longue campagne, il se prodigue constamment, et tout le monde, lui excepté, remarque sa belle conduite, son dévouement sans bornes, son inépuisable charité.

Ce n'est plus la philanthropie qui le guide : il est maintenant chrétien, et quel chrétien ! Laissons parler le capitaine Déroche : « Je l'ai vu, dit-il, occupé sans cesse à alléger les privations et les souffrances du soldat ; et que de fois sa petite bourse y prenait part ! Sous la redoute du Kiss (Maroc), l'armée nous avait laissé tous les cholériques, et nous n'avions pas même un gobelet pour leur donner à boire. Le capitaine Malafaye se multiplia pour parer à tout, si bien qu'après quelques jours nos malades avaient repris confiance et retrouvé la santé. »

En Algérie, Malafaye eut à faire preuve de dévouement sur des champs de bataille d'un autre genre. Appelé, par la confiance du gouverneur, aux fonctions de directeur de colonie agricole, et dépassant la devise *Ense et aratro* (1), il fut à la fois, comme il a dit lui-même, commandant de place, sous-intendant militaire, inspecteur de colonisation, notaire, maire et juge de paix.

Une importante et jolie ville d'Afrique, Saint-Cloud, lui doit pour ainsi dire son existence. Son origine rappelle les premiers jours de Rome. Parmi les colons, venus de la métropole et de tous pays, beaucoup se montraient rebelles à la discipline et aux vertus civiques. Le capitaine s'emploie opiniâtrément à les moraliser, à leur inspirer l'amour du travail. Il y réussit au-delà de toute espérance. Par ses soins, les familles se fondent, nombreuses, florissantes ; et lorsqu'il devra porter ailleurs son zèle actif, un mot révélateur sera sur toutes lès lèvres : « C'est un père que nous perdons ! »

A Saint-Denys, où l'envoie le général Pélissier, même dévouement, même succès du soldat colonisateur, et, à son départ, mêmes regrets des colons.

En quittant ce dernier poste, notre capitaine va trouver son chef hiérarchique et dépose sur sa table la somme de 5,000 francs : chose rare !

____

(1) Par le glaive et la charrue.

ce sont les économies de sa gestion. L'officier supérieur ouvre de grands yeux : son livre de comptes n'a pas de chapitre où inscrire ces étranges recettes. Pour reconnaître de tels services, on offre au capitaine des terres qui représenteraient aujourd'hui une fortune. Il les refuse. Le bonheur d'accomplir son devoir et de faire du bien lui suffit.

Ce n'était point pour la première fois qu'il manifestait son extrême délicatesse. Citons un autre fait. Après quinze mois de mariage, — quinze mois qui lui avaient donné, selon son expression, du bonheur pour toute la vie, — il perdit sa femme. Avant de mourir, Mme Malafaye voulut lui laisser par testament toute sa fortune personnelle, cinquante mille francs. « Lorsqu'elle me fit cette confidence, écrit Malafaye, je lui dis que n'ayant rien à lui donner, je ne voulais rien recevoir. » Et comme, malgró lui, elle avait testé en sa faveur : « Je ne veux rien, déclare-t-il à ses frères ; que d'autres aient son bien ; moi, je conserverai le souvenir de ses vertus et je serai le plus riche. » Et il porta au greffe d'Oran sa renonciation à l'héritage.

En 1854, notre héros part pour la guerre d'Orient. Il assiste aux grandes batailles de l'Alma, d'Inkermann, de la Tchernaïa.

Le 30 avril 1855, sa compagnie étant de garde à la tranchée, les Russes sortent de Malakoff et livrent à nos troupes un combat de nuit très meurtrier. Dans l'ardeur de la lutte, le capitaine s'élance en avant. « Je ne pensais pas être fait prisonnier, écrit-il, bien résolu que j'étais à me défendre jusqu'à la mort, et espérant d'ailleurs quelque secours des miens au moment de la lutte suprême. Le bruit du canon et de la fusillade empêcha sans doute ma voix de se faire entendre. » Bref, le brave officier tombe aux mains de l'ennemi, le corps criblé de blessures. Les baïonnettes l'avaient atteint dix fois.

Dès qu'il entre en convalescence, le voilà qui prodigue ses soins, dans l'hôpital et les ambulances de Sébastopol, à ses compagnons d'infortune.

Rien de plus touchant que les lettres où il raconte sa captivité, les égards dont il est l'objet, ses tristesses, ses espérances. Les journaux de l'époque s'empressèrent de les publier et nous les retrouvons dans plusieurs histoires de la guerre d'Orient. Quel patriotisme ! quelle abnégation ! Et que de larmes coulèrent en France à la lecture de ces pages intimes du vaillant soldat chrétien !

Nous ne savons résister au désir d'en citer quelques fragments :

« *28 mars...* A l'hôpital, j'ai la satisfaction de donner quelques soins et un peu de courage à de pauvres blessés français. L'un d'eux est un officier de zouaves mortellement atteint. Je ne le quitterai pas qu'il n'ait rendu son âme à Dieu...

» *31 mars...* L'officier de zouaves est mort. Je lui ai fermé les yeux. A défaut de prêtre catholique, je l'avais exhorté à penser à Dieu, à le prier de lui pardonner ses péchés. Ce brave garçon s'est montré aussi ferme dans ses souffrances que solide devant l'ennemi. La France doit être fière d'avoir de tels enfants. J'ai accompagné cet intré- pide soldat jusqu'à la chapelle des morts ; j'ai dit un *De profundis* avant de le quitter, et je l'ai laissé en compagnie de cadavres russes, auprès desquels priaient quelques amis des défunts, quelques parents peut-être. »

Pourrions-nous oublier cette touchante, cette héroïque déclaration ? « Je ferais vœu de me mettre au pain et à l'eau pendant le reste de ma vie, si on voulait me rendre ma liberté et mon sabre... Pauvre sabre ! sa perte est pour moi comme un second veuvage ! »

Et encore : « La patrie absente revêt les for- mes les plus séduisantes pour se faire regretter. Le jour où elle me sera rendue, il me semble qu'il ne me manquera plus rien. Les officiers russes disent que je me trouverai si bien dans l'intérieur de leur Empire, que je renoncerai à revenir en France. C'est comme si on disait à un fils tendre et dévoué qu'il renoncera au doux plaisir de revoir sa mère. Oh non ! Quels que soient les adoucissements qu'on apporte à ma position, mes yeux se tourneront toujours du côté de l'Occident, et mon cœur, navré, ne pou- vant plus prendre part aux destinées de notre armée, remerciera Dieu avec effusion de tout ce qui pourra la grandir aux yeux du monde. Malgré mon obscurité, je me crois capable d'aimer mon pays autant que le plus grand seigneur. Le patriotisme se plait dans les âmes des humbles aussi bien que dans celles des grands. »

Le patriotisme de Malafaye eut à souffrir un jour de la présence d'un officier turc déserteur, interné comme lui à l'hôpital de Sébastopol. Ne pouvant supporter le voisinage du traître, notre capitaine va trouver le général Menschikoff et demande à loger au quartier des simples soldats, plutôt que de cohabiter avec le lâche qui n'a pas eu honte de passer à l'ennemi. Le général russe comprend les délicatesses du brave officier français : il l'invite à sa table et envoie le Turc se faire héberger ailleurs.

Après trois mois de captivité, un cartel d'échange de prisonniers rendit le capitaine Malafaye au 7e léger. Ce régiment ne tarda pas à rentrer en France, meurtri, tronçonné par la campagne. Or, la guerre n'était pas finie. Avec ses dix blessures à peine fermées, notre héros n'écoute alors ni les cris de la nature ni les supplications de sa famille. Renonçant à un repos chèrement gagné, il demande à permuter. Le colonel du 9e régiment, où il se présente, hésite à le recevoir, « parce que, dit-il, ses brillants états de service nuiraient à l'avancement de ses officiers. » — « Qu'à cela ne tienne, » répond le capitaine; et sur-le-champ il déclare « qu'il renonce désormais à tout avancement. » Dans la suite on ne tiendra pas compte de sa promesse, mais lui ne l'oubliera jamais ; il multipliera même ses démarches auprès des généraux pour être plusieurs fois rayé de la liste des promotions.

En 1859, le capitaine Malafaye fit partie du corps expéditionnaire de l'Adriatique. « Je frissonne de plaisir et d'émotion, écrivait-il à ses frères ; je pars pour l'Italie avec une compagnie de 175 voltigeurs. »

La flotte française alla jusque devant Venise, mais elle ne tira pas un coup de canon. Ce fut une déception pour ce vaillant. Toutefois, il sut bien se dédommager en se dépensant auprès des malades. Par une chaleur torride, la dyssenterie faisait des ravages dans la troupe, entassée sur les navires, avec une ration d'eau insuffisante. Le moment vint où une révolte était sur le point d'éclater. Le capitaine Malafaye, qui se mêlait aux soldats, vit le danger : son intervention habile conjura le désordre.

Un deuil bien douloureux l'attendait au retour de cette expédition. Son plus jeune frère, officier au 8e de ligne, était tombé près de la tour de Solférino, en combattant à la tête de sa compagnie. Il le pleure à chaudes larmes ; mais sa mort au champ d'honneur le console. Ecoutons-le dans une lettre à sa mère : « Louis était trop solide, trop intrépide soldat pour reculer. Lorsque sa troupe a battu en retraite, il lui aura fait voir comment se fait tuer un officier français. Lorsqu'on est bien pénétré de son devoir, on n'abandonne pas une position chèrement conquise. Les lâches fuient, les braves marquent avec leurs cadavres que, morts ou vivants, ils gardent le terrain qu'ils ont enlevé à l'ennemi. Ah ! ma mère, quelle belle fin que celle de Louis ! Mes yeux, que je croyais taris, ont encore trouvé des larmes pour pleurer ce frère que j'aimais tant... »

Deux jours plus tard il écrit à ses frères : « Je n'ai point pleuré aujourd'hui. Si notre mère peut supporter avec résignation le malheur que Dieu lui envoie dans ses vieux jours, je me réjouirai de la belle fin de notre frère. Je ne suis jamais seul sans penser à lui. Je suis fier de l'exemple qu'il m'a donné et que j'aurais voulu suivre, si la guerre eût continué... Je demande à ma famille la permission de porter jusqu'à la fin de ma carrière militaire son sabre, qui a été si noblement tiré pour l'honneur et la gloire de la patrie. Dans quatre ans je le rapporterai à Vergt, où il deviendra notre propriété commune. Mes neveux le considèreront un jour comme un des objets les plus précieux de leur patrimoine. »

Au plus pur patriotisme, à la plus noble bravoure, est mêlé dans le cœur de Malafaye le plus affectueux dévouement pour les siens. Par un prodige d'économie, cet officier, qui garde au plus haut degré le respect de son rang et qui sème de tous côtés tant d'aumônes, sait encore distraire, chaque année, de ses modestes appointements, la somme de cinq cents francs, pour venir en aide à son frère aîné dans l'éducation de ses deux fils. Et il est prêt, s'il le faut, à faire de plus grands sacrifices. « Ma principale dépense, lui écrit-il, vient de mon cheval. Si tes charges te paraissent trop lourdes, je vendrai cet animal, qui ne sert guère qu'à mon plaisir. Réponds-moi. Ce serait faire bien peu pour toi que de renoncer à monter à cheval quatre ou cinq fois par semaine. »

Une dame Roux, quelque peu sa parente, s'était occupée de lui dans son enfance. A son tour, il s'occupa d'elle dans sa vieillesse : sa pension de deux cent cinquante francs, comme légionnaire, est allée dans la bourse de cette femme durant les vingt dernières années de sa détresse. En même temps, le fils de sa protégée trouve en lui un second père : Malafaye le prend à son service, lui fait la classe et lui ouvre ainsi un brillant avenir dans les rangs de notre armée.

Maintenant, voici notre capitaine au bout de sa carrière de soldat. En 1864 il dit adieu à cette vie des camps qui fut sa grande passion. Désormais il servira son pays sous le drapeau de la charité.

II.

D'abord, notre vétéran cultive de ses propres mains son modeste patrimoine, en vue surtout de donner aux agriculteurs l'exemple d'une exploitation raisonnée. De fait, il est un des

meilleurs modèles du canton, notamment pour
la culture des tabacs et l'élevage de ces humbles
et timides rongeurs qu'il faut bien désigner par
leur nom : les lapins. Ne comptant point vulga-
riser, après l'essai royal d'Henri IV, la légendaire poule au pot, le capitaine a entrepris de
mettre la gibelotte à la portée du paysan. Il a
formé un clapier où s'élèvent un cent et demi de
lapins domestiques, dont le produit alimente sa
caisse des pauvres. Sa servante a été la première à bénéficier de cette industrie. Malafaye,
outre un loyer double de ce que cette fille eût
osé demander, lui donne à cheptel quatre hases ;
elles lui rapportent en moyenne annuelle deux
cents francs. Le dessein du capitaine a d'ailleurs
été compris dans la contrée ; presque tous les
ménages possèdent aujourd'hui une réduction
de son clapier modèle.

A peine installé dans le logis paternel, dont il
respecte les crépis rustiques et les poutres
enfumées, notre vétéran organise contre la
misère une campagne qui durera autant que sa
vie et où les armistices demeureront inconnus.
Sociétés charitables à soutenir ou à créer, malades à visiter, pauvres à secourir : voilà quelles
seront désormais ses occupations journalières.

Délégué cantonal, il visitait régulièrement
les écoles, interrogeait les enfants, et, pour entretenir leur émulation et les former à la pratique du droit de suffrage, instituait un prix d'honneur, qui se décernait au plus méritant de cha-

que classe par le vote même de tous les élèves.

Admis par les dames de charité comme auxiliaire de leur œuvre, Malafaye stimule leur zèle, dirige leurs efforts et comble plus d'une fois le déficit de leur caisse.

Dans la société de secours mutuel des ouvriers il se réserve les fonctions humbles et actives, visitant les membres éloignés du chef-lieu, donnant son temps à mille petits détails que d'autres négligeraient peut-être, mais qui assurent la prospérité de l'œuvre.

Au bureau de bienfaisance, c'est à Malafaye que l'autorité confie le soin de distribuer ses bons. Il connaît si bien les pauvres ! Et puis, lorsque la caisse est vide, il va tendre la main, et parmi les aumônes qu'il rapporte, la sienne, toujours la première, est souvent la plus grosse.

Le bon capitaine s'était constitué secrétaire et agent de tous les retraités de sa commune. Il faisait pour eux toutes les démarches nécessaires, touchait les mandats et leur en distribuait les sommes avec une ponctualité toute militaire. Ne l'a-t-on pas vu écourter parfois son séjour annuel à Paris, pour ne pas retarder de vingt-quatre heures le versement des pensions échues entre les mains de ses protégés ?

En 1870, lors de nos grands désastres, Malafaye espérait jouer un rôle de soldat dans le terrible drame qui se déroulait sur le sol de la patrie. Sur sa demande, il était déjà désigné pour un régiment de zouaves en formation à Antibes, quand le préfet de la Dordogne lui imposa les fonctions de maire de Vergt. Par pur dévouement et en raison de certaines circonstances difficiles qui motivaient sa nomination, le capitaine dut remettre, mais bien à regret, son sabre au fourreau. Il administra sa commune avec une sagesse qui lui fit décerner d'unanimes éloges. Les élections de 1871 le déchargèrent de son fardeau : il y avait décliné toute candidature.

A 78 ans, le capitaine Malafaye était encore vice-président du comice agricole de son canton et l'un des membres les plus zélés de cette bienfaisante institution. Il n'épargnait ni son temps, ni ses forces, ni sa bourse, pour livrer assaut à la routine, si funeste aux progrès de l'agriculture dans nos campagnes.

Les occupations que nous venons d'énumérer suffiraient amplement à remplir une vie ordinaire. Chose incroyable, elles n'absorbaient point celle de notre héros. C'est que d'autres œuvres réclamaient ses bons offices, et, coûte que coûte, il y voulait mettre son cœur.

Tous les pauvres de la contrée, les mendiants vagabonds eux-mêmes, connaissaient bien sa demeure et venaient frapper à sa porte, sûrs d'avance d'un parfait accueil. Vivres, linge, vêtements, chaussures, argent, tout passait des mains de ce bienfaiteur dans celles des nécessiteux, qui ne se retiraient jamais sans une

seconde aumône, l'aumône d'une parole aima
ble ou d'un bon conseil.

Dans ces charités, pas le moindre éclectisme.
Malafaye ne demandait pas compte de leur
conduite aux miséreux ; leur misère lui suffi-
sait, et elle l'émouvait toujours. Que de fois un
service à rendre fit taire en cet homme les
répugnances de son âme délicate, pour le
mettre en contact avec des êtres dégradés !
Les prudes le blâmaient, ses amis se fâchaient ;
mais sa candeur, qui faisait sourire, désarmait
tout le monde et forçait l'admiration. Le dévouement de Malafaye avait d'ailleurs d'autres
audaces que nous allons dire, et celles-ci, au
besoin, auraient fait pardonner celles-là.

En 1870, Pouc, dit Dupont, sacristain à Vergt,
fut atteint de la variole noire. Ses voisins, ses
parents mêmes, affolés de peur, n'osaient l'approcher. Notre capitaine s'installe au chevet du
malade, ne le quitte qu'aux heures de ses repas
et l'entoure de ses soins héroïques. Bientôt cet
exemple électrise les craintifs, et lorsque la mort
a terrassé le pauvre varioleux, son charitable
garde n'est plus seul pour l'ensevelir et le veiller.

Malafaye éprouvait une vive sollicitude à
l'égard des faux ménages. Il les exhortait à régu-
lariser leur position, offrait de s'employer aux
démarches nécessaires ; et lorsqu'il avait réussi,
on le voyait à la mairie et à l'église, heureux,
triomphant, servir de témoin à ces couples
réhabilités.

On aurait dit qu'à cet homme rien ne coûtait et qu'il n'avait d'autres affaires que les affaires des autres. Un de ses protégés devait-il accomplir un voyage fatigant? Le capitaine prenait une voiture et conduisait lui-même son client. Fallait-il pour un autre réclamer une grâce, obtenir une recommandation? Il se mettait tout à son service et si bien qu'il semblait être le premier obligé.

Il allait à Paris tous les ans passer deux mois dans la famille de sa femme. Il y arrivait chargé de toutes sortes de commissions, souvent qu'il avait sollicitées. Un de ses premiers soins était de voir ses compatriotes, la plupart pauvres ouvriers venus dans la capitale pour chercher un travail plus rémunéré. Ses anciens compagnons d'armes n'étaient point non plus oubliés. Il était heureux qu'on disposât de sa personne, de son temps, de son influence; et là, comme à Vergt, il cultivait avant tout la clientèle des malheureux. Citons un fait. En 1889, le capitaine découvre dans un bouge la veuve d'un de ses anciens sous-lieutenants. Cette pauvre femme, dont le malheur avait dérangé l'esprit, était exploitée, malmenée par ses propres enfants. Son charitable visiteur n'eut de cesse qu'après l'avoir pourvue, par de délicates et difficiles démarches, d'un conseil judiciaire et d'un bon gîte dans une pension de dames.

Les malheureux de la classe pauvre avaient assurément les prédilections de notre héros. Il était assidu à leur faire visite, il causait sans fierté avec eux, leur portant des douceurs, du pain, du vin, et les laissant consolés, ravis de son inépuisable bonté. Les infirmes de la classe élevée recevaient néanmoins une part touchante dans ses charitables sollicitudes.

Pendant plus de dix années, il visita régulièrement deux fois la semaine une vénérable veuve, Mme de La Marcaudie, atteinte de surdité, dans l'unique but de lui procurer la distraction de quelques parties de cartes. Cette obligeance périodique coûtait chaque fois au bon capitaine douze kilomètres de marche.

Vint ensuite le tour d'un paralytique, M. de Marsaguet, ancien conseiller général, dont les mains pouvaient à peine tenir les cartes et dont la langue se faisait difficilement comprendre.

Après la mort de celui-ci, mêmes attentions assidues de Malafaye auprès de M. Torel et en dernier lieu auprès de Mme Torel. Ces complaisances à jours fixes, pendant des heures entières et mille fois répétées, auprès de pauvres infirmes que le mal avait rendus peu récréatifs, ne supposent-elles pas quelque héroïsme ? Le capitaine, en effet, ne cherchait point dans le jeu un délassement personnel ; il n'y voyait qu'une heureuse diversion pour ses chers visités, dont il endormait un peu les souffrances. D'ailleurs, en règle invariable, il demandait à prélever sur le gain des autres une petite contribution de charité. Quant à lui, s'il perdait, c'était pour son compte ;

s'il gagnait, c'était toujours et en totalité pour sa caisse des pauvres.

On le voit, notre capitaine était le désintéressement personnifié. Il n'a aimé l'argent qu'en considération des misères à soulager. S'il s'était borné à une bienfaisance ordinaire, avec ses goûts modestes, sa vie sobre et la simplicité de sa maison, les excédents annuels de sa pension de retraite, accumulés pendant quarante ans, feraient aujourd'hui une fortune. Loin de là, il fut toujours pour ses dépenses en avant d'un trimestre, et l'on se demande par quel inexplicable prodige sa caisse ne se déséquilibrait pas chaque jour davantage. Car, outre les aumônes courantes que nous avons signalées, Malafaye ne reculait point, à l'occasion, devant des largesses plus considérables. Ne l'a-t-on pas vu, un jour, racheter le patrimoine d'un ouvrier amputé, le « tambour » Landou ? Grâce au capitaine, le vieux « Jambe de bois » a pu mourir tranquille dans sa maison et transmettre à son fils le petit héritage de ses aïeux.

Un paralytique, Borie, ancien fossoyeur de Vergt, repoussé de tous, a vécu bien des mois sur la caisse du capitaine.

Les habitants de Vergt n'ont pas oublié un pauvre idiot, victime deux fois malheureuse par la mésintelligence et la dureté qui régnaient dans sa famille. Déguenillé, l'œil sauvage et le regard égaré, rôdant les routes et les rues, il venait souvent aux heures des repas frapper à la porte de Malafaye, et cet homme de bien l'hébergeait à sa propre table !

Un autre fait, qui accuse en même temps la délicatesse de conscience et le désintéressement de notre héros. Un oncle de Malafaye avait laissé en mourant quelques revenus à ses neveux. Or, la servante du testateur déclare aux légataires que la volonté de son maître est qu'elle reçoive une somme de quatre mille francs dont elle connaît seule la cachette et qu'on retrouve, en effet, sur ses indications. Mais en ce qui concerne cette libéralité, le testament est muet. Comme les autres héritiers, le capitaine pourrait arguer de ce silence en sa faveur. Il ne le fera point : la veuve Peyrefiche recevra de lui, tant qu'elle vivra — pendant seize ans, — une rente proportionnelle à la part qu'il a reçue de ces quatre mille francs.

Après avoir lu ces pages, le lecteur sera-t-il étonné qu'un jour de séance solennelle, en 1893, les voûtes du palais Mazarin aient résonné de l'éloge du capitaine Malafaye, proposé à l'Académie française pour un prix de vertu ? Un seul homme fut surpris du vote de nos immortels, ce fut le capitaine. Ses amis, qui avaient dénoncé son mérite, s'attendaient à de sanglants reproches de sa part. Ils en furent pour leur peur. Ce saint homme pratiquait trop bien le pardon des injures pour leur en vouloir et surtout le leur dire. Il ne vit d'ailleurs, en cette affligeante affaire, que l'avantage pécuniaire qui s'y trouvait.

Mille francs! « De ma vie, nous disait-il, je n'avais eu pareille somme m'appartenant. » Elle ne lui appartint pas longtemps. Les pauvres et les ouvriers de Vergt pourraient nous dire l'usage qu'il en fit.

Dans l'âme du bon capitaine la charité fut toujours une reine entourée de cent autres vertus formant sa cour. Il était simple, discret, bienveillant ; il était doux et affable ; il était humble et modeste : « Moi qui ne sais rien de rien, » disait-il un jour à ses frères, lui qui avait tant appris, et tout seul, et si bien ! Il était si mortifié, qu'il ne s'approchait jamais du feu, même dans les dernières années de sa vie, où des infirmités crucifiantes rendaient encore plus dure cette généreuse austérité. Pour se punir de s'être une fois involontairement enivré en Afrique, il ne buvait point de vin. L'amour de Dieu était si parfait en lui, qu'il nous faisait, quelques mois avant sa mort, cet aveu de sublime et séraphique dilection : « N'y eût-il ni enfer à craindre ni ciel à espérer, que je voudrais quand même servir Dieu et l'aimer, à cause des bienfaits qu'il m'a accordés. »

Son chapitre de l'Imitation et son chapelet quotidiens, ses communions fréquentes, la récitation journalière de l'office de la sainte Vierge comme tertiaire de saint Dominique, sa retraite annuelle, ses pieuses pérégrinations aux sanctuaires célèbres, à Lourdes notamment, sa prière de chaque soir à haute voix au milieu des siens, tout, en cet homme céleste, qui ne tenait à la terre que par le cœur, tout allait à la glorification de Dieu, à sa sanctification personnelle, à l'édification de tous.

Aussi, comme on l'aimait, à Vergt! Quand il passait, en tournée de bienfaisance, toujours correct dans son costume noir que relevaient les cicatrices du vétéran et le ruban du légionnaire, toujours digne en même temps qu'il était si bon, marquant son chemin d'attentions pour tout le monde, comme tout le monde éprouvait et lui manifestait le double sentiment du respect et de l'affection! Les petits eux-mêmes, interrompant leurs jeux enfantins, accouraient à lui pour avoir ses caresses et lui baiser la main. Sévère à lui seul, indulgent pour tous, d'une physionomie toujours agréable et d'une humeur plutôt réjouissante, qu'il visitât la mansarde du pauvre, l'échoppe de l'ouvrier ou le salon du riche, partout sa présence était accueillie comme une apparition de bonheur.

La fin de cet homme fut digne de sa vie. Le 18 octobre 1902, il tomba dans les bras de la mort comme tombe un soldat sur le champ de bataille. Encore debout l'avant-veille, au service de son Dieu et de son prochain, en quelques heures, presque sans souffrances, pieusement entouré de ses neveux, consolé par la réception des derniers sacrements, il s'endormit du grand sommeil dans le baiser du Seigneur.

Paré de la robe blanche des Dominicains, dont

le capuce ondulant semblait lui nimber la tête, son corps demeura exposé deux jours dans son logis rustique. Il y reçut d'incessantes visites et des marques touchantes de profonde vénération : chacun voulait avoir quelque objet rendu précieux par le contact de ses mains entourées du rosaire, de ses doigts entrelacés sur le crucifix.

Ses funérailles, où trois vicaires généraux se trouvèrent à la tête d'un nombreux clergé, de l'élite du pays et de la foule des grands jours, parurent à tous, malgré bien des larmes, moins un deuil qu'un triomphe.

Une oraison funèbre à l'église et cinq discours sur sa tombe célébrèrent à l'envi sa bravoure, ses vertus, ses mérites.

Et maintenant que le silence règne autour de sa dépouille livrée au sort commun, c'est au mort lui-même de parler. Mieux que tous les discours, croyons-nous, ses lettres, dans les pages qui vont suivre, diront quelle fut sa longue vie : elles révéleront *une belle âme et un grand cœur*.

Brantôme, 17 mars 1903.

Le Capitaine MALAFAYE

D'APRÈS SA CORRESPONDANCE

(1815-1902)

Le tirage au sort venait de faire de Titou un soldat. Or, de ses quatre fils, Titou était le plus nécessaire à la veuve Malafaye. Pour le rendre à sa mère, Firmin se présente comme son remplaçant. Mais, ô déception ! le médecin-major qui l'examine le déclare impropre au service. Sans se rebuter de cet échec, Firmin va rejoindre le régiment de son frère, où il fera de nouvelles démarches.

Orléans, 17 mai 1833,
De mon auberge.

TRÈS AIMÉS FRÈRES,

Dissipez les sombres nuages de tristesse qui s'étaient amassés sur vos fronts. A l'instant même, je viens de la caserne : j'ai été visité, et je suis agréé à l'unanimité... Je vais coucher ce soir à ma compagnie, qui était celle de Titou.

Maintenant parlons de mon voyage. Avant de quitter Périgueux, j'allai voir Rosa dans son couvent. Là il me fallut dialoguer avec une bonne sœur converse qui se donna la peine de me prêcher l'Évangile. Dans l'exaltation de ma joie, il faut que je vous dise tout.

Je sonne; on ouvre. « Que demande Monsieur? — Il voudrait vous demander, Madame, la permission de voir Mademoiselle Rosa Roux. » Elle va appeler Rosa, qui arrive bientôt. Je salue ma cousine, je lui donne la main à travers la grille. « Est-ce que Monsieur serait un parent de Mademoiselle? » me demande la religieuse. — « Oui, Madame. — Vous demeurez loin d'ici? — Non, Madame; je demeure à Vergt. — Il n'y a pas longtemps que vous avez vu Mademoiselle Rosa? — Non, Madame; mais comme je pars, je n'ai pas voulu m'en aller sans la revoir. — Ah! mon Dieu! où allez-vous donc, Monsieur? — A Orléans, Madame, à l'armée. — Pauvre jeune homme! vous quittez vos parents! — Oui, Madame. — Y a-t-il longtemps que vous *avez* tombé au sort? — Madame, je n'ai pas encore tiré; je pars pour mon frère, qui est indispensable chez nous. — (Joignant les mains et les levant au ciel) : Hélas! Monsieur, que vous êtes bon! Que chez vous doivent vous aimer! Vous avez sans doute fait votre devoir? — Madame?... — Votre devoir de chrétien, vos pâques, votre jubilé? — Madame... non. — Mais au moins vous avez fait votre première communion? — Eh... mon Dieu, non. — (Faisant un pas en arrière et tressautant) : Bonne vierge Marie! ...quel âge avez-vous? — Dix-huit ans. »

Comme elle voyait qu'ennuyé de cet entretien je disais adieu à Rosa pour me retirer, elle s'approcha de moi : « Eh bien! puisque vous ne l'avez pas faite, vous trouverez partout des amis de la religion qui se feront un plaisir de vous instruire, et qui répareront le tort que vous avez eu de ne pas la faire plus tôt. Priez souvent la sainte Vierge, votre protectrice, qui a fait tant de miracles et qui intercède auprès de son Fils pour obtenir le paradis aux honnêtes soldats... »

Je crois qu'elle parlerait encore, si je n'eusse salué Rosa pendant qu'elle perdait son temps à balbutier de la sainte Vierge.

« Voulez-vous me permettre d'aller l'embrasser? » lui dit Rosa d'un air suppliant. — « Hélas ! certes, bien volontiers, mon enfant ; votre pauvre cousin, que peut-être vous ne reverrez plus ! » La religieuse alla ouvrir la porte, et j'embrassai Rosa. Comme je partais, la vieille duègne me dit encore : « Profitez de mes... » — Je me les rappellerai, Madame, lui dis-je en l'interrompant pour fuir à toutes jambes. Il me semblait que je devais la porter sur mes épaules à Orléans.

1er juin.

MES FRÈRES,

On met la plus grande négligence à m'apprendre l'exercice. Aussi vais-je donner trois francs par mois à un caporal, qui me fera faire chaque jour deux heures d'exercice extraordinaire. Je veux être admis au bataillon avant l'arrivée des recrues, et ensuite aller en classe pour perfectionner mon écriture et me fortifier dans le calcul ; car, à mon avis, un soldat doit tout son temps à la patrie et ne peut, sans engager sa conscience, se livrer un seul instant à l'oisiveté. Aussi, tous les moments libres de la journée, que mes camarades passent à dormir, je les emploierai à la lecture et à l'écriture.

Hier mon caporal me remit votre lettre, à l'appel de onze heures. Trois fois je l'ouvris et lus la première phrase ; trois fois, au commandement de

2.

« Fixe ! » je fus obligé d'en interrompre la lecture. Je ne pus la reprendre qu'en chambrée. J'ignorais encore les émotions qu'elle m'a données : mes yeux se sont remplis de larmes de joie, et peu s'en est fallu qu'elles ne s'épanchassent. Jugez qu'elle eût été ma honte, si les soldats m'eussent vu pleurer.

Tous les camarades de ma compagnie avaient comploté pour me faire abandonner mon intention de remplacement. Aujourd'hui, quand j'ai prié mon sergent de répondre pour moi à l'appel, pendant que j'irais contracter mon engagement, il m'a répondu : « Je désire pour votre bonheur qu'en y allant vous vous cassiez une jambe. »

22 juin.

Très chère Mère,

Je n'ai jamais compris pourquoi vous avez de moi une mauvaise opinion. Mon grand chagrin est de n'avoir pas su me faire connaître de vous. Je travaillerai sans relâche à acquérir votre estime, ou du moins à la mériter, et ne m'écarterai jamais de cette devise :

Melius est injurias pati quam facere.

J'ai pris un abonnement à la lecture. Il me coûte deux francs par mois. Loin d'être dispendieux, c'est économique; mais si cela ne vous convenait pas, vous n'auriez qu'à me le faire savoir : c'est à vous de régler mes dépenses, à vous de régler toutes mes actions.

Adieu, ma bonne mère. Je voudrais que votre regard pénétrât jusqu'au fond de mon âme ; alors j'aurais votre estime.

À mes Frères :

Il y a un mois que j'apprends mon métier. Ce

matin je suis allé à l'exercice à feu, et me voici au
bataillon. Mes camarades m'estiment bien heureux
d'avoir franchi si vite un pas difficile. L'un d'entre
eux n'y a-t-il pas drogué trois ans? Cependant j'ai
fait damner, je crois, mon premier instructeur.
D'abord, n'ayant jamais manié un fusil, celui qu'on
me donna me parut peser un quintal. « Cré non...!
s'écriait mon instructeur, vous ne pouvez donc pas
tenir votre arme? » Au commandement de « Pré-
sentez arme! » je mettais mon fusil au bras.
« Tonnerre de bombes! vous ne comprenez donc
pas le français? De quel pays êtes-vous? — De la
Dordogne. — Vous êtes b...ment bête! »

Quoique bête, je quittai sa classe au bout de
douze jours. Je ne restai que quatre jours dans la
suivante et deux jours dans une troisième, où vint
me prendre le sergent de la première classe. Je ne
lui avais jamais parlé, mais, depuis, je lui ai payé
force gouttes, par reconnaissance et surtout pour
rester dans sa classe. Ce matin, j'ai tiré mes premiers coups de fusil; j'ai fait un si bon feu que j'ai
passé, avec quelques autres, au bataillon. Une
cantinière nous y a suivis; nous avons mangé tous
ses croquets, nous avons bu toute son eau-de-vie.
Elle ne demandait pas mieux.

Adieu, mes frères ; si Titou ne gagne pas cinq
francs à la foire d'après-demain, il est un maladroit.

10 juillet.

Mon cher Titou,

Tu as trop de bonté de m'envoyer de l'argent.
Je connais votre position, et je n'entends pas que
vous vous gêniez pour moi. Dix francs : mais
c'est assez pour vous mettre en retard ! Je vous ordonne donc de ne rien m'envoyer, que vos affaires
ne soient au courant. Je prends les intérêts de la

maison comme lorsque j'étais auprès de vous.

Adieu, mon cher frère; sois sage comme je veux l'être moi-même. Fais ton commerce de laine avec prudence et remplis ta tâche de citoyen comme je me propose de remplir celle d'un bon soldat. Nous y gagnerons tous deux de bien mériter de la patrie, et nous aurons l'estime de notre mère. Si je pensais qu'elle eût le moindre soupçon sur ma conduite, c'en serait fait, je te l'assure, de mon bonheur et de mon repos.

Toulouse, 3 novembre.

Mon cher Malafaye, (1)

J'apprends avec la plus vive satisfaction que Titou ramène dans notre maison une aisance dont elle n'avait pas joui depuis la mort de notre père.

J'ai reçu les dix francs que tu as bien voulu m'envoyer. Jamais argent ne me fut d'aussi grande utilité. Mon camarade de lit n'avait pas le sou. En ménageant cette somme, nous avons de quoi bien vivre tout le long de la route.

Je suis caporal depuis le 6 octobre, au grand contentement du lieutenant-colonel, qui, m'a-t il assuré, n'a pas eu besoin de me recommander au colonel. Le 11, je suis allé faire mes adieux à cet excellent protecteur, qu'on envoie à un autre régiment. Je n'ai pu retenir mes larmes en me séparant de lui. Il m'a promis d'intéresser dans mon avenir le colonel.

Busy, 13 février 1834.

Je vous remercie des conseils que vous me donnez. J'ose espérer que l'occasion de m'en servir ne se présentera pas ; mais si quelqu'un s'avisait de

---

(1) Son frère aîné, professeur au pensionnat de Vergt.

me manquer, ne seriez-vous pas fâchés vous-mêmes que je fisse preuve de pusillanimité ?

Je loge actuellement chez des gens riches et respectables. Malgré le dérangement que leur causent presque tous les soirs mes rentrées tardives à la maison, ils m'offrent de me garder encore le mois prochain. La bourgeoise m'appelle « la folie », et je fais rire le bourgeois à ventre déboutonné.

Adieu, mère, frères, parents et amis. Mes plus douces rêveries sont de penser à vous.

Arudy, 15 mars.

MON CHER TITOU,

...Si encore il nous restait l'espoir d'entrer en Espagne ! Mais une ordonnance du ministre dissout les régiments d'élite qui étaient sur les Pyrénées. Aussi proféré-je contre le Gouvernement les plus terribles imprécations. Lui, que je servais avec tant d'enthousiasme, je voudrais le voir échouer dans son odieux système ; je voudrais, Dieu me pardonne ! que les Carlistes espagnols égorgeassent les partisans de la reine, et que, triomphant sur tous les points, ils la forçassent à avoir recours au bras français. Encore peut-être le ministre le lui refuserait-il ; ou, s'il l'accordait, il en demanderait sans doute humblement pardon à toute l'Europe.

Arette, 3 mai.

MES CHERS FRÈRES,

J'ai retardé à vous écrire, dans l'espoir de n'avoir pas à vous annoncer ma maladie. Mais je la vois tous les jours prendre de l'intensité, et le moment n'est pas loin sans doute où je me verrai forcé d'entrer à l'hôpital. Je crois que le regret d'Arudy est pour quelque chose dans mon état. Les bourgeois que j'ai quittés ne pleureront pas plus leur fils, s'ils le voient partir pour l'armée, qu'ils n'ont pleuré mon départ, en me prodiguant leurs plus tendres embrassements...

Bilhères, 30 juin.

MES FRÈRES,

Après ma guérison je suis allé deux fois à Arudy. Si vous aviez vu avec quel plaisir tout le monde m'a accueilli, entre autres mes anciens bourgeois ! Ils n'ont certainement pas plus de tendresse pour leur fils. Le bruit avait couru quelque temps dans la localité que j'étais mort. Aussi beaucoup de bonnes femmes et de jeunes filles m'ont assuré qu'elles avaient dit des *Pater* pour moi. On racontait aussi que j'avais perdu la raison ; et beaucoup étaient disposés à le croire, vu l'exaltation qui me caractérise.

Adieu, mes frères. Assurez ma mère que je suis tranquille, heureux et bien vu de mes chefs.

Bedous, 6 août.

MES FRÈRES,

Les trois compagnies qui sont cantonnées ici ont célébré le 29 juillet. L'invincible 5e a, la première, demandé et obtenu la permission de se promener dans les rues, tambours battants. L'on a jugé à propos de me nommer porte-drapeau. Nous avons parcouru tous les coins du petit bourg, aux cris patriotiques de « Vive le roi ! Honneur aux braves morts pour la liberté ! Vive le commandant ! Vivent les officiers ! »

La fête finie, chaque caporal a payé à boire à son escouade, ce qui m'a facilement ruiné.

Laruns, 14 février 1835.

MON CHER TITOU,

Tu me demandes quelle est ma situation présente ? La voici : Estimé de mes chefs ; aimé de mes col-

lègues ; respecté, craint et peut-être haï de mes
subordonnés, à cause de ma rigidité dans le service.

Bedons, 24 avril.

MES CHERS PARENTS,

Mon capitaine, qui s'intéresse toujours beaucoup
à moi, vient de me porter sur le tableau supplémen-
taire d'avancement, et me propose même pour le
grade de fourrier, que j'ambitionne ardemment.
Donc, mon espoir renaît, ma perspective change...
Le sort d'un sous-officier n'est pas moins heureux
que celui d'un riche propriétaire.

Si je passe simple sergent, et non fourrier, mon
intention est de me conduire toujours comme je l'ai
fait jusqu'ici, et de m'appliquer à l'écriture jusqu'au
moment de mon congé. Alors j'offrirai à mon colonel
de me rengager, à la condition qu'il me donne
les galons de fourrier. Ils sont ma plus grande
ambition, parce que la belle route militaire est là.

Il est donc entendu que l'état de soldat reste ma
carrière définitive. Voilà bientôt quatre ans que je
caresse cette résolution. Qu'irais-je faire, en effet,
dans le civil? Presque tout y est corruption : le fort
bat le faible ; entre gens du même état on cherche
sans relâche à se nuire ; on médit constamment les
uns des autres ; ce n'est que jalousies, cabales, intrigues. Dans l'état militaire, ce n'est plus cela.
Vous en voulez à un inférieur? vous le punissez et
votre rancune tombe. Vous en voulez à l'un de vos
égaux? après un coup de sabre vous devenez intimes. Un de vos supérieurs vous en veut? il vous
punit, mais sans chercher à vous perdre.

Je vous prie de m'écrire bientôt. Moi, je sens
plus que jamais le besoin de vous écrire et je me
propose de le faire deux ou trois fois par mois.

Adieu, mes chers frères. Sans égard pour le sang, ne dites pas des choses honnêtes de ma part à ceux de mes parents qui m'oublient, mais aux seuls vrais amis, précieux trésor.

Laruns, 14 juillet.

CHERS FRÈRES,

Vous avez bien compris le sens des dernières lignes de ma dernière lettre? Oui, mes bons amis, devant l'indifférence des autres, mon cœur ne bat que pour ma mère et pour vous, mes frères. J'ai pour ma mère le plus tendre et le plus respectueux attachement. Et vous, mes chers aînés, voyez en moi un frère qui vous sera toujours on ne peut plus dévoué. Je crois que je serais déjà allé vous voir, si je n'avais craint de rencontrer des visages hypo-crites, dont l'accueil, amical en apparence, n'aurait rien de vraiment cordial...

Paule, 20 août.

MES CHERS FRÈRES,

Les grandes chaleurs font entrer en masse les soldats à l'hôpital. C'est un spectacle navrant pour mon cœur. Huit militaires de la compagnie sont tombés ce matin avec armes et bagages ; ils n'ont pas eu le courage de poser leurs sacs, tant ils étaient suffoqués par la chaleur et la poussière.

Villefranche, 28 décembre.

MES CHERS FRÈRES,

La fièvre et un mal de tête continuel m'ont empoigné le 7 courant. Depuis quatre jours je vais mieux et je commence à manger. Je suis maigre comme un orang-outang. J'ai refusé d'aller à l'hôpital par vue d'économie : on n'y touche pas de solde. Je me suis fait traiter par un médecin de la ville. Je ne l'ai pas encore payé, mais j'aurai de quoi solder ses soins. J'ai failli me brouiller avec mes chefs, qui me jugeaient trop malade pour rester à la chambre. Ils voulaient tous m'envoyer à l'hôpital de Prades. Devant la peine que j'en éprouvais, mon capitaine a prié ces messieurs de me laisser tranquille. Depuis lors, je vais de mieux en mieux.

J'ai lu dernièrement dans le *Journal de l'armée* un article contre les remplaçants qui m'a fait éprouver un grand chagrin. Il n'est pas juste que je demeure inscrit dans cette catégorie déshonorée. Cela, d'ailleurs, pourrait nuire à mon avenir. Je veux faire cesser cette injustice : je prierai M. le maire de Vergt d'attester que je suis substituant, et non remplaçant.

Pamiers, 24 mai 1836.

Mes bien chers Frères,

Puisque nous restons ici un mois encore, veuillez bien vous présenter, à Périgueux, chez le major de notre régiment, pour obtenir la radiation immédiate d'un titre qui n'est pas exact et qui me déshonore. S'il s'y refuse, expliquez lui que mon avenir est perdu, que je suis un jeune homme sans fortune, n'ayant d'autre espoir que la carrière militaire, où je me suis engagé à dix-huit ans, et où je persévèrerai, à la condition de ne plus figurer sur les registres du régiment comme mercenaire.

Muret, 13 juin.

Mes bien-aimés Frères,

Dites à ma mère que je n'espère pas la voir ici. Je suis trop indigne de son affection pour qu'elle brave la fatigue d'un long voyage, au risque d'altérer sa faible santé, et cela dans le seul but de venir auprès d'un fils qui, oublieux de ses bontés, lui a

3

trop souvent causé de poignants chagrins, et ajoutait
à tous ses torts, en février dernier, celui de former,
sans son autorisation, la demande de passer dans le
deuxième bataillon de chasseurs d'Afrique. Oui, je
le confesse à ma honte, lorsque je réclamais votre
approbation pour mon changement de corps, mon
nom figurait déjà dans les bureaux du ministère de
la guerre parmi ceux de mes camarades avides
comme moi d'un poste plus élevé. Quoique cette
faute soit presque impardonnable, j'ose croire que
ma chère mère prendra en considération l'éloignement où je me trouvais, l'affaiblissement de mon
cerveau par une assez longue maladie, et l'impos-
sibilité bien reconnue de la consulter, puisqu'il
fallait fournir les états aussitôt après la réception
de l'avis. Du reste, il n'y a pas de danger qu'on me
fasse partir, puisque les caporaux qui ont obtenu
cette faveur sont en route depuis la mi-avril.

26 juin.

Le malheur, qui me poursuit depuis l'âge de trois
ans et qui semblait cependant m'épargner depuis
que je suis dans les rangs de l'armée, est venu
aujourd'hui fondre sur moi, comme pour se venger
de ces trois ans de répit.

Ce matin, après déjeuner, nous sommes allés tous
ensemble nous promener sur les bords de la Garonne,
où l'on construit un pont en fil de fer. Chemin faisant,
mon sergent-major me donne le prêt pour les sous-
officiers de la compagnie. A peine l'ai-je reçu, que
je vais m'asseoir sur un parapet contre la rivière,
d'où je pouvais admirer le travail des constructeurs
du pont ; et mes collègues étaient à discuter sur la
meilleure manière de tendre les chaînes, lorsqu'un
coup de vent soulève les basques de mon habit et

jette dans la rivière les 10 fr. 80 que contenait une de mes poches. Par bonheur, mon sergent-major était là ; sans quoi il aurait pu croire que j'avais dépensé cette somme, dont les deux tiers apparte-naient à mes camarades. Comme cette perte n'était pas capable de m'abattre et que je me trouvais déjà presque consolé, il fallait un nouveau choc pour me faire ployer sous le faix de l'adversité. Deux heures après l'accident, mon collègue de la quatrième, un bon plongeur, est venu m'offrir de sonder l'endroit de la rivière où cette somme avait dis-paru. Il se jette dans la Garonne : sa main droite va tomber juste sur un cul de bouteille qui lui entaille le pouce à plus de moitié. Jamais, non, jamais je n'avais ressenti une aussi vive peine. Je conduisis sur-le-champ ce pauvre camarade à l'hôpital, où il fut immédiatement soigné. La coupure était si profonde qu'en la voyant, le fourrier de la cinquième se trouva mal. J'étais de plus en plus embarrassé. Nous sommes cependant parvenus à lui faire recouvrer ses sens ; quant au blessé, je suis presque certain maintenant qu'il n'a aucun nerf endommagé. Mon capitaine, à qui j'ai confié tout cela, m'a offert ses services et a paru s'apitoyer sur ces fàcheux événements.

Cette perte m'est d'autant plus sensible qu'elle s'ajoute à une autre de cinq francs, empruntés pour faire ma route de Pamiers à Muret.

Comme on est disposé à croire le mal plutôt que le bien, je ne vous avais rien dit de cette dernière mauvaise aventure dans ma lettre précédente. Je craignais de passer pour un imposteur, mais le fait est que j'ai perdu ici 15 fr. 80, et qu'en partant de Pamiers je devais 7 francs. Vous voyez ma posi-tion ; tâchez de m'en tirer avant le départ, quoi qu'il vous en coûte. Pour me liquider et faire ma route, il me faudrait 30 francs.

L'étrangeté du récit, le besoin d'argent, les bords de la Garonne, tout autorise à se demander si on peut redire ici avec Boileau :

Le vrai peut quelquefois n'être pas vraisemblable.

Rochefort, 14 septembre.

.Bien chers Frères,

Mes chefs m'affirment que je n'ai pas droit au titre de substituant, qui d'ailleurs, disent-il, n'est pas plus honorable que celui de remplaçant. Le substituant, lorsqu'il donne son numéro exemptant du service, exige une rétribution tout aussi bien que le remplaçant. Cette nouvelle barrière dans le chemin des grades m'a fait ressentir une telle peine, que j'ai quitté en toute hâte l'officier payeur pour donner libre cours à mes larmes.

Mon colonel, au courant de l'affaire, m'a fait appeler chez lui pour me remonter le moral. Il comprend très bien, lui, qu'il n'y a rien que de louable dans mon remplacement, et que je ne mérite pas moins que mes collègues de concourir à l'avancement. Tant qu'il commandera le régiment, je jouirai, — il me l'a promis, — d'autant de considération que les engagés volontaires ; et s'il en était autrement, je n'aurais qu'à me plaindre à lui pour recevoir satisfaction.

26 septembre.

M. Walloir, lieutenant de grenadiers, chef de l'école régimentaire, va être nommé mon capitaine. Il sera, je crois, assez complaisant pour me faire suivre, cet hiver, un cours élémentaire de fortifications. Quoique non coupable de paresse, à l'inspection générale je rougirais de mon ignorance, comparativement à plusieurs de mes collègues, qui, n'ayant pas quitté Toulouse, ont pu profiter pendant une année entière des leçons de cet estimable officier.

M. Depanis, mon colonel, est en tournée d'inspection à Périgueux. Je voulais d'abord vous prier de me faire recommander à lui par des notables de cette ville; mais j'ai pensé que cette manière de parvenir avait quelque chose de bas que désapprouve ma conscience. Il faut que le travail et la bonne conduite provoquent l'avancement, plutôt que les paroles souvent mensongères d'un protecteur.

22 octobre.

Mon bon Titou est malade! Ah! que ne le suis-je à sa place! Je trouverais à l'hôpital tous les moyens de vite guérir, et la manufacture des frères Malafaye ne serait pas privée de celui qui en est l'âme. Mais Titou, j'en suis convaincu, joint aux souffrances physiques des peines morales : il voudrait, avec une santé qui ne lui permet pas d'être constamment à la tête des affaires de la maison, en diriger les moindres détails. Et il ne pense pas, l'insensé, qu'il retarde ainsi sa guérison et qu'il afflige des frères qui ne peuvent être heureux s'il ne l'est pas lui-même. Prends donc, cher Titou, tous les ménagements que comporte ton état valétudinaire, et j'aurai bientôt la joie d'apprendre le rétablissement de ta santé par ceux-là mêmes à qui elle est si chère.

Je vous remercie de votre offre d'argent. Employez pour la guérison de Titou la somme que vous me destiniez. Vous n'en sauriez faire un meilleur usage.

Ne dites pas à ma mère que le quart du régiment

est à l'hôpital. Jusqu'à présent je me suis bien porté ainsi que Chinouilh (1); mais, à vrai dire, je tremble d'attraper ces terribles fièvres de canicule. Ceux qu'elles saisiront d'ici à la fin de septembre seront dangereusement malades. Comme précaution hygiénique, je me suis fait une habitude d'éviter toute sorte d'excès.

26 novembre.

Homme faible, homme pusillanime que je suis! quand donc trouverai-je en moi-même, par des actions honorables, le bonheur qui, sans vous, mes frères, me fuirait toujours? Oui, sans vous, frères adorés, il n'y aurait pour moi ni gaîté ni amour du devoir. Passez trois mois sans m'écrire, et toutes mes forces morales m'abandonnent, mon désir de bien faire est anéanti, et je ne réponds plus que des hommes amis de la crapule ne me rendent bientôt indigne de vous. Quand vous attendez six semaines pour répondre à mes lettres, je deviens triste, rêveur, paresseux, colère, insolent; je ne sais plus combattre mes passions.... Mais d'où vient ce brusque changement? me voici avec le sourire sur les lèvres, avec une impression de bonheur sur les traits de mon visage; je donne aimablement la main à mes collègues, qui, la veille, me croyaient misanthrope; je demande du travail à mon sergent-major; je fais la récapitulation de tous les effets appartenant à l'Etat dont je suis responsable; je mets au courant mon cahier de fortifications; je corrige dans les registres de la compagnie les nombreuses erreurs que l'ennui m'avait fait commettre; je reçois avec douceur les militaires qui viennent me demander quelques renseignements, alors que,

____

(1) Un soldat de Vergt.

quelques heures auparavant, je les avais durement repoussés. Qu'est-il donc arrivé, et d'où me vient un revirement si subit ? J'ai reçu une lettre de mes frères !...

M. Dumontel, sous-lieutenant, a remplacé mon capitaine dans la direction de l'école régimentaire. Il n'y a que les sergents-majors et les fourriers qui soient tenus de la fréquenter. Nous avons composé en orthographe deux fois, et j'ai toujours été second. J'avais pourtant affaire aux treize sous-officiers les plus instruits des deux bataillons. Mais il ne faut pas pour cela me comparer à ces messieurs : ils connaissent la géographie, la géométrie, la trigonométrie, les fortifications, et, par-dessus tout cela, ils sont bons administrateurs et bons comptables. Moi, qui n'ai eu que de bien faibles éléments de fortifications, j'ai demandé à apprendre la géométrie et le dessin. J'entreprends peut-être beaucoup trop ; mais je pense qu'il vaut mieux perdre son temps à l'école qu'au cabaret ; les dépenses de l'une n'excéderont pas celles de l'autre et elles seront plus profitables.

Soyez heureux et aussi bien portants à la maison paternelle que Firmin dans la ville la plus malsaine de France.

4 octobre 1837.

J'imagine que mes lettres vous paraissent bien monotones : je ne vous parle que de choses militaires, à vous, paisibles habitants d'un petit bourg, qui vous moquez bien des intrigues de régiment et qui goûtez avec délices les douceurs de la vie de famille. Mais de quoi pourrais-je vous entretenir ? De politique ? Depuis cinq ans je ne lis plus les journaux. De littérature ? Ce n'est pas l'affaire d'un fourrier. De la différence des mœurs d'une ville à l'autre? Là-dessus je fais bien des remarques, mais mon peu d'instruction ne me permet pas d'exprimer ce que je sens, et les choses les plus faciles à raconter me paraissent inénarrables. Il faut donc bien que je vous parle des choses qui sont à ma portée, qui me touchent de plus près, dont dépend peut-être mon avenir. Car, je vous le répète, je trouve toujours en moi un irrésistible penchant pour la carrière des armes. J'en connais pourtant déjà le néant, et je ne me fais plus illusion. Mais, malgré mes faibles chances de succès, malgré les injustices fréquentes, les traitements assez rudes et le peu de déférence pour les bons services, la seule pensée de n'être plus soldat me donne un chagrin, un serrement de cœur indéfinissables. Si, dans deux ou trois ans, je retourne au milieu de vous avec mes modestes galons de fourrier, ne débitera-t-on pas sur mon compte des récits désagréables? Les uns m'accuseront d'ineptie; les autres diront sans doute que ma conduite était irrégulière et mon service sans zèle. Ils ne savent donc pas, ces gens-là, que celui qui entre dans un corps sans une seule lettre de recommandation, peut suer inutilement sang et eau? Le sous-officier, le soldat, qui n'est ni fils ni neveu d'officier, est un vilain. Il a beau contenter son capitaine, le colonel n'ouvrira les yeux sur lui que lorsque le tableau de ses préférés sera entièrement épuisé. Ce fut mon histoire, à moi, il y a deux ans : je fus nommé fourrier lorsqu'il ne restait plus aucune proposition pour ce grade. Espérons qu'après une nouvelle promotion de mes collègues protégés, mon tour viendra encore. Nous verrons cela en 1840.

Dites à ma mère que je crois lui devoir de n'avoir pas eu les fièvres à Rochefort. Elle prie, la respectable femme, avec tant de ferveur, qu'elle attire la bénédiction de Dieu sur elle et sur ses enfants. Sur seize fourriers, quatorze sont entrés à l'hôpital. Sur un effectif de 1,153 hommes, il a été délivré en cinq mois 1,245 billets d'hôpital. Peu d'hommes mourront tant que nous ne changerons pas de climat; mais les rechutes seront fréquentes et les cachets de quinine finiront par engendrer l'hydropisie.

Paris, 22 janvier 1838.

J'ai la joie de vous annoncer que je suis admis avec mon grade à la 1re compagnie de voltigeurs, commandée par le capitaine de Rochechouart, ami intime de M. Malher. Je pense que ce dernier n'a pas peu contribué à ma nomination, en exagérant sans doute mes faibles qualités. Cependant, lorsque je lui en ai témoigné ma reconnaissance, il m'a assuré que ma conduite et ma bonne volonté seules avaient fixé sur moi l'attention de son ami. De fait, mes cinq années de service ne m'ont valu jusqu'ici que les éloges de mes chefs.

Réjouissez-vous donc avec moi, chers frères, et dites à notre excellente mère que mon respect et mon admiration pour elle me feront toujours marcher dans le chemin de l'honneur. Dites-lui que je me surpasserai, s'il est possible, pour lui prouver que le troisième de ses fils sent vivement, comme les autres, tout ce qu'il lui doit. Qu'elle espère, oh ! je l'en prie, qu'un jour ce fils lui donnera des preuves palpables de son attachement et de sa reconnaissance. Si je désire vivement avancer dans ma carrière, c'est afin de pouvoir vous rendre un jour, ô ma mère, un peu du bien que vous m'avez fait. Travail et espoir : telle doit être ma devise. La Providence se chargera du reste.

3.

Paris, 17 juin.

Lorsqu'on est sergent-major à 23 ans, il est bien permis de faire ses réflexions sur l'avenir, fussent-elles illusoires. Les rêves de mon enfance, — châteaux en Espagne alors, — se sont si bien réalisés ! Ma position actuelle est si satisfaisante, je jouis d'une tranquillité si heureuse, que bien d'autres, à ma place, ne seraient plus ambitieux. Mon emploi, je le sais, correspond au moins à ce que j'aurais pu espérer de mieux dans la vie civile. Mais est-ce une raison pour ne pas fixer mes regards sur l'étoile de bonheur que je vois briller dans le lointain? Le présent doit-il me faire oublier l'avenir que crée mon imagination de jeune homme? O mes chers frères, la gloire est pour moi une cruelle coquette, qui se présente sans cesse à mes yeux parée de beaux atours ; elle se plait à faire palpiter ce cœur, qui a pour elle un amour inquiet. Sous son inspiration, j'oublie dans mes lettres que je suis le seul soldat de la famille, que vous ne devez point vous délecter à me lire, lorsque je vous entretiens de choses qui ne me regardent pas personnellement, au lieu de vous redire mon attachement et ma gratitude pour vos bontés. Voici, chers frères, les grands projets que je forme, et surtout les moyens à ma disposition pour les exécuter. J'aurais pu tenir caché tout cela dix-huit mois encore ; mais n'êtes-vous pas l'âme de mon âme ? Ne devez-vous pas être les confidents de mes secrets, de mes craintes et de mes espérances ?

Mon grade me permet de consacrer beaucoup de temps à mon instruction. M. le lieutenant Gueneau d'Aumont, directeur des écoles régimentaires du 9ᵉ, a constaté que mes progrès devenaient plus rapides, et, les regardant comme un redoublement de zèle, il est venu, après s'être assuré de mon âge, me proposer de me faire admettre à l'école militaire de Saint-Cyr. Je l'ai prié de se bien pénétrer de mon peu d'instruction, d'examiner plus attentivement encore celle que je pourrais acquérir en moins de deux ans. Il m'a répondu qu'il avait tout pesé ; qu'il comptait plus sur ce que je pourrais apprendre que sur ce que je savais ; qu'il se chargeait de tout, moyennant de la bonne volonté et du travail. Je lui ai exprimé, autant que mon étonnement me l'a permis, combien j'étais touché de ses bienveillantes intentions ; je lui ai promis d'accepter tous les sacrifices, de faire tout l'ouvrage qu'il m'ordonnerait. Je me suis déjà muni d'un cours d'administration de M. le colonel Husson, d'un manuel du sous-officier en campagne par le même auteur, d'une géométrie de Bergery et d'une arithmétique de Bourdon. Le dessin est ce qui me coûtera le plus ; je n'ai fait de ma vie ni un nez ni une oreille. Réfléchissez, mes bons frères, à l'immense avantage que j'aurais à être admis à cette école : je serais sous-lieutenant à 27 ans, et aucune puissance humaine ne m'empêcherait d'arriver au grade de capitaine avant d'obtenir ma retraite. L'instruction que j'y r cevrais serait celle des officiers les plus distingués de l'armée. Je serais alors le camarade des fils de nos illustrations militaires. Vous allez croire peut-être que je perds la tête. Détrompez-vous, chers frères ; je ne vous communique mon plan qu'après avoir mûri mes idées.

Je suis allé chez le général Bugeaud, qui m'a très honnêtement reçu. Ce vénérable et brave compatriote partage mon opinion sur les protections. Il prétend qu'elles ne sont utiles qu'à un conscrit ou à un sous-officier proposé pour le grade de sous-lieutenant. Un protecteur peut alors éclairer le colonel, le ministre de la guerre, et même le roi, sur les nominations à faire, parce qu'ils ne connaissent pas les sujets. Mais lorsqu'on est dans un régiment depuis cinq ans et qu'on a servi avec honneur, la voix d'un général ne peut être puissante pour influencer un colonel.

Permettez-moi de saisir cette occasion pour vous exprimer mon étonnement du peu d'importance que vous accordez à mon grade de sergent-major.

Vous regardez ma promotion comme toute naturelle? On aurait pu me la faire attendre encore deux ans ; car neuf de mes camarades sont plus anciens que moi d'âge, de service et de grade. Au nombre de ces neuf sont quatre Périgourdins pleins de mérite.

Vincennes, 14 août.

Les moyens d'instruction dont je croyais pouvoir disposer viennent de m'échapper... Vous devez donc, chers frères, regarder comme nuls les projets que je me suis plu à vous communiquer, qui très probablement se seraient réalisés sans mon départ de Paris.

Les reproches que vous me faites, chers frères, sur mon indifférence à l'égard de mes parents sont fondés, je l'avoue. Mais voici les motifs de ma conduite. Vous pouvez vous souvenir qu'à onze ans j'avais de la répugnance pour les amusements puérils. Ma raison, mon jugement, étaient déjà alors ce qu'ils sont aujourd'hui. Je regardais les enfants de mon âge comme bien au-dessous de moi, et je ne me livrais qu'avec dégoût aux récréations qu'ils me proposaient. Mon plus grand délassement était de dévorer les journaux qui me tombaient sous la main et de réfléchir sur les grandes questions qui agitaient l'Europe. Aussi n'avais-je alors d'autre ami que L... Nous nous comprenions tous deux très bien ; nos jeunes cœurs bondissaient en prononça:.t les mots sacrés d'honneur et de gloire. Que de fois notre admiration s'est-elle portée sur les conquêtes du héros géant dont nous regrettions amèrement la chute ! En un mot, nous avions tous deux devancé notre âge, nous raisonnions comme des hommes. Bien des personnes attachées à notre famille par les liens de la parenté, ne croyaient pas alors à l'élévation de mes sentiments ni à la fermeté de mes résolutions. Lorsque je développais devant elles un plan de conduite, elles m'accueillaient d'un rire moqueur, elles me traitaient en enfant, moi qui voulais être traité en homme. C'est ainsi que cousins et cousines ont eu le talent de me contrarier, de prendre mon caractère au rebours et de froisser mon amour-propre. Chacun donnait, à mon sujet, des conseils à ma mère. Heureusement elle n'a jamais écouté que son cœur. Si elle avait tenu compte de leurs avis, elle m'aurait perdu ; car autant je suis doux et soumis, si l'on me mène par les sentiments, autant je suis emporté et rétif, si l'on me brusque et me désapprouve...

P. S. — Je vous laisse à penser si le fort de Vincennes me rappelle de beaux souvenirs héroïques dus à la valeur de l'intrépide Daumesnil, qui le défendit vaillamment contre les alliés.

Vincennes, 22 novembre.

J'ai à vous entretenir d'une chose importante. Si je reste au régiment (1) et que Louis soit appelé à

(¹) Malafaye avait demandé à entrer aux chasseurs de Vincennes.

faire partie du contingent de sa classe, je voudrais qu'il lui fût agréable de faire une demande pour venir me rejoindre. J'aurais pour lui tous les égards possibles, à la condition que sa conduite répondît à mes soins : dans le cas contraire, il trouverait à côté de l'amour fraternel la sévérité du chef. Je demanderais à vivre dans ma chambre, et je tâcherais d'obtenir que mon frère tirât ses vivres de la pension des sous-officiers, pendant tout le temps qu'il resterait soldat ou caporal. Qu'il réfléchisse à ces avantages.

8 mars 1839.

Mes chers Frères,

C'est avec le plus grand bonheur que je vous annonce ma nomination à un emploi d'élite. M. le capitaine de Rochechouart a daigné se souvenir de moi : il m'a fait passer aujourd'hui dans sa compagnie de grenadiers. C'est un officier extrêmement rigide ; il a fait casser, à cause de son ivrognerie, le sergent-major que je remplace. J'aurai beaucoup à faire pour le contenter ; cependant je ne désespère pas d'y réussir.

Mes collègues se demandent le motif d'une nomination aussi étrange. En effet, qui aurait pensé qu'on ferait un grenadier d'un homme qui a tout juste cinq pieds ? Ce ne peut être mon ancienneté qui me vaut cet honneur : j'étais le septième de mon grade dans le bataillon. Est-ce mon zèle ? Je n'en ai eu de ma vie. Après avoir épuisé toutes les conjectures, je reste convaincu que le bon vouloir de mon capitaine, le souvenir de M. de Rochechouart et mon ange tutélaire, M. Malher, ont tout fait.

Notre frère Louis a assisté à la fête de ma réception. Son nouveau sergent-major veut continuer à le garder dans sa chambre. Je ne sais comment cela se terminera ; mais mon opinion et qu'ils se gêneront l'un l'autre. Aussi le verrais-je avec plaisir coucher auprès de Chinouilh.

Je suis honteux d'avoir écrit la moitié de ma lettre sans vous parler du digne pasteur de notre commune. Il a été assez bon pour venir me voir à Vincennes. Je l'ai revu chez lui samedi dernier ; il m'a accueilli avec une affabilité toute particulière. J'ai dîné avec lui, et pendant le repas il m'a entretenu du bien qu'il désire faire à ses paroissiens. Je lui dois le plaisir d'avoir fait une visite à Mgr l'Evêque de Périgueux. Ce prélat m'a félicité d'avoir embrassé une carrière aussi honorable que celle des armes, et m'a fait promettre d'aller le voir en me rendant à Vergt. Le souvenir bien doux de M. le Curé ne s'effacera pas de mon cœur. Voilà un prêtre qui a compris sa mission de conciliation et de paix !

17 mai.

Dimanche, je revenais avec trois de mes collègues de visiter l'exposition des progrès de l'industrie, lorsque, arrivés devant le Palais royal, un soldat de notre régiment nous avertit qu'il y avait émeute entre les portes Saint-Denys et Saint-Martin, lieu ordinaire des rassemblements. Je proposai aussitôt à mes trois amis de prendre la ligne des boulevards, au lieu de suivre notre route directe par la rue Saint-Honoré. L'un deux, qui avait assisté aux affaires de juillet 1830, me traita de fou et invita les deux autres à monter avec lui dans un omnibus, afin de ne pas être vus des perturbateurs, toujours heureux de tomber à bras raccourci sur les protecteurs de l'ordre. Devant l'inutilité de mes imprudentes sollicitations, j'abandonnai mes camarades. Cinq

minutes après, j'entendis les tambours de la garde
nationale battre la générale dans toutes les rues
voisines, et sur la place des Saints-Pères je vis
une légion se réunir devant la mairie du 3ᵉ arrondissement. Si j'avais su alors que les coups de feu
avaient commencé, je vous l'assure, j'aurais cherché
une autre route ; mais je croyais que cette émeute
ne présenterait guère plus de gravité que celle du
commencement d'avril dernier. Je rencontrai dans
toutes les rues une foule de curieux qui paraissaient
fort surpris de mon isolement. Toutefois, mon sang-
froid ne m'abandonna pas ; je gagnai les boulevards,
pensant que si le désordre était sérieux, je pourrais
me jeter dans les rangs de nos bataillons, que je
présumais rencontrer. J'eus d'abord passablement
de peine à traverser la foule devant la porte Saint-
Denys. Puis je trouvai devant la porte Saint-Martin
un rassemblement d'hommes de la classe moyenne
qui avaient l'air très émus : les uns se haussaient
sur la pointe des pieds, les autres montaient sur des
bornes, pour voir dans la rue Saint-Martin. Aussi
curieux que personne, je résolus de percer cette
foule, espérant toujours rencontrer notre régiment.
Je me mis d'ailleurs un peu sur la défensive en
plaçant ma main sur la poignée de mon sabre ; car des
paroles que j'avais entendu prononcer derrière moi
ne me rassuraient guère. « Ça chauffera ! » disait
l'un ; « Tiens ? ce sergent-major a du toupet de se
promener seul à cette heure, » disait un autre. Je ne
me décourageai cependant point et je continuai à
fendre la foule. Je vis la troupe qui repoussait à
coups de crosse les récalcitrants ; mais je fus désap-
pointé en constatant que ce n'était pas le 9ᵉ. Je me
réunis quand même à ce détachement, et j'appris
par un sergent-major que la troupe avait fait feu et

que les promoteurs du désordre s'étaient emparés
de plusieurs postes. Je le remerciai de ces détails et
je repris en grande hâte le chemin de Vincennes,
sans être attaqué ni insulté. Quelques personnes
ivres m'invitèrent seulement à prendre un canon
avec elles. Bien entendu, je refusai. A Vincennes
je ne trouvai pas ma compagnie. J'en fus atterré. Je
manquais à la première prise d'armes un peu
sérieuse ! Les grenadiers allaient peut-être au feu ;
ils pouvaient croire que leur sergent-major se cachait
au moment du danger ! Vite je m'équipai, je pris le
pas gymnastique et je rejoignis nos hommes avant
leur entrée dans Paris. Mon capitaine, prévenu par
mes camarades du danger que j'avais couru, me
gronda d'abord de ce qu'il appelait un enfantillage,
et finit par rire de ma curiosité, qui aurait pu avoir
pour moi des résultats très fâcheux.

Nous avons bivouaqué deux nuits sur la place de
la Bastille, sous les ordres du lieutenant-général
Bugeaud et du maréchal de camp de Rumigny. Les
factieux se sont bien gardés de venir nous attaquer :
nous avions des pièces d'artillerie, mèche allumée,
qui leur auraient craché au visage d'une manière
un peu insolente. Le régiment n'a eu ni tués ni
blessés ; un tambour, qui avait obtenu son congé
lundi, voulut, avant de revoir ses pénates, visiter
les quartiers insurgés : il fut tué d'un coup de feu
sur la place de Grève.

Thionville (Moselle), 17 juin.

MES CHERS FRÈRES,

Le besoin d'épancher mon cœur dans le vôtre me
force à confesser une chose qui me fera un jour
rougir devant vous. Lorsque je fus nommé sergent-
major, mon prédécesseur m'avertit que le caporal

d'ordinaire lui remettait 50 centimes par jour, afin
qu'il fermàt les yeux sur le gain illégal que faisait
ce dernier. Il dit au caporal que j'étais aussi bon
enfant que lui, et qu'il pourrait, comme par le passé,
tirer à boulet rouge sur la nourriture du pauvre
soldat. Le croira qui voudra ; mais je vous jure que
cette proposition ne me convenait pas du tou', et
j'aurais certainement résisté à la tentation, si je
n'eusse appris que tous mes collègues en faisaient
autant. Je continuai donc à voler (car on peut bien
se servir de cette expression), jusqu'à ma nomination aux grenadiers. A cette époque, le malheureux
qui venait d'être cassé pour dettes et ivrognerie, et
que je remplaçais pour la seconde fois, me donna la
même consigne que j'avais reçue de lui dix mois
auparavant. Cette fois je résistai, et je crois bien
que l'envie ne me prendra plus de me livrer volontairement à des tortures continuelles , et cela
uniquement parce que les autres le font. J'avais si
grand'peur d'être pris dans cet indigne trafic avec
le caporal, que souvent j'y rêvais pendant mon sommeil. Je suis plus pauvre maintenant, mais je suis
plus heureux.

Vincennes, 10 mai 1839.

J'ai contracté un rengagement de deux ans à
compter du 1ᵉʳ janvier 1840. J'ai pensé qu'il n'était
pas nécessaire de demander votre autorisation ;
car vous m'avez toujours dit que vous vouliez mon
bonheur ; or, j'aime mon état avec toute l'ardeur
d'un jeune fiancé.

Thionville, 17 juin 1839.

Le ministre de la guerre nous a assigné la garnison de Thionville, au lieu de celle de Lyon qui
nous avait été officiellement promise. Ce changement m'a fait éprouver une bien grande contrariété.

Lyon nous rapprochait de l'Afrique ; sous peu nous y serions probablement allés, et là nous aurions peut-être acquis un peu de cette gloire dont nous sommes si avides. Mais au lieu de cela, on nous envoie dans une place forte, voisine des frontières de Belgique et de Prusse, juste au moment où il n'y a rien à craindre de ce côté-là.

Thionville, avec sa population d'environ 5.000 âmes, n'est pas désagréable. Ce serait un séjour supportable pour six ou huit mois. Les filles y sont belles comme à Brantôme et à Ribérac, mais elles ont été élevées dans la crainte de Dieu et de la troupe. Malgré la tranquillité parfaite dont nous jouissons dans ce petit endroit, mon cœur se soulève à la seule pensée que la plupart des régiments qui nous y ont précédés, n'ont pu en sortir qu'après trois ans d'emprisonnement dans ses triples remparts ; encore arrive-t-il quelquefois qu'en sortant d'ici ils vont finir de gagner des indulgences plénières dans la garnison de Metz, où ils demeurent longtemps aussi. Ce ne sera pas pour moi, élevé dans un climat tempéré, une bien grande jouissance de souffler dans mes doigts pendant huit mois de l'année et de me rôtir, pendant les quatres autres, entre des remparts qui emmagasinent pour la nuit toute la chaleur du jour.

1er septembre.

Le mois dernier j'ai dépensé 50 francs en sus de ma solde. Nous avons reçu deux fois les sous-officiers du 3e chasseurs, qui tiennent garnison avec nous ; nous avons eu deux promotions d'officiers, deux d'adjudants ; il est mort dernièrement un de nos camarades. Eh bien, chers frères, dans toutes ces circonstances, ce sont des réunions en corps au meilleur hôtel de l'endroit. Ajoutez à cela les jours de fête, que le militaire ne manque jamais de célébrer... à sa manière ; car, sachez-le bien, il aime à *nocer* toujours, partout et à propos de tout. « Mais, me direz-vous, comment font les collègues sans fortune et sans parents ? car il doit s'en trouver. » Voici en deux mots leur manière de vivre : ils contractent des dettes dans les cafés, souvent avec l'intime persuasion de ne jamais payer ; ou bien ils couvrent leurs dépenses avec le produit d'un commerce immoral et qu'ils rougiraient d'avouer... ou bien ils se brûlent la cervelle... Il me faudrait au moins cent francs.

5 septembre.

Je vois que Louis ne manquera pas de courage Apprenez d'abord, chers frères, que les soldats de la 6e l'ont baptisé « Le Bossu, » à cause de la grosseur de ses omoplates et de la rotondité de son dos : défauts physiques communs à presque tous les membres de notre famille, et qui m'ont valu, en 1833, le surnom de « Mayeux ». Un soldat, tailleur de la compagnie, à l'humeur un peu caustique, poussa la plaisanterie jusqu'à traiter notre frère de « vilain soldat ». Louis, justement indigné, répondit de grosses injures au chevalier de l'aiguille, qui se crut suffisamment offensé pour demander une réparation. Elle lui fut accordée sur le champ. Nos deux champions se boxèrent comme deux Anglais. Louis, d'une nature un peu flegmatique, reçut le premier coup de poing ; mais, voyant que son adversaire se disposait à revenir à la charge, il lui asséna plusieurs coups si bien appliqués, que son provocateur prit la fuite. Lorsque j'appris la conduite de mon frère, je le fis appeler, et, loin de le blâmer, je l'engageai à déployer toujours la même fermeté, en le félicitant sur l'heureuse issue de sa première querelle.

24 octobre.

Mon chef de bataillon m'a proposé pour le grade d'adjudant.

Enfin ! le major a mis sur mes états de service : *Remplaçant à titre gratuit.*

Le colonel m'a fait cadeau d'un pantalon de sous-officier du prix de 15 francs, comme témoignage de satisfaction pour le soin que j'ai pris d'apprendre l'orthographe aux sergents.

Un trait qui prouve la bonté de mon capitaine pour moi : « Etes-vous abonné à quelque journal militaire ? — Non, mon capitaine ; la modicité de ma solde ne me permet pas de faire un sacrifice de seize francs par an. — Alors je vous cède mon abonnement à *La sentinelle de l'armée.* Dites au vaguemestre qu'il vous la remette à compter de ce jour. »

3 mars 1840

La manie de contracter des dettes est à l'ordre du jour. Autrefois les sergents se faisaient un revenu considérable sur la solde des soldats ; mais aujourd'hui que des officiers probes et éclairés veillent aux droits de chacun, les ressources de ces rusés comptables se trouvent réduites à leur plus simple expression. Ils s'obstinent quand même à ne pas diminuer leurs dépenses. Au moment où je vous écris, tous mes collègues sont au bal ; la plupart d'entre eux ont loué fort cher des costumes pour se déguiser. Bref, aucun d'eux ne passera sa journée sans avoir dépensé une quinzaine de francs. Quant à moi, j'ai dépensé 60 centimes, et c'est déjà trop.

Mes chefs sont bien disposés en ma faveur et je suis persuadé que si on poussait un peu à la roue, je serais officier avant d'avoir atteint ma trentième année. Immense résultat !

Metz, 27 mars 1840.

Dites à ma mère que je la vénère comme une image de la divinité ; qu'elle est l'objet de presque tous mes songes ; que, le soir, après avoir quitté la société bruyante de mes camarades pour me promener solitairement, les bras croisés sur ma poitrine, les yeux fixés vers la terre, je pense à elle et à mes frères. Loin de m'opposer à ses volontés, si ma mère manifestait le désir de me voir près d'elle, je lui obéirais sans murmurer. Tous mes rêves d'avenir seraient détruits, il est vrai ; mais je ne veux pas avoir à me reprocher un seul acte de désobéissance envers elle.

Thionville, 29 juin 1840.

MA BONNE MÈRE,

Tous mes rêves d'avenir se réduisent à peu près à celui-ci : vous sauter au cou, ayant sur mon épaule l'épaulette d'or, ou sur ma poitrine la récompense des braves, afin que vous puissiez dire : « Mon fils est digne d'être soldat. »

Thionville, 13 janvier 1841.

MES BONS FRÈRES,

Me voici adjudant... Je suis allé remercier le digne colonel qui nous commande. Cet excellent chef m'a dit : « Monsieur Malafaye, vous ne me devez rien. Comment aurais-je pu m'empêcher de vous donner de l'avancement ? Je recevais de votre capitaine, de votre adjudant-major, de votre chef de bataillon et enfin du directeur des écoles, les éloges les plus flatteurs pour vous ; j'aurais manqué à mon devoir si je vous avais laissé dans l'oubli. »

J'espère être sous-lieutenant le 1er mai.

Thionville, 18 février 1841.

Une ordonnance royale du 9 février me nomme sous-lieutenant. Le colonel vient de me faire appeler ; il m'a ouvert ses bras, et, comme vous pouvez croire, je m'y suis jeté avec reconnaissance.

Me voilà donc officier, chers frères ! et cela, avant d'avoir achevé ma 26ᵉ année d'âge et ma 8ᵉ de service.

31 mars.

Je suis à peu près habitué, chers frères, à la vie d'officier. On s'accoutume vite au bien-être. Ce n'est plus cette gaîté folle des sous-officiers, avec leurs craintes et leurs espoirs ; c'est l'aplomb et le calme d'hommes qui ont conscience de leur position dans le monde et qui veulent y faire bonne figure. Le sous-officier qui espère est au café aussitôt que ses occupations le lui permettent, afin de tuer le temps, en attendant le brevet d'officier tant désiré. Celui qui est oublié se met entre deux vins, pour parler plus à l'aise de son mérite et de l'injustice de ses chefs ; il fréquente les cabarets plutôt que les cafés. L'officier a, comme le sous-officier, une bonne provision de dettes, mais des dettes honorables et sacrées. Ordinairement il en a contracté une partie avant d'arriver à l'épaulette ; il doit toujours à son tailleur, à son cordonnier, à son chapelier. En revanche, il ne doit jamais rien dans les cafés. Une fois qu'on a endossé la capote bleue, on ne fait plus de noces, sur la proposition d'un fou. On n'a de fortes dépenses que lorsqu'un bataillon arrive d'une autre garnison ou rentre de détachement. Alors c'est une grande fête, qui coûte au moins 15 francs à chacun des invitants. Les nouveaux arrivés ne payent jamais. Les jours ordinaires on prend le café simplement après déjeuner, sans accompagnement de bière. Le sergent-major prend de la bière par dessus le café, puis un petit verre pour ne pas sentir le goût de la bière, souvent aussi un punch pour dissiper la crudité de l'eau-de-vie.

A quoi bon, chers frères, tous ces détails? Afin que vous connaissiez parfaitement ma manière de vivre. Dans ma prochaine lettre je vous dirai l'emploi de mon temps. Cela ne vous intéressera pas sans doute comme l'emploi de mon argent ; mais, que voulez-vous, mes amis, il faut bien supporter quelque chose de la part d'un frère que vous aimez.

Ma mère comprend-elle bien ce que c'est qu'un officier? Lui avez-vous dit que je n'ai plus de sac, que je couche dans un beau lit à rideaux, dans une superbe chambre qui coûte 12 francs par mois ; que je suis admis à la table du colonel ; que, lorsque nous serons dans une grande ville, je serai invité aux soirées du général et du préfet? Sait-elle tout cela, ma bonne mère? Oh ! répétez-le-lui souvent, je vous prie.

31 mars.

D'après mes calculs, il me sera possible de mettre de côté, pour mon entretien, 30 francs par mois. L'excédent ne suffira pas pour payer toutes mes dettes, mais je payerai les vieilles et j'en contracterai de nouvelles. Un vieux proverbe de régiment dit : « Le sous-lieutenant fait des dettes, le lieutenant les paye et le capitaine met à la caisse d'épargne. »

23 mai.

Voici, chers frères, comment j'emploie mon temps cinq jours de la semaine :

Sommeil ou lecture au lit..........   8 heures.
Toilette...........................   1/2   —
Exercice des manœuvres.............   3   —

Repas...........................	2 heures.
Distractions.....................	3 —
Etude ou occupations utiles.......	5 —
Etude des théories et règlements...	1/2 —
Lecture...........................	1 —
Appels et théories dans la chambre.	1 —
TOTAL..........	24 heures.

La bibliothèque du régiment est à la disposition des officiers. J'étudie l'*Histoire de France* d'Anquetil. J'en ai au moins pour six mois. Mon frère aîné voudra bien ensuite diriger mes études.

Belfort, 8 avril 1842.

J'accepte de bon cœur votre proposition. Je vous enverrai 50 francs toutes les fois que je le pourrai. Malheureusement, je ne le ferai pas aussi souvent que je le voudrais... Pour mettre mes affaires en bonne voie, je vais commencer par me priver de café. Si cela ne suffit pas, je demanderai, à mon grand regret, à vivre dans ma chambre.

Belfort, 30 mai.

Plusieurs officiers font encore du feu dans leurs chambres. Quant à moi, je m'en prive, et pour cause.

5 août 1843.

Vous me faites part de l'heureuse délivrance de notre belle-sœur. Bonne Zoé, nous aimerons votre fils autant que vous l'aimerez vous-même. Si ma vie entière est vouée au célibat, comme c'est probable, tous les enfants de mes frères seront aussi les miens. Mes vœux les plus chers seront accomplis : je pourrai finir mes jours au milieu d'une nombreuse famille. Il ne me reste qu'à obtenir de la Providence, en faveur de ma mère, des jours assez longs pour qu'elle puisse être témoin de notre bonheur commun. Le Ciel exaucera, j'ose l'espérer, les prières que je lui adresse avec ferveur à cette intention. Des capitaines, qui s'en vont en retraite, retrouvent dans leurs foyers les auteurs de leurs jours. Pourquoi cette douce jouissance me serait-elle refusée ?

20 août 1843.

Encore du bonheur, chers frères! Ce matin, l'inspecteur général m'a nommé à un emploi de mon grade dans la 3ᵉ compagnie de voltigeurs.

21 août.

Hier matin, à la revue d'honneur qui terminait l'inspection générale, le baron Buchet ordonna qu'on me fît reconnaître aux voltigeurs, en présence du régiment. J'éprouvai une si forte émotion, que mes jambes faiblirent, et peu s'en fallut que je ne tombasse à côté du commandant, lorsqu'il demandait solennellement aux voltigeurs obéissance à tous mes ordres. De ma vie je n'ai ressenti une secousse aussi forte. La musique joua deux morceaux en mon honneur; je n'entendis rien.

16 septembre.

On me réserve l'emploi de porte-drapeau. J'ai dit respectueusement au colonel que mes penchants étaient pour le service au milieu des soldats, plutôt que pour les fonctions spéciales qu'il me destine, mais que je me soumettais sans murmure à ses volontés. Ce changement de position me donnera 4 francs de plus par mois : triste compensation au sacrifice que je ferai en quittant une compagnie de voltigeurs.

8 décembre.

Pour éviter d'aller au café, source de dépenses

ruineuses, j'ai organisé chez moi une espèce de petit casino. Cinq de mes camarades y viennent tous les soirs. Nous lisons *la Sentinelle de l'armée* et *la Presse*. Ceux qui aiment à fumer boivent de la bière, qui nous coûte moins cher qu'au café. Les quatre qui ne lisent pas jouent au whist ou au boston ; les perdants payent la bière qui a été consommée dans la soirée. La dépense de chacun n'atteint pas vingt-cinq centimes par soirée. Encore formons-nous une petite masse pour aller prendre le café tous ensemble au moins une fois par mois. Je n'ai jamais passé mon temps d'une manière aussi agréable, pas même à l'époque où je dépensais au café jusqu'à 40 fr. par mois. Si j'avais toujours été aussi sage, je n'aurais pas eu, l'an dernier, à vous imposer un énorme sacrifice.

Belfort, 26 décembre 1843.

BIEN CHÈRE MÈRE,

Voici l'époque de l'année où je sens plus vivement la peine d'être éloigné de vous. Quel serait mon bonheur de pouvoir vous embrasser ! Si j'étais près de vous, vous liriez ma joie sur les traits de mon visage ; et puis il me semble que les vœux de mon cœur auraient plus de valeur, si vos quatre fils, réunis autour de vous, demandaient à la fois pour leur mère, leur mère si bonne, une longue série de jours heureux. Non, la Providence, qui sait que notre bonheur est intimement lié au vôtre, ne résisterait pas au concert de nos supplications. Votre jeunesse n'a-t-elle pas été attristée d'assez de chagrins et de deuils pour que des jours radieux se lèvent enfin et vous réjouissent ? J'espère néanmoins que nos prières, malgré les deux cents lieues qui nous séparent, seront entendues de Dieu. Il a déjà commencé à répandre le bonheur sur vous et sur les enfants qui vous sont si chers. Pensiez-vous, il y a dix ans, qu'ils occuperaient tous un jour une place honorable ? Aujourd'hui vous n'avez plus rien à craindre pour eux. Il vous manquait une fille ; maintenant vous en avez une qui vous aime autant que nous. Vous vous voyez revivre dans votre petit-fils, dont les premiers sourires ont dû être pour sa mère et pour vous. Les premières paroles qui sortiront de sa bouche, il les prononcera pour répondre à vos caresses. Pauvre enfant ! Que Dieu le protège !

Lyon, 12 janvier 1844.

Le colonel m'a donné une nouvelle marque de sa confiance en m'attachant à l'école des caporaux et soldats. Lorsque je suis allé prendre ses ordres pour ce service, il m'a dit qu'il m'avait choisi parce qu'il savait bien que je ne lui imposerais pas de conditions. Je ne sais à quel officier du régiment s'adresse ce reproche ; mais s'il était connu, il devrait être montré au doigt, pour avoir eu l'impudeur de demander de l'avancement ou des faveurs à son colonel, seul juge du mérite de ses officiers.

Belfort, 22 février.

Pendant ce carnaval j'ai voulu donner un libre cours à ma tristesse : je n'ai fait ni plus ni moins que les autres jours et j'ai passé dans ma chambre la soirée du mardi gras. Louis est allé au café avec ses camarades jusqu'à dix heures. Et vous, mes frères, vous êtes-vous réunis à toute la famille, comme autrefois ? Et alors, dans votre bonheur, n'avez-vous pas dit : « Si Firmin et Louis étaient là ! » A cette pensée, notre mère aura peut-être disparu un instant pour essuyer en secret quelques larmes. Il est des époques où l'absence des siens est bien dure à supporter, surtout lorsqu'elle pèse sur le cœur depuis huit ans ! Si encore on y espérait une fin ! mais non !... Il faut que je vous voie. Je prendrai patience jusqu'à notre changement de garnison. S'il ne nous rapproche pas du Midi, je demanderai la permission de vivre dans ma chambre pendant six mois, et je ferai les économies nécessaires pour aller embrasser ma mère et mes frères. Quand j'aurai dit au colonel que le spleen me tue, je verrai bien s'il aura le courage de me priver du plus grand de tous les bonheurs.

Je me déciderais peut-être à me marier si je trouvais une femme assez sotte pour vouloir de moi.

28 mars 1844.

Le n° **3** que j'ambitionne sur le tableau d'avancement au choix est tout ce que je puis désirer. Ce qu'on ferait de plus pour moi serait de toute injustice, car les deux officiers qui ont les deux premiers numéros sont des sujets de premier mérite. Si j'obtenais un avantage sur eux, j'en serais presque honteux.

16 octobre.

Il me serait facile d'obtenir une place d'officier comptable, mais je regretterais mes fonctions d'officier de compagnie. Les lazzis du troupier me réjouissent trop pour renoncer à être son chef. Si vous voyiez comme il fait route gaiement, malgré la pluie qui le mouille et son havre-sac qui l'accable ! Son fusil se rouille, le blanc de ses buffleteries, enlevé par l'eau, tache ses habits ; à l'étape, il n'aura pas de quoi se changer, car son sac, faute d'une toile imperméable, ne garantit pas de l'humidité les effets qu'il renferme ; chez son hôte, aura-t-il seulement du feu pour les sécher ? Malgré tout, le moral du soldat n'est jamais abattu : plus il souffre, plus il chante. J'ai besoin de ce spectacle pour supporter l'éloignement de ma famille.

31 octobre.

A Lons-le-Saulnier, j'ai logé chez une veuve d'officier. Le soir, pendant que nous étions encore à table, nous entendons battre la générale , le cri *au feu !* retentissait de toutes parts. Nous suivons la foule qui se portait sur le théâtre de l'incendie. Le feu avait pris avec une violence extrême dans la maison contiguë à celle de mon logement, des gerbes de flammes entraient dans le grenier de mon hôtesse. D'après le principe du *primo mihi*, je commençai par sauver mes effets. Je m'entendis ensuite avec un de mes camarades pour organiser une chaîne et sauver les objets les plus précieux de la maison incendiée. Lorsque les pompiers furent maîtres du feu et qu'on eut la certitude de sauver les maisons environnantes, j'allai rassurer ma bourgeoise et sa demoiselle, plus mortes que vives. Tout danger cessa vers onze heures. Lorsque je rentrai, mouillé de la tête aux pieds, on me fit du café pour me remettre de ma fatigue, et nous causâmes auprès d'un bon feu jusqu'à une heure du matin. Ces dames se plurent à me répéter plusieurs fois que le 9ᵉ était leur sauveur. Heureusement, on séjournait le lendemain ; sans quoi notre pauvre bataillon aurait eu bien de la peine à fournir son étape. Le soir, le général, qui nous avait invités à dîner, remit au colonel une lettre du maire de Lons-le-Saulnier exprimant la reconnaissance des habitants de cette cité envers les militaires du 9ᵉ, lesquels, après une étape de

dix lieues par le mauvais temps, n'avaient pas
craint d'affronter de nouvelles fatigues, pour
arrêter le terrible fléau. Le général y joignit l'expression de sa satisfaction personnelle, et nous ren-
trâmes chez nous. Mes bourgeoises me forcèrent
encore à veiller jusqu'à minuit. Elles m'affir-
mèrent qu'elles n'oublieraient jamais le soin que
j'avais mis à les consoler.

A notre arrivée à Meximieux, le 23, nous appre-
nons que l'abbé Guyon y prêchait le soir. Je me
rendis au sermon avec cinq autres officiers. On
nous avait réservé des places, et nous eûmes
réellement les honneurs du sermon. Le prédicateur
fit plusieurs allusions à la bravoure militaire.
Exemple : pour engager les fidèles à supporter
patiemment leurs peines, il montre la résignation
du soldat endurant les fatigues des marches forcées,
couchant au bivouac, exposé au froid et à la pluie,
sans vivres quelquefois, peut-être sans un verre
d'eau pour étancher sa soif, perdant enfin son sang
par une blessure qui n'arrête pas son ardeur à voler
à la gloire...

Lyon est une ville immense, presque aussi grande
que Paris, mais ne lui ressemblant nullement. Dans
beaucoup de quartiers les maisons sont fort dis-
tantes les unes des autres. Le ciel y est au moins
enfumé, lorsqu'il n'est pas couvert d'un brouillard
très épais, presque éternel. On ne brûle que du
charbon de terre, et la fumée de cet affreux combustible se fait désagréablement sentir aussitôt que
l'on sort. Il règne dans la ville une grande activité.

En 1845, Malafayc est au Fort-l'Écluse,

Un pays d'ours et de loups. La Savoie est à 50 mètres

de ma croisée. Le Rhône borde la frontière. Le fort
est à une demi-lieue du village, où nous allons
manger. Ainsi nous sommes complètement isolés
de toute habitation. Heureusement que je suis dans
les bonnes grâces du commandant ; il m'invite à
passer chez lui tous mes moments de loisir.

18 mai 1845.

Le détachement du Fort-l'Écluse m'a fait perdre
la direction de l'école du 1er degré, que je regrette
beaucoup. Mon colonel avait demandé au général
de me laisser à Lyon, mais celui-ci lui a répondu
qu'un officier d'élite devait toujours suivre sa
compagnie.

22 août.

On me conseille de faire des démarches auprès
d'une demoiselle qu'on dit prévenue en ma faveur.
Je n'ai pas voulu m'y engager avant que vous, mes
bons frères, ainsi que notre excellente mère, ne
vous soyez prononcés sur mes scrupules, qui sont :
1° La trop grande fortune de la demoiselle, dont le
père est, dit-on, millionnaire. Il est vrai que cet
immense dividende aura un fort diviseur ; car,
après avoir perdu sa première femme, qui lui a
laissé trois enfants, M. Nodet en a épousé une
toute jeune qui lui a déjà donné quatre nouveaux
héritiers. Mlle Elisa, outre ce qu'elle doit attendre
de son père, a une fortune indépendante, venant
de sa mère, d'au moins 60,000 francs. Je crains
donc d'être accusé de cupidité en quittant ma pauvreté pour devenir riche ; et si j'épousais Mlle Elisa,
je crois que ce serait à condition qu'elle n'apporte-
rait à la communauté qu'un revenu égal au montant
de mes appointements ; 2° Mon plus fort scrupule
est la position précaire de Titou et de Louis. Si un
jour ils avaient besoin de moi, serais-je libre de

leur faire tout le bien que je voudrais sans déplaire
à ma femme ? Quant à ma mère, je sais bien que
notre frère aîné et mon parrain viendraient à son
secours, si elle était malheureuse ; mais je serais
jaloux de contribuer à son bien-être.

Voici maintenant les avantages de cette union.
J'aurais, je crois, une femme qui a toutes les qualités nécessaires pour me rendre heureux. Depuis
longtemps elle vit avec sa belle-mère dans l'accord
le plus parfait. Sa conduite, toujours exemplaire, est
une plus grande garantie avec ses 29 ans que si elle
n'en avait que 18. Depuis qu'elle a perdu sa mère,
elle aurait fait parler d'elle, si elle n'avait pas des
principes de vertu qui, sans doute, ne l'abandonne-
ront jamais.

Malafaye consulte aussi le capitaine Malher,
qu'il appelle « le directeur de sa conscience
depuis 12 ans. » Sur l'avis de cet officier, il
renonce au mariage projeté.

Sur ces entrefaites, son régiment est envoyé
à Marseille.

Aussitôt arrivé dans cette ville, il écrit à ses
frères :

29 octobre.

Quelle délicieuse garnison que Marseille! quelles
rues, quel port, quel mouvement commercial ! Je
suis forcé d'avouer que je n'ai jamais rien vu
d'aussi beau, pas même à Genève où je fus
ébloui.

Notre route a été aussi heureuse que possible.
Depuis notre départ du Fort-l'Ecluse jusqu'à Marseille, nous avons eu un temps admirable. Le 22,
nous avons parcouru en bateau à vapeur les
60 lieues qui séparent Lyon d'Avignon. Les bords

du Rhône ont un aspect aride. Toutes les montagnes qui sont recouvertes de quelques pouces de terre sont plantées de vignes produisant un vin sec et capiteux, entre autres le vin de l'Ermitage. Les sommets tout à fait incultes sont couronnés de vieilles ruines. Nous avons traversé, en courant de toute la rapidité de la vapeur, les villes de Vienne, de Valence et du Pont-St-Esprit. Nous sommes entrés dans les murs de l'ancienne résidence des Papes à 5 heures du soir. C'est une horrible ville, aussi horrible que le langage et le caractère de ses habitants. Elle ne peut avoir d'attraits que pour les savants, qui sont émerveillés de l'antiquité de ses remparts et de son château. Pour comble, nous avons dîné à l'hôtel du Palais royal, où fut assassiné le maréchal Brune.

Le 23, nous avons couché à Orgon, célèbre, comme Avignon, par la scélératesse de ses habitants qui voulurent égorger Napoléon, lorsqu'il se rendait à l'île d'Elbe.

Le 24, nous nous sommes arrêtés à Lambesc, grand bourg qui, comme Orgon, à la sotte prétention d'être une ville. Une vieille dame m'a reçu avec infiniment de bonté... En me souhaitant bonne nuit, elle m'offrit gracieusement un bouquet de fleurs appelées *cassies* dans l'idiome du pays.

25 juillet 1846.

L'inspecteur général comte d'Hautpoul m'a complimenté, devant tous les officiers supérieurs du régiment, sur la manière dont j'administre le dépôt des militaires isolés. Il a voulu inspecter aussi mon ignoble troupe ; il n'a pu contenir un mouvement d'horreur en voyant des hommes si sales et surtout si dépravés par le contact des prisons. Je suis un

vrai chef de bande de voleurs et d'assassins. O
que ces gens-là me font souffrir ! Et je suis menacé,
s'il vous plait, de conserver indéfiniment ce commandement !

28 septembre.

Je suis profondément attristé, lorsque je songe
aux avantages que pouvait me procurer la garnison
de Marseille, et qui m'échappent à cause de l'infer-
nal service dont je suis accablé. Par exemple, après
des efforts que vous comprendrez, j'étais parvenu,
au commencement de cette année, à apprendre assez
d'allemand pour traduire seul et avec assez de
facilité les fables de Lessing ; tous mes moments de
loisir, je les passais avec bonheur à la bibliothèque
de la ville, où j'avais sous la main les matériaux nécessaires pour me livrer au travail ; je me
proposais aussi de suivre au collège le cours
d'arabe, afin de me mettre à même de rendre en
Afrique des services que la connaissance de cette
langue m'aurait rendus faciles : tous ces avantages
m'échappent à la fois.

Le 22ᵉ, qui revient d'Afrique, lui inspire cette
pensée :

On ne jouit réellement de la vie militaire qu'en
présence de l'ennemi. Nous sommes, nous, des
soldats de parade, bons tout au plus pour manger
l'argent des pauvres contribuables.

25 décembre.

Je vois avec peine, je vous l'avoue, ma mère,
que notre cher Titou ne se décide pas à se marier.
Ses qualités sont trop connues dans le pays pour
qu'il ne trouve pas un parti sortable. Mais il faudrait que mon frère ne se montrât pas trop exigeant
sous le rapport des avantages pécuniaires. Son

avoir, à lui, est à peu près nul ; pourquoi préten-drait-il épouser une femme d'un apport supérieur au sien ? D'ailleurs, est-ce qu'on n'est pas toujours assez riche quand on est heureux ? Il me tarde que vous ayez une bru, non seulement pour vous soulager des travaux du ménage, qui ne laissent pas que d'être pénibles, mais encore pour vous servir de société. Vos fils vous entourent de leur ten-dresse ; mais les hommes ne savent pas donner, même aux personnes qu'ils aiment le plus, ces petits soins empressés dont les femmes seules ont le secret. Bonne mère, il vous faut une bru !

Vous recevrez une paire de pantoufles. Elles sont l'œuvre d'un Périgourdin, mon collègue et mon ami. La piété filiale de ce jeune homme n'a pas d'égale : sa mère est l'objet de toutes ses pensées, de toutes ses affections. Je lui avais souvent parlé du bonheur que j'aurais à vous offrir des pantoufles brodées de ma main, si ma maladresse n'y mettait un cruel et éternel obstacle. Il a eu la délicate idée de travailler à ma place et de me faire l'agréable surprise qui me permet de vous envoyer ce petit cadeau.

1er juillet 1847.

Louis est toujours charmant. Il paraît tout-à-fait décidé à travailler. Pour lui témoigner ma satis-faction, je me suis montré libéral : le jour de sa fête, je lui ai donné la grammaire de Napoléon-Landais, un cours d'administration en trois volumes, deux chemises et 10 francs ; tout cela avec accom-pagnement d'un joli bouquet et de deux gros baisers sur ses joues toujours rondes et fraîches.

Malafaye fait un voyage à Vergt. Pendant sa permission un ordre de rappel lui arrive : il ira en Afrique. A son retour à Marseille, son colonel lui donne l'assurance qu'il « marche promptement à l'épaulette de capitaine, étant un de ces officiers qu'un colonel est toujours heureux de mettre en avant. »

A ce moment son projet de mariage avec Mlle Nodet se négociait activement. On le pressait de ne pas partir pour l'Afrique.

août 1847.

Il me faudrait mettre un officier à ma place dans le bataillon de guerre dont je fais partie, et je remplacerais cet officier au dépôt. Je ne crois pas la combinaison bien facile; mais le fût-elle, ma justice et mon amour-propre y répugneraient également. Quand un régiment entre en campagne, chacun doit se trouver au poste qui lui est assigné. Je ne me consolerais jamais, s'il arrivait quelque chose de fâcheux à un camarade qui aurait marché pour moi.

13 septembre.

Je ne m'illusionne point : mon prochain départ pour l'Algérie fera manquer ou du moins ajourner indéfiniment mon mariage. Je n'en serai pas grandement attristé. L'affection de ma famille me suffit. Si j'ai fait, si je suis disposé à faire encore toutes les démarches possibles pour arriver à un résultat, c'est que je croirais manquer au plus saint de mes devoirs, si je ne donnais à Mlle Nodet cette marque de ma reconnaissance pour l'attachement dont elle m'honore. Mais une fois que le cri de ma conscience ne se fera plus entendre, si tout espoir est à jamais perdu, je chercherai une consolation que je trouverai toujours près de vous, chers parents. Je vous suis déjà si redevable, vous m'avez entouré de tant de prévenances, que, si je me mariais, je vous ferais un vol en ne vous donnant plus tout ce que mon cœur renferme d'affection. Toutefois, si Dieu permet cette union, je veux qu'Elisa ne se repente pas trop d'avoir mis en moi sa confiance et son amour.

Consulté par M. Nodet, le colonel lui répond que « Malafaye est un officier de grand mérite ; que M. Nodet pourrait difficilement faire pour sa demoiselle un aussi bon choix, et qu'il lui serait impossible d'en faire un meilleur. »

Marseille, 29 septembre 1847.

Monsieur,

Je désire ardemment que vous consentiez à mon union avec Mlle Elisa, mais je ne me pardonnerais pas de l'avoir obtenue par surprise. Ma loyauté me fait donc un devoir de vous annoncer notre prochain départ pour l'Algérie.

Dans toute autre circonstance j'aurais été heureux d'entrer en campagne, mais en ce moment je ne puis que m'en affliger. J'espère néanmoins que vous voudrez bien, Monsieur, me laisser quelque espérance.

En Afrique, j'arriverai plus vite au grade de capitaine. Mais que m'importe l'avancement ? Désormais le bonheur ne saurait être, pour moi, où ne se trouve pas Mademoiselle votre fille. Veuillez l'informer de ce qui se passe et lui dire combien mon cœur est navré de la nouvelle difficulté qui vient s'ajouter à celles de ma modeste position et de mon manque de fortune.

Mlle Elisa et vous, Monsieur, tenez entre vos mains ma destinée : tout mon avenir repose sur un *oui* ou un *non* de votre part. Quelle que soit votre décision, je m'y soumettrai avec respect ; mais avant de détruire mon plus cher espoir, veuillez considérer, Monsieur, que l'Algérie jouit du plus grand calme, que la troupe y est aussi heureuse qu'en France, que les officiers surtout s'aperçoivent à peine qu'ils sont en campagne. Le danger que l'on y court est à peu près nul. Abd-el-Kader, préférant les conquêtes qu'il fait dans le Maroc aux défaites qu'il a essuyées près des Français, paraît disposé à ne plus nous susciter d'embarras. Tout, en un mot, nous présage une ère de paix.

Aussitôt arrivé en Afrique, je m'informerai des ressources qu'offre le pays, et si je vois que les dames d'officiers se procurent aisément ce qui est nécessaire à la vie, je vous prierai, Monsieur, avec de nouvelles et vives instances, de m'envoyer votre consentement.

Si, malgré tout, vous daignez, Monsieur, me permettre d'aspirer à la main de Mlle Elisa, je vous demanderais une nouvelle faveur, celle de correspondre avec elle. Mon cœur a besoin de s'épancher, je ressens si vivement le désir de le lui ouvrir, que je remplirais bien des pages, si je lui écrivais tous les doux sentiments qu'elle m'inspire.

Arrivé à Alger le 18 octobre, Malafaye apprend que son régiment, sur la demande de son nouveau colonel de Mac-Mahon, est envoyé à Oran. Il écrit à Mme la commandante Krantz :

La province d'Alger, tranquille comme un département de la France, m'aurait permis, si nous l'avions occupée, de conserver l'espoir de fléchir M. Nodet, de diminuer la longueur de l'ajournement qu'il m'impose et qui me semble devoir être éternel. J'avais supplié Mlle Elisa de supporter les inconvénients d'une traversée de deux jours. Je ne me flatte pas qu'elle partage mon impatience; mais elle est bonne; j'avais fait appel à son cœur, qui ne serait peut-être pas resté tout-à-fait insensible aux tourments du mien... Dites-lui, Madame, qu'elle n'aille pas se dédire, maintenant que toutes mes espérances reposent en elle, maintenant que je me suis habitué à l'idée de la posséder un jour, maintenant enfin que je ne puis concevoir du bonheur qu'en le partageant avec elle. Elle est entrée pour moi dans la voie des sacrifices : qu'elle y persévère jusqu'au bout, si elle ne veut pas abreuver mon âme de tristesse et d'ennui.

Il y a des alliances qui offrent des chances de bonheur : mon mariage avec Mlle Elisa ne me donnerait pas seulement l'espoir, mais la certitude d'être heureux. La Providence l'a dotée, Madame, de tant de vertus que je n'espérais pas trouver réunies !... A mesure que je m'éloigne d'elle, je sens que je l'aime davantage. Pendant la traversée, lorsque l'âme est dans le recueillement, lorsque l'œil ne peut contempler que le ciel et l'eau, lorsque l'oreille ne perçoit d'autres bruits que le battement des roues du bateau et le mugissement des vagues, ma pensée ne pouvait se détacher d'elle. Je me demandais si nous ne passerions pas ensemble sur l'autre bord de cette Méditerranée, que je traversais alors seul. Je dis que j'étais seul, parce que je sens bien que je serai réellement seul tant qu'elle ne sera pas avec moi. Qu'il me tarde de recevoir sa première lettre ! Elle me dira bien qu'elle m'aime, n'est-ce pas, Madame ? Sinon, pourquoi m'écrirait-elle ?

7 décembre 1847.

Le 17 novembre, départ d'Oran pour Tlemcen. J'ai fait pendant la route les fonctions de trésorier. J'ai acquis, je ne sais comment, une réputation de comptable que j'aurai de la peine à perdre, quelle que soit mon ignorance. Ce qui m'ennuie le plus dans mes fonctions de payeur, c'est la responsabilité du trésor, qui varie de trois à cinq mille francs. J'ose à peine sortir de chez moi, de crainte d'être volé.

Tlemcen est une ville magnifique, assise coquettement au pied d'une haute montagne qui semble se mirer dans l'azur d'un ciel toujours pur. Ici, l'aspect monotone du palmier nain cesse de vous fatiguer la vue pour faire place à tous les arbres d'Europe. L'olivier surtout est d'une grosseur énorme. Vous croirez que j'exagère, si je vous dis qu'il est aussi gros que nos châtaigniers. Rien n'est plus vrai cependant. Jamais la Providence n'a doté un pays aussi libéralement que celui qui avoisine la ville. On n'est pas capable de trouver, à deux lieues à la ronde, un hectare de terrain qui ne soit arrosable.

Les Arabes sont paresseux ; mais on peut dire qu'ils ont une paresse raisonnée. Ils ne travaillent pas, parce qu'ils n'ont pas de besoins. Que leur importe d'être riches ? Quand ils voyagent, ils ne prennent pas leur bourse ; à quoi leur servirait-elle, puisqu'ils se contentent d'emplir leurs poches d'orge qu'ils écrasent entre deux pierres, à la première source d'eau qu'ils rencontrent ? Le Bédouin, autrement dit l'Arabe de la campagne, n'a pas encore sucé du tout le venin de notre civilisation. Le Maure, ou l'Arabe de la ville, se civilise : il est déjà impie, menteur, ivrogne, voleur. L'un d'eux me disait, avant que j'eusse acheté mon cheval : « Vois-tu, si tu t'adresses aux Juifs, tu seras trompé. — Et si j'achète un mulet à un maquignon ? — Il te trompera aussi. — Et si je t'en achète un, à toi ? — Moi aussi, je te tromperai.

Ecoute : n'achète jamais rien à un Juif, ni à un maquignon, ni à moi. » Je l'avais fait enivrer avec de l'absinthe, qu'il buvait en ayant grand soin de se cacher de ses coreligionnaires. S'il n'eût pas été ivre, il ne m'eût pas prévenu qu'il était un malhonnête homme. S'il ne se fût pas mis, par le négoce, en contact avec les flibustiers qui viennent en Afrique déshonorer la France par des banqueroutes, cet homme fût resté pieux, probe et franc. Ses enfants eussent été grands, fiers, forts comme lui ; tandis que, avant un siècle, lorsqu'ils se seront imprégnés de notre débauche, leur espèce se crétinisera comme la nôtre. Cet Arabe, qu'on appelle Ben-Aroun, est, en effet, un voleur. Je le vis un jour tromper de vingt-cinq francs un Bédouin sur le prix d'un mulet vendu à un officier. Ici, au contraire, les indigènes de la campagne ont conservé un admirable sentiment de dignité. De Tlemcen à Oran, la route n'est pas sûre ; on n'ose pas encore envoyer, par la poste, une somme considérable. Que fait-on ? On la confie à un Bédouin, qui jure sur Mahomet de la remettre à sa destination. Cet homme évite les passages dangereux, traverse des pays inhabités, et on n'a pas d'exemple d'une infidélité à la foi jurée. Il faut dire, à notre honte, qu'un Européen n'inspire pas la même confiance. Nous avons importé en Afrique la mauvaise foi, l'inconduite, la débauche, le luxe. Dans ma naïveté, j'avais toujours cru, avant d'arriver en Algérie, que les nombreux colons qui s'embarquent par milliers à Marseille, venaient ici pour fertiliser le sol. Erreur. Ils veulent faire fortune en restant assis. Ils monteront un café, une auberge, un magasin ; mais ils se garderont bien de former de jolies fermes qui leur donneraient trop de peine.

Mlle Nodet, qui a obtenu de son père la permission d'écrire à Malafaye, faisait attendre sa première lettre. Notre lieutenant s'en plaint à Mme Krantz :

17 décembre 1847.

Oh ! dites-lui, Madame, qu'il serait cruel de me laisser dans l'incertitude où je me trouve. Plus je m'éloigne d'elle, plus j'aurais besoin de croire qu'elle pense à moi. Ces jours derniers, en cheminant péniblement dans les neiges de l'Atlas, je recherchais des soldats du département de l'Ain, pour parler du pays qu'elle habite. Il me semblait qu'en causant avec eux des environs de Collonges je ressentais au visage une brise caressante qui avait passé près d'elle et qui venait me dire : « En arrivant à Tlemcen, tu auras de ses nouvelles. » Hélas ! Point !

Elles arrivaient, les chères nouvelles, apportant l'assurance pudique d'un amour de fiancée.

Mais le mot que nous disons, Mlle Nodet ne le disait pas ! Malafaye s'en ouvrit à Mme Krantz, la sage confidente de son projet :

10 décembre 1847.

Depuis que j'ai eu le bonheur de recevoir la lettre de ma bonne et chère Elisa, je ne puis contenir ma joie. Tous les jours je choisis quelques moments de solitude pour me donner le plaisir de relire des phrases qui expriment si bien les nobles sentiments d'une âme généreuse. Cependant elle ne me dit pas qu'elle m'aime. Si encore je suis assez heureux pour que ce soit la timidité qui l'empêche de me faire cet aveu ! Soyez indiscrète pour la première fois de votre vie, madame : si elle m'aime d'amour, dites-le-moi ; vous me rendrez si heureux ! Elle m'honore de son amitié, de son estime : ne trouvez-vous pas que ces sentiments, tout flatteurs qu'ils soient pour celui qui les inspire, ne réchauffent pas assez le cœur ? Moi, je trouve qu'il y a d'abord justice à rendre autant qu'on reçoit. J'estime donc que je devrais être aimé, puisque j'aime beaucoup. Si je donne toujours, sans recevoir en échange, il y a perte évidente pour moi. Toutefois, pour ne pas tout perdre, j'accepte l'amitié, l'intimité, l'estime qu'elle veut bien m'offrir. Je glisse pour elle dans cette lettre un billet qui commence ainsi : « Ma chère amie. » C'est peut être trop de hardiesse ; mais j'ai honte de l'appeler « Mademoiselle ». Elle m'a dit qu'elle m'attendrait aussi longtemps qu'il plairait à Dieu de nous tenir séparés. Après une promesse aussi positive, ne dois-je pas croire que nos destinées sont déjà unies ? Si elle se fâche, tâchez de la calmer, dites-lui qu'elle ne me gronde pas trop fort de la liberté que je prends. Il y a long-temps que j'aurais voulu lui dire combien était grand le trouble qu'elle avait jeté en moi ! J'aurais payé si cher un moment d'entretien avec elle, que je dois ne pas lui paraître trop coupable, en entrant aujourd'hui dans une familiarité qui ne cessera jamais d'être respectueuse.

Un heureux événement vint faire diversion aux pensées de Malafaye. Le 21 décembre, il part pour la frontière de nos possessions.

Le 23, je couchai au camp de Si-Mohamet-el-Ouassin, où j'appris qu'un combat entre les Maro-cains et la petite armée d'Abd-el-Kader avait obligé la colonne de Mac-Mahon, formée d'un bataillon de zouaves et de six compagnies du 9e, de se porter en avant avec six jours de vivres. Les troupes du grand camp étaient elles-mêmes parties, au pas de course et sans sacs, afin de rendre les colonnes plus mobiles, et de tous côtés on avait mis des embuscades, de telle sorte que si l'émir était refoulé sur notre territoire, il ne lui restât aucun moyen de salut. Le 22 décembre, Mohamet-ben-Boukouya, lieutenant de spahis indigènes, embusqué avec 25 de ses hommes, voit venir à lui un groupe de cavaliers arabes : « Qui vive ? » — « Abd-el Kader. » Aussitôt le lieutenant s'approche de l'émir et l'avertit qu'une forte colonne de cavalerie, dont il est l'avant-garde, est tout près ; que toute tentative de fuite est donc inutile. « Je me soumets à la France, répond l'émir, à la condition qu'on me donne pour résidence Constantinople, Alexandrie ou Tunis. » — « Je n'ai pas mission de traiter avec toi, réplique l'officier, mais seulement de t'arrêter. »

Abd-el-Kader demande qu'on lui permette d'aller chercher sa deïra. Faute d'encre et de papier, il envoie au général Lamoricière son cachet avec une bague, et jure sur Mahomet qu'il sera de retour dans deux heures. Tous les régiments réunis sur l'extrême frontière attendaient l'illustre vaincu ; mais il ne reparut pas à l'heure et au lieu convenus. On croyait qu'il s'était joué de nous une fois de plus, lorsque, vers la nuit tombante, le colonel de Montauban l'aperçut près du marabout de Sidi-Brahim, où deux ans auparavant il avait remporté sa plus sanglante victoire. Le colonel l'aborda en le saluant, et ils échangèrent une poignée de main. Abd-el-Kader réclama quelques instants pour prier dans le marabout. Le colonel l'engagea ensuite à monter à cheval et à le suivre. L'émir s'y refusa d'abord. « Lorsqu'un de tes officiers refuse de t'obéir, lui dit le colonel, tu lui fais couper la tête.

Lamoricière m'a ordonné de te conduire auprès de lui ; si je n'exécute pas son ordre, il me fera décapiter. » Abd-el-Kader accueillit ces paroles d'un signe de dénégation. Néanmoins il monta à cheval. Lamoricière le traita avec tous les égards que mérite le courage malheureux et le conduisit à Nemours, où venaient de débarquer le duc d'Aumale et le général Cavaignac. Celui-ci, dit-on, ne dédaigna pas de donner l'accolade au héros arabe, quelque mal vêtu qu'il fût : l'émir avait la tête entourée d'une corde de poils de chameau et les jambes nues, comme les plus sales Bédouins. Lorsqu'il se présenta devant le prince gouverneur, Abd-el-Kader mit pied à terre en signe de soumission et lui fit hommage de son cheval de bataille, « le dernier, dit-il, qu'il avait monté pour combattre. »

Malafaye décrit à ses frères son lit de camp à cette époque :

Vous ne devineriez jamais comment nous fabriquons nos lits de camp. En colonne, nos malles ne nous suivent pas. Nous sommes donc obligés d'avoir deux coffrets, qui s'adaptent au bât d'un cheval ou d'un mulet, pour y placer nos vivres et des effets de rechange. Eh bien, la nécessité, mère de l'industrie, a fait découvrir que ces coffrets, que nous nommons *cantines*, à cause de la batterie de cuisine et des mets qu'ils renferment, pouvaient être utilisés pour coucher. Sur les deux plus petits côtés des cantines on fixe des corbeaux en fer qui reçoivent deux barres parallèles, et sur ces barres on cloue tout bonnement une forte toile. Nous dormons fort bien dans ces petits hamacs. Autrefois on couchait par terre, et au bout de 5 ou 6 ans de campagnes on avait les membres perclus de douleurs.

20 janvier 1848.

Je me plais de plus en plus en Afrique. Le service y est fort doux. Les officiers ont formé à Nemours un cercle littéraire où l'on ne reçoit aucune personne étrangère à la cocarde. Nous venons d'acheter des livres que nous pouvons lire dans nos chambres ou dans nos tentes. Nous recevons tous les journaux politiques de Paris et de l'Algérie. Nous nous réunissons tous les soirs. Les officiers du 2ᵉ chasseurs à cheval, de l'artillerie, du génie, du train, ne forment avec nous qu'une seule confrérie. Comment ne pas aimer un état où l'on trouve toujours des frères, des amis ou tout au moins de bons camarades ?

Je ne bois jamais de liqueurs alcooliques. Je prends du café jusqu'à trois fois par jour, non pas dans ces tasses grandes comme une coquille de noix, mais bien dans des vases en fer blanc, qui contiennent plus d'un quart de litre ; et il est rare que je ne m'en fasse pas verser deux fois à chaque repas. Le café est la boisson la plus salutaire dans les pays chauds. Je l'aime tant que, depuis mon séjour en Afrique, je le bois toujours sans sucre.

16 mars 1848.

Avant les quelques jours que j'ai passés au milieu de ma famille, et qui ont été pour moi la source du plus enivrant bonheur, je vous aimais déjà, ma chère belle-sœur, comme on s'aime entre frères. Mais les bons, les délicats procédés dont vous avez usé envers moi, la confiance que vous m'avez témoignée, votre amour pour Malafaye, votre vive et inquiète tendresse pour vos deux enfants, petits anges que j'idolâtre aussi, m'ont ému, m'ont touché droit au cœur. Durant mon court séjour au milieu

des personnes que j'aime le plus, j'ai pu apprécier
votre caractère. Vous direz peut-être que je me
flatte, ma sœur : mais, tenez, je crois que nous
sommes sympathiques l'un à l'autre. J'ai remarqué
que vous aviez besoin de vivre par le cœur. Les
affections tendres sont à l'âme, pour certaines personnes, ce que sont au corps la nourriture, l'air, la
lumière. Ou je vous ai mal jugée, ma chère sœur,
ou vous êtes une de ces personnes-là. Moi aussi, je
vis par le cœur. Etant enfant, j'ai eu souvent envie
de me suicider, parce que je trouvais que ma mère
ne m'aimait pas assez ; et cependant vous savez
comment ma mère aime ses enfants. J'ai besoin
d'être aimé, beaucoup aimé. Et pour n'être pas
ingrat, je donne autant que je veux recevoir. Ma
mère, mes frères, vous, ma sœur, vous n'êtes pas
seulement des êtres chéris de mon cœur, vous êtes
l'objet d'un culte... Je suis très désireux d'entrer en
correspondance avec vous. Vous qui êtes femme,
vous recevrez, sans vous moquer de moi, les confi-
dences que je vous ferai au sujet d'une personne
que j'aime autant, mais différemment, que ma famille. Mon Elisa, vous la chérirez aussi, n'est-ce
pas, ma sœur ? Dieu s'est plu à l'enrichir de toutes
les qualités que j'aime dans une femme. Si vous
saviez comme ses lettres expriment avec simplicité, modestie et pudeur les sentiments qui l'ani-
ment ! Aussi, depuis qu'elle m'écrit, mon amour est
centuplé...

Notre excellente mère veut savoir comment nous
vivons, Louis et moi... Je consomme mes vivres
de campagne avec le capitaine et le sous-lieutenant de
ma compagnie. Les Arabes nous vendent des poules,
des œufs, des asperges et toute sorte de légumes.
Les asperges ne sont ici l'objet d'aucune culture ;

elles poussent dans les montagnes. Et on ose dire
que ce pays n'est pas favorisé du Ciel !...

Je regrette amèrement la déchéance de la belle,
vertueuse et infortunée famille d'Orléans. Les femmes surtout, qui ne prennent aucune part à la politique, me paraissent dignes du plus touchant intérêt. Prions Dieu que la nouvelle forme de gouvernement rende notre pays heureux, grand
et libre. Faisons des vœux pour que la République
s'acclimate chez nous sans commettre d'excès. Nous
sommes fatigués des chutes de monarchies, de com-
mencements et de fins de dynasties. Louis XVI,
Napoléon, Charles X, Louis-Philippe, tous nos
souverains ont été violemment renversés du
trône !...

Le 6 avril, Malafaye écrit à Mme Krantz qu'il
voudrait bien presser son mariage, mais qu'il
hésite devant les considérations suivantes :

Ici, il serait difficile de se procurer le confortable
dont on jouit en France ; cependant les objets de première nécessité me manquent pas. Sous ce rapport
Elisa ne serait pas malheureuse. Mais que devien-
drait-elle, dites-moi, lorsque je serais en expédition ? Le cercle des dames qu'elle pourrait fréquenter est fort restreint. A mon avis, une femme
parfaitement honnête n'en peut voir ici que trois.
Je suis peut-être un peu sévère envers les autres ;
je suis loin de dire qu'elles aient méconnu leurs
devoirs, mais elles n'ont pas, dans le langage et
dans les manières, cette réserve dont une femme
doit toujours s'entourer, pour que l'éclat de sa robe
de chasteté ne soit pas terni par d'offensantes sup-
positions. On n'est jamais gardien trop vigilant de
son honneur et de sa considération, surtout lorsque

cet honneur et cette considération forment la base du bonheur de deux personnes. C'est assez vous dire, Madame, que je verrais avec le plus grand déplaisir ma femme faire sa société de personnes dont la légèreté ou la mauvaise éducation a donné prise à de fâcheuses interprétations. Je sais bien que ma chère Elisa ne me contrarierait pas à ce sujet ; mais ne se contrarierait-elle pas elle-même en se soumettant à fréquenter un si petit nombre de dames ?

Les plus habiles politiques ne peuvent pas dire jusqu'où nous portera le trouble révolutionnaire. Je pense bien que, lors de l'assemblée de la représentation nationale, le peuple français épousera la jeune fiancée qu'il s'est donnée dans les derniers jours de février, mais je crains que les puissances étrangères ne troublent son ménage. Si la guerre éclatait, si nous avions à repousser l'invasion étrangère, je ne serais pas fâché d'être célibataire.

Enfin, supposons que tous les peuples se donnent fraternellement la main et qu'une paix universelle s'ensuive. Par le fait, mon avenir se trouvera gravement compromis. Alors M. et Mme Nodet pourraient regarder mes démarches comme ayant un autre mobile que celui de mon amour. Car un désarmement général venant à s'opérer, il viendrait à leur idée que je n'aurais pressé l'accomplissement de mon mariage avec leur demoiselle que pour me mettre en garde contre un avenir sans ressource...

Décidez avec Elisa de la conduite que j'aurai à tenir. Si elle trouve que toutes ces difficultés ne sont pas capables de diminuer sensiblement les joies que nous rêvons, qu'elle se jette dans mes bras : ils sont ouverts pour la recevoir et la presser contre mon cœur,

Le 13 avril, il annonce à ses frères qu'il a exercé ses droits électoraux pour la nomination des membres du conseil municipal de Vergt. Il espère que la Révolution, contenue dans des limites raisonnables, mettra en pratique des principes qui ont toujours été les siens.

J'aurais voulu, dit-il, les voir triompher à l'ombre de la monarchie. Je croyais sincèrement que la famille d'Orléans travaillait au bonheur et à la grandeur de notre chère France. Si je m'étais trouvé à Paris au mois de février, je me serais probablement fait tuer pour la défendre. Aujourd'hui, je croirais être mauvais Français si je n'étais pas républicain. Hors de la République (et peut-être, hélas ! avec la République) le sang généreux des Français coulerait à flots, la guerre civile nous ferait descendre au second rang des nations... Le moment n'était-il pas venu pour la France de déclarer qu'elle reprenait ses limites naturelles sur le Rhin et dans les Alpes ? Nos gouvernants n'en ont pas jugé ainsi.

Camp de Lamiguier, 1er *mai 1848.*

J'ai formé ma compagnie sans capitaine, sans sous-lieutenant, sans sergent-major. J'ai eu une peine infinie : j'ai passé deux nuits au travail avant de partir de Nemours. Je me consolerais de n'avoir pas de capitaine pendant quelque temps : on n'est jamais commandé avec tant de douceur que lorsqu'on se commande soi-même.

La vie des camps me va à ravir. Mes camarades sont surpris de me voir si gai. Je ne reste jamais inactif. La politique me fait dépenser une grande partie de mon temps. Quand la chaleur me chasse de ma tente, je saute sur mon cheval, je vais res-

pirer l'air pur des montagnes. J'ai une des meilleures bêtes du régiment, jolie, vigoureuse, fringante,
faisant admirablement ce que les Arabes appellent
de la fantasia. Montée, elle est très convenable ;
mais elle se trouve avilie de porter le bât : elle a
failli me tout briser en venant ici ; elle sautait tous
les matins une demi-heure avant de vouloir se mettre en route.

Tlemcen, 12 juillet.

Ma chère Sœur,

Le 30 juin la chaleur était si forte que je me
brûlais les mains en touchant ma tunique.

Le 2, les Crémis n'avaient pas encore porté la
difa qu'on leur avait demandée pour la veille. Le
général leur donna jusqu'à onze heures pour réfléchir. Nous allâmes camper à une demi-lieue de
leur village et nous nous apprêtions à le raser,
quand nous les vîmes arriver avec leurs œufs les
plus frais, leurs moutons les plus gras, leurs plus
belles poules et leur plus doux miel.

Le petit médaillon que vous m'avez donné l'année
dernière me porte bonheur. Ma santé est excellente, quoique je sois resté quinze jours en route
par une chaleur accablante.

Le général de Mac-Mahon a dit quelque chose de
bien flatteur pour moi : « Il ne faut pas enterrer
M. Malafaye dans un bureau ; c'est un officier qu'on
devrait pousser, si nous avions la guerre. »

Du bivouac de Terni, 8 septembre.

Nous avons fait hier une razzia de 1.200 têtes de
bétail sur les K'sefs, de la tribu des Beni-Snous...
J'ai reçu, pour ma part, la moitié d'un mouton et
une chèvre. J'ai donné mon demi-mouton aux soldats, et mon militaire de confiance s'est hâté de

perdre ma chèvre. Plus tard nous recevrons, en outre, une indemnité en argent.

Tlemcen, 13 septembre.

MADAME,

Je suis tout attristé de ne plus recevoir de vos nouvelles. La bienveillante estime dont vous m'avez si généreusement honoré s'effacerait-elle à mesure que le temps y passe sa fatale éponge ? Noyez-vous tous vos souvenirs, auprès de votre charmante Marie, dans l'océan de votre cœur maternel? M'oubliez-vous pour de longues siestes, au bruit torrentueux du Rhône ? Quoi qu'il en soit, vous ne m'écrivez plus, et je le déplore amèrement.

Ma charmante Elisa regrette aujourd'hui de s'être montrée un peu sévère envers moi. Elle me dédommage en me disant mille choses aimables, qui me donnent un avant-goût des délices que nous réserve notre union. Mon bonheur serait presque complet, si je pouvais m'empêcher de jeter un regard de regret sur des jours qui passent pour ne plus revenir, sur des jours que je dépense loin d'elle et que je voudrais tant lui consacrer. Pour la première fois je sens qu'il est désagréable de vieillir : je voudrais être bien jeune, afin d'avoir plus longtemps à l'aimer. Dans tous les cas, mon cœur ne vieillira pas, et il s'est donné sans réserve à celle qui veut bien devenir ma douce compagne, et partager mon existence pour l'embellir de ses vertus précieuses. Ce bonheur, quoique aperçu dans un désolant lointain, jette une douce clarté sur ma vie actuelle. L'amour me donne la foi et l'espérance : il ne me vient pas à l'idée que notre union puisse manquer autrement que par la mort de l'un ou de l'autre. Sans cette confiance l'amour serait un soleil sans chaleur, un arbre sans verdure, une fleur sans parfum. Trois, quatre années peut-être, me séparent encore de l'objet de ma plus tendre, de ma plus vive affection. D'un coup d'aile ma pensée va, cent fois par jour, trouver Elisa dans le petit coin qu'elle habite ; mais la réalité ! la réalité ! quand viendra-t-elle ? Ne croyez-vous pas, madame, que j'aie raison de dire qu'il me serait impossible, sans une confiance illimitée, de conserver bien clair le ciel de mon existence ?

23 septembre.

Hier nous avons incendié un village des Kremis, de la tribu des Beni-Snous. Nos soldats ont des dispositions pour devenir des brigands. Ils n'ont pas reculé devant le meurtre des vieillards, des femmes et des enfants... Ce qu'il y a de plus hideux, c'est que les femmes étaient tuées après avoir été déshonorées. Il est vrai de dire que le général paraissait abreuvé de dégoût pendant cette scène de désolation. Les Arabes ne se défendent pas du tout.

Tlemcen, 8 novembre.

Mes Chers Frères,

Je suis admis à la solde de 2,100 fr. par an. Me voilà presque riche. J'espère payer 500 fr. de mes dettes en 1849, y compris les 150 fr. que je vous destine et qui sont la plus sacrée de toutes mes dettes. Patience ! Nous arriverons tous à être heureux : quand je le serai, je veux que tout le monde le soit dans ma famille.

Tlemcen, 5 décembre.

Le pays est tranquille. On fonde des villages de tous côtés. Mais la misère des colons est égale à leur paresse et à leur immoralité. On pourrait faire

de belles choses, on ne fait rien de bien... On me
donne de l'ouvrage plus qu'à tout autre, et on m'en-
courage par quelques paroles qui donnent satisfaction à mon amour-propre. Quoique je n'aie qu'une
année de grade de lieutenant, je figurais, cette
année, parmi les huit candidats que le chef de corps
présentait au général pour le grade de capitaine.

14 février 1849, du camp de l'Oued-ben-Abdallah.

Je me demande souvent ce que font de leur cœur
ceux qui n'aiment personne. Mon âme a besoin d'aliments tout aussi bien que mon corps : les affections
lui servent de pain quotidien. Dans mes promenades solitaires sur les crêtes de nos montagnes, je
partage mes pensées entre notre excellente mère,
vous, mes bons frères, et ma chère Elisa. Il me
semble que les campagnes désertes que je parcours
m'ouvrent tout grand le champ de la pensée. Lorsque je n'entends plus aucune voix d'homme, lorsque la solitude élargit son horizon autour de moi, lorsqu'aucune habitation ne se montre à mes regards,
alors tout meurt pour moi dans l'univers, et je crois
entrer en communication avec tous les êtres que
j'aime. Je ne commence, chaque jour, ma promenade qu'une fois mon service fini ; sinon, je l'ou-
blierais aussi. Je reste dehors jusqu'à ce que le soleil
disparaisse derrière les rochers des Traras, après
s'être fait escorter par de légers nuages d'or. Je
rentre alors sous ma tente, où je trouve le dîner
servi. Chateaubriand disait que, pour se trouver bien à
table, il ne fallait pas être plus nombreux que les
Muses, ni moins que les Grâces. Nous, nous sommes quatre : un capitaine adjudant-major, mon
capitaine, mon sous-lieutenant et moi. Nous cau-
sons assez pour faire durer le repas de six heures à

huit heures. Ma tente est un lieu de réunion pour
mes camarades. Nous jouons aux dominos de huit
heures à neuf heures, et au whist de neuf à dix. A
dix heures je mets tout mon monde à la porte et je
reste jusqu'à minuit à écrire et à penser. Je me couche ensuite et je lis jusqu'à ce que le livre ou le
journal me tombe des mains. Vous connaissez
maintenant mes soirées. Je consacre mes matinées
à mes devoirs militaires et à déjeuner. De midi à
deux heures, je donne des leçons à de studieux
jeunes gens. Voilà ma vie au camp. Dites-moi si
elle n'est pas agréable. Pour être heureux, on n'a qu'à
le vouloir.

Du camp de l'Oued-ben-Abdallah, 6 janvier 1849.

Si je reste ici, je mettrai de côté 50 francs par
mois. C'est le vin qui nous coûte le plus ; nous le
payons 80 centimes le litre. Le pain est à 60 centimes le kilogramme. Mais, pour réaliser des économies, nous buvons peu et nous consommons
notre pain de munition. Le sous-lieutenant est un
de mes élèves ; c'est moi qui lui ai appris la comptabilité militaire. Aussi nous nous aimons comme
deux frères.

J'ai une tente d'administration pouvant contenir
16 hommes. Je la dois à mes fonctions de comptable. J'en ai offert la moitié à mon brave sous-lieutenant, qui a l'obligeance de diriger la cuisine. On
me permet d'avoir près de moi deux soldats d'ordonnance. L'un approprie mes effets et veille autour
de ma tente pour qu'on ne m'enlève pas la caisse
du bataillon ; l'autre soigne mon cheval et nous tue
du gibier. Nous mangeons régulièrement deux per-
drix par jour, et nous en donnons aux amis... A
Tlemcem je vivais presque exclusivement de bé-

casses rôties. Plaignez-moi maintenant d'être en Afrique ! Jamais je n'avais fait si grasse chère.

Le général Pélissier est parti d'Oran avec une colonne, dans le but de chasser des bons pâturages les Arabes dissidents et de les refouler au loin, près du Maroc, où i!s pourront être pillés et massacrés par leurs anciens ennemis... Mon amour-propre de soldat et mon amour pour les voyages me font cruellement souffrir de rester ici.

Nemours, 17 avril 1849.

J'ai rempli pendant 8 jours les fonctions de commandant de place de Nemours, auxquelles s'ajoutaient les attributions de maire et de juge de paix...

Quoi que vous me disiez, mes chers frères, je ne quitterai pas la lecture du *Journal des Débats* pour celle de *La Réforme*. Si j'ai éprouvé une surprise dans ma vie, c'est bien de vous voir républicains rouges, vous que je croyais si modérés. Car vous n'ignorez pas que *La Réforme* est le journal de MM. Ledru Rollin et Flocon... N'avons-nous pas eu assez de désordre ? La confiance renaît-elle trop vite au gré de vos désirs ? N'y a-t-il pas assez longtemps que le flot révolutionnaire renverse tout sur son passage ? N'avez-vous pas entendu le fracas d'assez de trônes : celui de la raison va-t-il aussi tomber ?... Le pape le plus libéral qui ait occupé la chaire de saint Pierre réfléchit sur l'ingratitude de son peuple. Rien n'a été respecté, pas même ce saint homme.

A cette époque, la grâce de Dieu, qui travaillait depuis longtemps l'âme droite et naturellement chrétienne du lieutenant Malafaye, secondée d'ailleurs par l'ange de ses rêves et de son chaste amour, remporta un triomphe éclatant et

décisif sur ses longues et coupables hésitations.
Il fit sa première communion le 2 février 1850.
Ayant informé Mlle Nodet de la résolution qu'il
avait prise de pratiquer désormais sa religion,
elle lui répondit, à la date du 20 janvier :

Je suis heureuse, cher ami, bien heureuse que
vous ayez eu le courage de commencer l'année en
vous réconciliant avec le Ciel. Je dis le courage,
parce que je trouve qu'il en faut pour prendre et
acccomplir une telle résolution, quand on est resté
si longtemps brouillé avec Dieu. Il me semble que
vous devez être bien heureux, vous aussi ; vous
devez éprouver la satisfaction qu'on ressent lorsqu'on a fait une bonne action ou qu'on a rempli un
devoir difficile. En apprenant cette nouvelle à votre
bonne mère, n'oubliez pas de la remercier, car c'est
à ses ferventes prières que vous devez votre conversion. Cette pauvre mère va être si heureuse !
Vous allez lui donner la plus grande consolation de
sa vieillesse. Et votre pieux oncle (le curé de Champagnac) verra du haut du ciel que le grain qu'il a
semé dans votre cœur a germé — un peu tard, il
est vrai — et qu'il va porter ses fruits. Et moi, mon
ami, je ne sais comment vous exprimer toute la joie
que j'ai éprouvée en vous lisant. Je ne mérite pas
tant de bonheur et j'ai le devoir de travailler à m'en
rendre digne en pratiquant les modestes vertus de
la famille.

Malafaye, qui a copié pour ses frères cette
lettre de Mlle Nodet, ajoute ses propres impressions :

MES BONS FRÈRES,

La pratique de mes devoirs religieux me fait réellement éprouver le bonheur que vous m'avez prédit.

J'ai déjà communié deux fois, et si je suis à Tlemcen pour quelques temps encore, je ferai mes pâques le même jour que ma chère Elisa. Par ma lettre d'aujourd'hui, je la prie de fixer elle-même la date de cette communion sympathique. C'est un hommage que nous rendrons à l'Eternel pour le remercier du délicieux amour qui unit nos deux cœurs.

22 avril 1850.

Dimanche, 28 avril, j'irai à Tlemcen recevoir le sacrement de la confirmation.

Je passe mon temps à élever des poulets ; je m'amuse à leur faire une belle éducation, lorsque je ne monte pas à cheval. Cette dernière distraction est toujours celle que je préfère. Cependant mes poulets me tiennent fidèle compagnie : j'en ai souvent sur mes genoux, sur mes bras, sur mes épaules, sur ma tête. C'est sans doute du riz qu'ils me demandent par leurs doux pépiements, auxquels je ne sais pas résister. J'ai aussi des poules qui me donnent 60 œufs par semaine, dont je régale mon capitaine et mon sous-lieutenant.

Tlemcen, 7 juillet 1850.

MON CHER ET BON LOUIS,

Le 16 juin au matin tu désespérais presque de devenir officier, et le 16 au soir tu m'écrivais : « Je le suis ! » Une pieuse dame me disait hier qu'il suffit de prier Dieu ; que le bonheur vient ensuite tout seul. Je crois cela, mon ami ; depuis que je prie, je viens à bout de toutes les difficultés.

23 juillet.

Nous sommes frères pour nous aider l'un l'autre. Ce qui est à moi est à toi... Quand tu frapperas à la porte de mon cœur, tu ne la trouveras jamais fermée. Je ne regrette qu'une chose : que mes ressources ne soient pas plus grandes, pour t'être utile.

Tlemcen, 8 août 1850.

Notre frère Louis paraît tout à fait décidé à se jeter dans les bras de la religion, cette constante amie de l'homme. J'en ai pleuré de plaisir.

8 septembre.

Mon tendre et excellent Frère,

Je suis bien reconnaissant au directeur de ta conscience des soins qu'il te donne. Écoute-le, mon ami, et lorsque tu ne comprends pas les divines vérités qu'il t'expose, rappelle-toi cette remarque de M. le curé de Tlemcen : « Lorsque je veux remuer mon bras, je le fais mouvoir à volonté, mais je ne puis comprendre comment sont organisés les ressorts qui fonctionnent ainsi à mon gré ». Tout est mystères autour de nous. La créature est bien peu de chose, comparée au créateur.

Le 29 octobre 1850, notre lieutenant épouse Melle Elisa Nodet, à Collonges (Ain).

Le 8 novembre suivant, il est chez son beau-frère Nodet, notaire à Louhans (Saône-et-Loire), et il va partir pour Vergt, en tournéee de noces, avec sa femme. Après ce voyage il écrit à sa mère :

Si je ne puis pas dire que mon cœur renferme plus de pitié filiale que par le passé, je puis vous assurer que j'ai deux cœurs pour vous aimer, car mon Elisa a retrouvé en vous la mère qu'elle avait perdue.

Le 11 janvier 1851 il est de retour à Tlemcen.

Tlemcen, 8 mars 1851.

Nous partons demain pour Oran... Ce matin, j'ai beaucoup parlé de vous tous, principalement de notre si bonne mère. Mon émotion est allée jusqu'aux larmes. C'est dans ces moments surtout que je trouve plus précieux encore le trésor que j'ai avec moi : mon Élisa me console, non par des paroles, mais en pleurant avec moi.

Oran, 24 mars.

J'ai à rendre mille grâces à Dieu pour toutes les félicités dont je jouis. Il n'y a certainement personne au monde qui se trouve plus heureux que moi... Je suis devenu si peu ambitieux, que j'oubliais de vous dire qu'il existe deux vacances de capitaine. Tout le monde m'assure qu'il y en aura une pour moi.

Mers-el-Kébir, 25 avril.

Votre dernière lettre est restée, je ne sais comment, égarée à Oran pendant deux jours. Enfin, elle m'a été portée avec celles du courrier d'Alger. En la recevant j'ai été si agréablement surpris que je n'ai pu la lire sans sangloter de bonheur.

Le commandant Malher félicite Malafaye de sa promotion au grade de capitaine :

« Voici deux choix comme je les comprends : celui de Clinchant et le vôtre. Vous pouvez, à juste titre, en être fier, car c'est à votre travail et à votre bonne et honorable conduite que vous le devez. »

Sa bravoure souffre de n'avoir pas eu encore l'occasion de se montrer, pendant 18 ans de service.

24 mai 1851.

Si cela continue, je n'oserai pas dire, après ma retraite, que j'ai été soldat.

Oran, 19 juin.

Dans la journée du 13, les Kabyles ont fait un trait d'audacieuse bravoure comme il ne s'en était pas encore vu en Afrique. Deux compagnies de grenadiers du 10ᵉ de ligne avaient pris position sur une hauteur d'où elles protégeaient un défilé que la colonne devait passer pour gagner son bivouac. Une fois maîtresses de la position, ces deux compagnies, croyant n'avoir plus rien à craindre, regardaient un combat très vif de notre arrière-garde contre l'ennemi ; elles n'avaient pris aucune précaution pour se garder militairement. Quatre ou cinq cents Kabyles en profitèrent pour se glisser dans les broussailles et se précipiter, le yatagan à la main, sur nos malheureux grenadiers, qui furent littéralement massacrés, du moins ceux qui voulurent tenir bon. Tous les officiers, au nombre de cinq, tombèrent sous le feu de l'ennemi. Les deux tiers de ces deux compagnies furent tués ou mis hors de combat ; il n'y eut de sauvés que les grenadiers qui se précipitèrent ou furent précipités dans le ravin. Ce fut à notre bataillon qu'échut le périlleux honneur d'aller reprendre cette position. Il s'acquitta fièrement de cette belle tâche. Mais quel ne fut pas le dégoût de nos soldats, lorsqu'il se trouvèrent au milieu de leurs camarades du 10ᵉ, horriblement mutilés. Les féroces montagnards avaient déjà eu le temps de leur couper la tête... Du reste plusieurs soldats de notre bataillon eurent le même sort. Car, si la position avait été vaillamment et promptement enlevée à peu près sans pertes, il n'en fut pas de même lorsqu'il fallut battre en retraite pour aller rejoindre le gros de la colonne au bivouac : l'ennemi nous poursuivit avec un incroyable acharnement, s'empara de tous nos morts et même de nos blessés, dont il est facile de deviner l'horrible fin. Le capitaine de grenadiers, M. Maillard de la Gournerie, déjà blessé en s'emparant de la position mais cachant sa blessure pour conserver son commandement, essuya cinq coups de feu, tous mortels. Ses grenadiers eurent beau lui faire un rempart de leurs corps et immoler des Kabyles sur son cadavre, ils n'en furent pas moins forcés de l'abandonner aux outrages de l'ennemi. Un homme qui n'était pas de sa compagnie eut la tête coupée par derrière pendant qu'il le défendait. Un caporal de grenadiers nommé Rieutort — l'histoire devrait immortaliser ce nom, qui restera obscur et oublié — disputa le cadavre de son capitaine à la rage des assaillants aussi longtemps qu'il put ; enfin, voyant ses efforts inutiles, il saisit la lame nue du sabre de son capitaine , en frappa rudement les Kabyles, dont quelques-uns périrent sous ses coups, et regagna le bataillon en s'arrachant les cheveux de douleur. Le frère d'un officier du régiment, caporal à la 6e du 3e, blessé au bras et à la jambe, avait encore assez de courage pour battre en retraite avec sa compagnie, lorsqu'un de ses souliers, s'échappant de son pied, le retarda et fut cause qu'il tomba aux mains de l'ennemi. Presque tous les officiers ont reçu des balles mortes dans leurs effets. Les Kabyles les prenaient pour point de mire. Aussi, sur à peine 500 hommes tués ou blessés, y a-t-il 31 officiers mis hors de combat, dont huit tués. Du 10 au 15 mai, la colonne s'est battue depuis quatre heures du matin jusqu'à neuf heures du soir ; et aussitôt arrivés au bivouac, nos pauvres soldats étaient envoyés en embuscade, exposés encore au feu de l'ennemi qui les tenait éveillés pendant toute la nuit. Les Kabyles poussaient l'audace jusqu'à enlever des hommes qui n'étaient pas blessés : ils venaient dans les rangs, les prenaient par les courroies de leur havresac et les chargeaient sur leurs épaules. La nuit, des sentinelles toutes vivantes ont subi le même sort.

Oran, 24 juin 1851.

Je suis rentré d'expédition le 17. Je ne vous dépeindrai pas, mes bons frères, la joie de mon retour auprès de mon aimable amie. Cette séparation de 25 jours nous a été si sensible, que nous ne pouvions pas nous regarder sans verser des larmes de bonheur. Il n'est pas vrai qu'on soit moins bon soldat et qu'on supporte plus difficilement les fatigues, quand on est marié. Même séparé de ma femme, je me sentais plus heureux que mes camarades. C'était encore un bonheur que de penser à elle en route, de lui écrire ensuite. Ses lettres me comblaient de joie, l'espoir de la revoir bientôt m'aurait fait doubler sans fatigues les plus longues étapes.

Je suis détaché au fort Saint-Grégoire avec la moitié de ma compagnie. Quoique ce soit une horrible résidence, ma bonne Elisa a voulu m'y suivre.

Fort Saint-Grégoire, 7 septembre 1851.

J'ai enfin la satisfaction de vous annoncer que le choléra a entièrement disparu d'Oran, après avoir fait de 6 à 700 victimes. Dans les colonies agricoles des environs, le mal a été immense. Quelques villages ont perdu le quart et même le tiers de leur population.

(Même date.)

MON BON ET CHER LOUIS,

Te fais-tu des amis au 8ᵉ de ligne ? Contente-toi d'un petit nombre, pourvu qu'ils soient sincères et dévoués.

Oran, 25 octobre.

A moins qu'une de vos lettres ait du retard, notre bonheur est habituellement complet. Nous sommes les enfants gâtés des plus chères délices ; tout est rose dans notre modeste ménage ; tout nous sourit dans le présent comme dans l'avenir. S'il y a des épines sous les fleurs de notre amour, nous ne les voyons pas encore.

L'anniversaire de notre mariage approche ; nous nous disposons à le célébrer ensemble à la table sainte. Nous ne pourrons jamais assez remercier Dieu des grâces qu'il nous a faites.

Oran, 9 novembre.

Je m'empresse de vous annoncer que ma bonne Élisa a mis au monde, aujourd'hui, à deux heures, un fils que nous n'attendions que dans un mois. Cette petite créature paraît se bien porter et ne demander qu'à vivre. Mon fils s'appellera *Jean*, à cause de notre mère, sa marraine, qui s'appelle Jeanne , *François*, prénom de mon beau-père, son parrain, et *Félix*, nom du patron que nous lui avons donné.

Nous avons pleuré la perte du pauvre petit Maurice, qui nous avait paru si intelligent et si gentil pendant notre séjour à Vergt. Ce cher enfant a été enlevé bien vite à la tendresse de ses parents. Le voilà réuni au chœur des anges pour chanter la gloire de Dieu. La Providence épargne bien des épreuves aux innocentes créatures qu'elle met ainsi en possession du bonheur éternel. J'engage ma bonne sœur à considérer que son cher enfant n'est pas perdu pour toujours : elle le reverra dans le séjour des bienheureux. Cette réflexion s'adresse aussi à Malafaye, à notre mère et à Titou , qui aimaient d'un amour si tendre leur charmant Maurice.

Qu'il est précaire, hélas ! le bonheur d'ici-bas ! La lettre suivante en est une fois de plus la triste preuve :

9 novembre 1851.

Mon Dieu ! que j'ai pleuré, mes bons frères, en lisant les félicitations que m'apportait votre dernière lettre ! Que de cœur vous avez mis dans toutes ces expressions de tendresse ! Pourquoi faut-il que vos joies et les miennes se soient sitôt changées en alarmes ? Je suis menacé du plus grand, du plus terrible malheur. Le médecin ne me cache point le danger que court ma pauvre amie. La malade n'a pas conscience de ce danger ; elle paraît tout étonnée quand, malgré moi, j'éclate en sanglots devant elle. La cruelle perte que je pressens trouble jusqu'à mon sommeil : la nuit dernière, j'ai fait ce rêve affreux : je me promenais dans un cimetière et le gardien me demandait quelle place j'y désirais pour ma femme. J'ai bondi aussitôt avec tant de force que je me suis réveillé et que j'ai réveillé Elisa. J'ai passé le reste de la nuit dans une agitation extraordinaire. C'est à peine si je sais ce que je fais, ce que je dis. Je n'ai plus de mémoire, je ne m'occupe plus de mon état ; les nouvelles politiques, quelque importantes qu'elles soient, me laissent indifférent. Mon idée fixe, c'est de me demander comment je pourrai vivre sans cet ange de bonté qui m'a donné tant de bonheur et qui me laisait voir l'avenir sous de si belles couleurs. Me consolerai-je de perdre de si chères illusions ? Je me vois obligé, dorénavant, de puiser ma vie dans cette année de félicité sitôt finie, de vivre de souvenirs et de larmes, comme d'autres vivent d'espérances et de joies... Priez Dieu, mes frères, priez Dieu qu'il me conserve ma pauvre amie : je n'ai plus d'espoir qu'en lui.

Oran, 24 décembre 1851.

MA BONNE MÈRE,

J'ai la douleur de vous annoncer la perte de mon pauvre petit Félix, mort le 21 de ce mois. Le malheur, qui m'a épargné si longtemps, semble vouloir m'accabler. L'état d'Élisa est toujours alarmant. Si quelque chose pouvait me consoler, ce seraient les marques de sympathie que me donnent mes camarades. Presque tous, malgré le mauvais temps, assistèrent aux funérailles de mon enfant chéri, et l'accompagnèrent au cimetière, qui est fort éloigné de la ville. Depuis qu'Elisa est malade, c'est à qui me fera accepter ses services.

J'ai eu hier une scène d'attendrissement avec ma bonne amie. Elle voulait vous envoyer des étrennes. Je m'y suis opposé, parce que nous ne savons pas combien de temps durera sa maladie. Nous avons dépensé beaucoup d'argent depuis ses couches. Ma pauvre amie, que l'espérance n'abandonne heureusement pas, m'a bien fait promettre de la laisser libre de vous faire un cadeau, aussitôt qu'elle sera rétablie. Il me serait impossible de vous dire combien elle vous aime, combien elle est heureuse d'être entrée dans notre famille. Si les sanglots ne m'étouffaient pas en traitant un sujet si sensible, je vous dirais comme elle est digne d'être votre fille. Mais parlons d'autre chose, parce que j'inonderais cette lettre de mes larmes...

Oran, 9 janvier 1852.

L'espoir renaît dans mon cœur. Il y a un mieux sensible dans l'état de ma chère malade... Je ne suis pas encore à la fin de mes peines, mais je n'en dois pas moins rendre grâces à Dieu, qui me laisse quelque espoir de conserver ma bien-aimée. Je crois même qu'Elisa ne tarderait pas à être convalescente si elle ne refusait pas les aliments qui conviendraient à la débilité de son estomac, pour prendre ceux qui lui sont tout-à-fait contraires...

Et vous, mes excellents amis, vous qui avez déjà tant fait de sacrifices pour moi, vous qui avez à peine le nécessaire, vous m'offrez de me venir en aide ! Je ne sais pas quelles épreuves le Ciel me réserve. J'ai embrassé la carrière militaire pour être moins à charge à ma famille, dans l'espoir aussi de la secourir un jour. Il paraît que Dieu ne me juge pas digne de ce bonheur ; car j'ai toujours demandé et je n'ai jamais rien eu à offrir. Malgré les bons appointements attachés à mon grade, peut-être devrai-je faire encore appel à votre bourse, dont les cordons se délient si facilement pour moi. Mais tant que ma femme aura un sou, je je ne puis pas lui faire l'affront d'avoir recours à d'autres qu'à elle. Si elle n'était pas tombée malade, nous eussions vécu dans l'aisance ; car ma solde nous aurait suffi jusqu'à ma retraite, et nous aurions mis de côté ses petites rentes, pour approprier sa maison à notre convenance et acheter les meubles qui nous seront nécessaires en 1863. Certes, 2,300 fr. en France, et 2,700 en Afrique, doivent suffire à un ménage de deux personnes. Mais il ne faudrait pas être malade. Enfin, je vous remercie, mes bons frères, de votre offre généreuse ; je vous sais tout disposés à partager avec moi vos faibles ressources, je sais que je pourrai toujours compter sur vous.

Mon beau-frère Edouard, second frère d'Elisa,

a fait comme vous : il nous a offert, malgré ses faibles appointements de 1,000 fr. par an, de supporter la moitié des frais qu'occasionnera la maladie de sa chère sœur. Vous et lui, vous vous êtes toujours rencontrés, depuis que le malheur me poursuit, dans les nobles élans de vos cœurs généreux. Je sens, mieux que je ne puis le dire, tout ce que je vous dois de reconnaissance.

Saint-Cloud, 24 janvier 1852.

La maladie de ma pauvre femme se prolonge toujours sans qu'il y ait apparence de mieux. Sa maigreur est effrayante ; ses jambes ne peuvent plus du tout la porter, même lorsqu'elle s'appuie sur moi. Son moral ne la soutient plus : elle me demande tous les jours si son médecin ne l'a pas condamnée...

Je suis nommé, bien malgré moi, à la direction de la colonie agricole de Saint-Cloud. Je remplis les fonctions de maire de cette commune, la plus considérable de toutes les colonies de la province ; je concède des terrains, je paie les colons, je fais planter des arbres, j'achète des bœufs, je suis, en un mot, le souverain absolu de la commune. Mes pouvoirs sont aussi illimités que ceux des commissaires extraordinaires du fameux Ledru-Rollin. Je mets les gens en prison sans jugement et j'élargis les prisonniers lorsque cela me fait plaisir. Aidé d'une commission consultative dont je suis le président, je propose l'expulsion des colons paresseux.

Je tàcherai de ne pas abuser de mes immenses pouvoirs. Je marcherai sur les traces de mon prédécesseur, qui, tout en se faisant aimer des colons, avait su se concilier la bienveillance des autorités militaires d'Oran. A son départ, toute la population voulait l'accompagner.

6 février.

Mes bons Frères,

La première fois que je vous écrirai je n'aurai plus d'Elisa ! son état est maintenant désespéré. Aucune illusion ne m'est plus permise, à moins que Dieu ne veuille faire pour moi un miracle dont je suis indigne. En la perdant, je vous perds presque, mes amis ; car, après ma retraite, si je suis encore de ce monde, je viendrai prier sur la tombe de ma chère épouse, jusqu'à ce que je puisse me coucher pour toujours à côté d'elle... Le 1er février elle se confessa et me pria de lui pardonner tous les chagrins qu'elle avait pu me faire. Chère amie ! comme si elle m'avait donné d'autres inquiétudes que celle de sa maladie ! Le lendemain nous devions communier tous deux, moi à l'église, elle en viatique. J'avais choisi le 2 février, à cause de la dévotion d'Elisa envers la sainte Vierge et du jour anniversaire de ma première communion. C'était un bon moyen de lui cacher le danger de son état. Mais elle ne s'y laissa pas prendre : « C'en est donc fait de moi ! disait-elle ; je vais donc mourir, et mourir en Afrique, moi qui aurais vécu si heureuse ! »

Le 5, comme les forces d'Elisa diminuaient à vue d'œil, je l'engageai à faire son testament. Pendant l'expédition des Achachas, elle l'avait commencé en ma faveur, mais les sanglots et les larmes l'avaient empêchée de continuer. Lorsqu'elle me fit cette confidence, je lui dis, que, n'ayant rien à lui donner, je ne voulais rien recevoir. Elle pleura beaucoup et me déclara que si je ne voulais rien recevoir, elle donnerait tout à ma mère. Je lui fis observer que ma mère m'aimait trop pour accepter, sachant que cela me ferait de la peine. Je lui rappelai que deux de ses frères seraient moins riches que les autres, et je lui conseillai de les faire ses héritiers. Elle me répondit qu'elle n'écrirait aucune disposition sans y mettre mon nom, et elle traça ces mots presque illisibles : « Je lègue tout ce que je possède à partager entre mes deux frères Auguste et Édouard et mon bon mari ; je leur cède tous mes droits. Saint-Cloud, le 5 février 1852. Elisa Malafaye, née Nodet. »

Je ne veux rien ! Que d'autres aient son bien ; moi, je conserverai le souvenir de ses vertus et je serai le plus riche.

8 février.

Mon Elisa n'est plus !... Elle s'est éteinte sans agonie, sans convulsions. Elle était sans doute déjà morte depuis quelques instants lorsque je lui appliquais sur les jambes des linges chauds, pendant que la garde-malade dormait ; car, celle-ci, à son réveil, s'approcha de ma bien-aimée et se retourna aussitôt vers moi en me disant : « Tout est fini ! »... Elle repose maintenant dans sa dernière toilette : robe de damas noir moiré, mantelet blanc brodé à la main, un christ et un chapelet dans ses mains croisées sur sa poitrine. Les traits de mon amie sont d'une ineffable sérénité : on dirait une sainte en possession du bonheur éternel. M. le curé désire que le cercueil reste découvert pendant les funérailles, afin que ce visage si calme soit exposé à l'admiration des fidèles.

9 février.

Mon bon Louis,

Plains-moi : mon Elisa n'est plus de ce monde ; son âme est allée au ciel rejoindre celle des bienheureux. Ma pauvre amie est morte hier, à trois heures du matin. Je t'écris au pied de son lit funèbre. Quoiqu'elle fût déjà morte lorsque ta dernière lettre est arrivée, je ne lui ai pas moins donné les tendres baisers que tu lui envoies. Sa figure est calme comme celle d'une sainte. Ses dernières paroles ont été de ces doux noms qu'elle savait si bien me donner. Pourrai-je m'habituer à vivre sans cet ange de bonté et d'amour ? Dieu ne l'avait mise sans doute à côté de moi que pour me faire admirer ses vertus et m'engager à les pratiquer.

Sans que je l'aie demandé, M. Thibaud a ordonné à sa compagnie d'assister en armes à l'enterrement de ma bonne petite, à laquelle on veut rendre de grands honneurs. Le bal public, qui a lieu tous les dimanches, a été fermé hier par le maître de l'établissement. Il n'aurait pas voulu faire danser ce jour-là, a-t-il dit, même pour gagner cinquante mille francs. Trois prêtres seront à la cérémonie. Le juge de paix, le docteur, le directeur de l'hôpital et M. Thibaud tiendront les cordons du poêle. Les écoles de garçons et de filles et la salle d'asile ont reçu l'ordre d'y assister. Ces gentils enfants sont venus aujourd'hui, du moins les filles, jeter de l'eau bénite sur ma tendre amie et prier Dieu pour son âme.

24 février.

Je savais bien que tu prendrais une vive part à ma douleur, toi qui me disais à Collonges : « Si vous n'êtes pas heureux ensemble, il ne faudra pas que les autres s'en mêlent. » En effet, mon ami, personne n'a été plus heureux que nous pendant le temps, hélas si court ! qu'a duré la santé de ma bien-aimée. Aussi, cette pauvre amie se voyant mourir s'écriait : « Mon Dieu, faut-il que je meure, moi qui suis si heureuse! Il n'y a point de reine plus heureuse que moi. Et dire qu'il y a tant de personnes malheureuses qui se portent bien ! Mon Dieu, guérissez-moi ! » Mais Dieu lui réservait sans doute de meilleures jouissances que celles de la terre ; il me l'a prise pour orner son paradis.

L'enterrement a été magnifique... J'ai suivi le corps, appuyé sur le bras de mon ami Hoileux. Toute la colonie accompagnait à sa dernière demeure celle qui se recommandait par tant de vertus. Hoileux et le docteur Bossard prononcèrent chacun un discours que couvraient presque les sanglots de la multitude. Je n'ai jamais vu une douleur aussi générale.

Le testament de mon Elisa est fait en faveur d'Auguste, d'Edouard et de moi. Elle voulait me tout donner : je ne voulais rien et je ne veux rien maintenant ; mais elle n'aurait pas fait de testament, si je n'eusse consenti qu'elle y parlât de « son bon mari. » J'ai donc dû la laisser faire, tout en la prévenant que je disposerais en faveur de ses frères aînés de tout ce qu'elle me donnerait. La première fois que j'irai à Oran, je déposerai ma renonciation écrite au greffe du tribunal. Je suis né pauvre, je mourrai pauvre.

De la villa d'un de mes amis, près d'Oran, 9 mars 1852.

Il paraît qu'on est enchanté, à Oran, de la manière dont j'administre Saint-Cloud, malgré les obstacles que la maladie et la perte de mon Elisa ont portés à l'accomplissement de mes devoirs. A peine les colons savaient-ils que le 9e de ligne allait rentrer en France, qu'une pétition, demandant mon maintien à la tête de leur commune, se couvrait de deux cents signatures.

On place aujourd'hui le petit monument que je fais élever à la mémoire de mon amie. C'est une dépense d'environ trois cents francs. La colonne, haute de deux mètres, surmontée d'une croix, me coûtera une centaine de francs ; l'entourage, en pierre de taille, servant de base à une grille en fer, soixante francs ; enfin la grille, cent cinquante francs. Si je reste à Saint-Cloud seulement jusqu'au mois de juillet, je ferai graver sur une plaque de marbre l'inscription qui existe sur la pierre et qui est ainsi conçue :

FAMILLE MALAFAYE

———

Mme MALAFAYE, NÉE NODET,
DÉCÉDÉE LE 8 FÉVRIER 1852,
A L'AGE DE TRENTE-DEUX ANS.
QU'ELLE REPOSE EN PAIX.

Je n'ai point cherché à faire, dans cette épitaphe, l'éloge de ma bien-aimée. Quel éloge pourrait donner une idée de ses précieuses vertus, de ses innombrables qualités, de son incomparable amour ?

J'ai commandé aujourd'hui une petite tombe pour mon Félix. Je voulais le faire exhumer pour le mettre à côté de sa mère ; mais cela me coûterait encore plus de trois cents francs. Je ne puis pas en ce moment faire cette dépense.

Je crois que je vais demander une concession d'une maison avec dix hectares de terrain dans la commune de Saint-Cloud. Cette propriété, que je mettrais en rapport avec mes épargnes, me serait d'une grande utilité au moment de ma retraite.

Que notre tendre mère, que mes frères et tous ceux qui m'aiment ne m'en veuillent pas, si je préfère la froide dépouille de mon Elisa à la tendresse de toute une famille. Je me reproche d'avoir de la cruauté pour vous, mais je sens que la vie me serait insupportable, si je n'avais l'espoir de venir mourir là où mon épouse bien-aimée a exhalé son dernier soupir.

Je fais aujourd'hui, au greffe du tribunal de première instance d'Oran, ma renonciation à la succession d'Elisa.

Oran, 7 mai 1852.

La tombe de ma bien-aimée, qui sera aussi la mienne, si Dieu m'accorde la grâce de mourir à Saint-Cloud, je veux l'embellir le plus que je pourrai. Ne sera-t-elle pas presque ma demeure, quand je serai en retraite ? Peut être demanderai-je alors que l'on me concède le terrain qui la touche. Il est peu propre à la culture ; mais si aucun de vous ne se décide à venir avec moi, je ne m'occuperai d'agriculture que comme délassement.

Les directeurs des colonies voisines ont déjà fait leurs demandes de concessions. Je crains de me créer trop d'embarras, si j'en obtiens une ; aussi n'ai-je pas encore osé faire aucune démarche. Le chef de bureau des affaires civiles m'engage à demander ce qui me conviendrait, me promettant qu'on me l'accordera. Si mon cœur pouvait encore s'ouvrir aux jouissances de l'amour-propre, j'aurais lieu d'être flatté de la manière dont on apprécie l'administration de ma colonie. Les sacrifices que j'ai faits et que je fais tous les jours pour l'installation à Saint-Cloud des sœurs Trinitaires m'ont attiré la bienveillance des sœurs d'Oran et des Jésuites. Le supérieur des Jésuites est un homme éminent qui obtient tout ce qu'il veut des généraux et du préfet. Il m'a beaucoup vanté auprès des autorités. De son côté, le colonel de Tournemine a dit au général commandant la province, que s'il fallait prendre un directeur de plusieurs colonies, il ferait bien de fixer son choix sur moi.

Votre lettre me donne l'espoir de vous revoir. A la bonne heure! voilà des frères! Un père de 76 ans est bien venu ici retrouver son fils. Vous ne m'aimez pas moins qu'un père n'aime ses enfants, n'est-ce pas, mes bons amis? D'ailleurs vous êtes mes aînés, vous m'avez servi de père. Aussitôt que j'aurai ma retraite, nous prendrons un logement convenable et nous vivrons de mon traitement. Nous nous occuperons un peu d'agriculture et nous serons tout-à fait dans l'aisance. Il n'y a que les douleurs du cœur que votre présence même ne guérira pas, mais elle les adoucira certainement beaucoup. Je compte donc que dans un temps, hélas! bien éloigné, nous prierons, agenouillés tous ensemble autour de la tombe de ma bien chérie.

Saint-Cloud, 9 juin.

M. Blanc, mon permutant, a mis tant de diligence dans ses démarches, que notre permutation avait lieu le 15 mai. Me voilà donc hors de ce 9ᵉ, où j'ai servi pendant dix-neuf ans. Mais, en le quittant, je n'approche même pas du but que je voulais atteindre : la compagnie que je dois commander au 7ᵉ léger est la première à rentrer en France. Je me trouve donc aussi en peine que si je n'avais pas permuté.

Je regrette beaucoup que mon désir de rester en Afrique vous plonge dans une aussi profonde affliction. Si vous connaissiez bien l'état de mon cœur, vous souhaiteriez, comme moi, que je ne m'éloigne pas d'ici jusqu'à ce que j'aie retrouvé un peu de calme. Je sens bien que cette tombe me donne la paix de l'âme, comme il y a quelques mois mon

Elisa me donnait le bonheur. Du bonheur? il n'en est plus pour moi sur cette terre. Et dire que je puis traîner ainsi mon existence pendant une foule d'années! car ma santé ne souffre point du chagrin que j'endure. Je ne me suis trouvé un peu indisposé qu'à mon retour d'Oran, où le service m'avait retenu pendant deux jours. Toutes les fois que je me suis absenté, j'ai senti plus vivement ma douleur; mais cette dernière fois elle m'a affecté même physiquement. Si je quittais ce pays trop tôt, je deviendrais fou ou malade. Ne vous opposez donc plus à la fatale nécessité qui me rive au sol africain. Vouloir m'arracher d'ici, c'est vouloir me rendre encore plus malheureux.

S'il est encore pour moi quelques consolations, une des plus grandes serait certainement d'assurer l'avenir de mes neveux. Si je ne rentre pas en France et que notre frère aîné juge à propos de mettre Raymond en pension, je m'engage à la payer. Je ferai aussi mon possible pour payer annuellemont les intérêts de la somme que Malafaye doit encore sur sa maison.

Je demande à notre bonne mère et je la prie de ne pas me refuser la permission de faire de nouvelles démarches pour ne pas rentrer en France avec ma compagnie. Qu'elle se persuade bien que je sais, mieux que personne, comment je dois me comporter vis-à-vis de mon cœur. Je sais ce qui augmente ma douleur, je sais ce qui la diminue. Qu'elle s'en rapporte à moi.

J'ai envoyé à Collonges une malle d'effets appartenant à la succession de ma pauvre Elisa. O que j'ai pleuré en en faisant l'inventaire! Si j'avais de l'argent, j'en donnerais tant qu'on voudrait pour conserver ces saintes reliques.

Adieu, mes bons et chers frères; je vous embrasse du fond de mon cœur. Obtenez-moi le pardon de notre excellente mère pour avoir demandé à rester en Afrique sans son consentement.

9 juin.

MON BON ET CHER LOUIS,

Moi, je déteste l'argent, et lorsque j'en ai qui ne m'est pas nécessaire, j'en dispose. Ainsi, mon ami, prends l'habitude de me dire : « J'aurai besoin de telle somme à telle époque, » et tu seras servi à souhait. Car tu sais bien que je te suis dévoué. Je fais ici de grandes dépenses dans l'intérêt de la colonie ; mais si quelqu'un de ma famille a besoin de moi, c'est à lui d'abord que je dois songer.

Saint-Cloud, 24 juin 1852.

C'est aujourd'hui le jour de ma fête ; ma ménagère, qui s'appelle Elisa, comme le bon ange que j'ai perdu, m'a offert un très joli bouquet. Que d'amères réflexions cela m'a fait faire ! Il y a aujourd'hui un an, je débarquais à Mostaganem pour marcher contre les Achachas, et mon épouse bien-aimée vous écrivait une lettre qu'elle arrosait de ses larmes. Si vous l'avez encore, cette lettre, conservez-la précieusement pour moi. Tout ce qui vient d'elle a tant de prix ! O mon Dieu ! qu'elle fut malheureuse, ma pauvre amie, tout le temps de mon absence ! Une de mes ordonnances m'a raconté, depuis, qu'Élisa était restée trois jours sans manger, trois nuits sans dormir. Si Dieu m'avait jugé digne d'aller à lui le premier, nous serions maintenant réunis dans le ciel, car ma bien-aimée ne m'aurait certainement pas survécu. Les femmes ont au cœur les fibres du parfait amour.

Je viens d'être interrompu par l'arrivée de mon secrétaire et du distributeur des lettres. Ils m'ont

porté chacun un joli petit bouquet de fleurs artifi-
cielles. Je me réjouissais de penser, hier au soir,
que personne ne songerait à me souhaiter une
bonne fête, et en voilà déjà trois qui sont venus
m'exprimer des vœux pour mon bonheur. Du bonheur? comme si la source n'en était pas tarie pour
moi à tout jamais !

Les peines des autres, mes bons amis, ne guéris-
sent point les nôtres ; mais en voyant qu'à peu près
tout le monde est malheureux sur cette terre, nous
finissons par n'avoir plus d'aspirations que vers le
ciel, nous mettons en Dieu toutes nos espérances, et
nous attendons qu'après nous avoir éprouvés il
daigne nous départir, dans la céleste patrie, les
joies qu'il nous refuse ici-bas. En m'apprenant la
mort de Mme Léon Fabre, vous n'avez presque pas
excité ma sensibilité. J'ai été et je suis si malheureux, qu'il me semble qu'il ne doit plus rester de
malheur pour les autres. En réfléchissant, je vois
bien que la douleur m'égare, et qu'on a beau avoir
souffert, il reste encore des souffrances pour tout
le monde. Le pauvre M. Léon a été bien durement
frappé ; mais son malheur n'approche pas du mien :
il peut encore sentir battre le cœur de sa femme
dans la poitrine de sa fille. Croyez-vous que je
serais autant à plaindre si mon petit Félix me donnait aujourd'hui ses sourires ? Mais je ne dois pas
être injuste. Mon Elisa est plus digne que moi de
le posséder. Ils doivent si bien prier ensemble
là-haut, pour que Dieu me fasse miséricorde ! Et
vous, ma mère, mes frères, vous n'êtes pas oubliés,
allez ; elle vous aimait trop, ma bonne Elisa, pour
ne pas implorer de l'Éternel toutes les grâces qui
vous sont nécessaires.

Vous avez tort, mes bons amis, de croire que

je manque de courage. Ici tout le monde dit le contraire. Je supporte bien ma douleur, à la condition de puiser des forces dans cette douleur même. Une fois loin d'ici, aurais-je la même résignation? Je sais combien mon chagrin augmente lorsque je m'éloigne momentanément ; je sais combien je souffre, lorsque je passe seulement une journée sans poser mes lèvres sur la pierre qui couvre les précieux restes de mon amie. O que je me sentirais soulagé, si j'étais assuré de ne jamais la perdre de vue.

9 juillet.

Aucun sentiment ne peut approcher de celui que m'inspirait et que m'inspire encore ma bien-aimée, quoiqu'elle ne soit plus que poussière. Ne vous fâchez pas d'un aveu que je vais vous faire. Lorsque mon Elisa n'était encore que ma fiancée, je l'aimais déjà plus que vous tous. A Tlemcen, longtemps avant mon mariage, si le courrier me portait une lettre de moins que d'habitude, je disais de suite : pourvu qu'il ne me manque pas celle de Collonges ! Cette pensée me faisait rougir. Je sentais que je n'étais juste ni envers notre si respectable mère, ni envers vous ; mais c'était plus fort que moi. Eh bien ! aujourd'hui, cela vous paraîtra plus étonnant encore, je renoncerais au bonheur de vous revoir pour ne m'éloigner jamais d'ici. Vous qui n'avez guère vu mon bon ange qu'en passant, vous n'avez qu'une idée incomplète de sa perfection. Puisque je ne puis plus vivre de sa vie, laissez-moi vivre des souvenirs qu'elle me laisse et qui me sont si chers. Souvenez-vous qu'à l'âge de quatre ans j'ai quitté la maison maternelle ; je l'appelle maternelle, parce que je n'ai jamais connu notre père. Depuis l'âge de quatre ans je me trouve donc sevré d'affection.

Or, le bonheur, vous le savez, n'est qu'au foyer de la famille. Mon existence s'est donc écoulée dans les ténèbres de la tristesse. Il n'y a eu qu'une lueur dans ma vie, lueur bien vive, mais, hélas ! si courte ! C'est celle qui a jailli de l'amour de mon Elisa. Laissez-moi, mes amis, me plonger dans ce passé qui n'est plus, qui ne peut plus revivre, et qui est toujours là, présent à ma pensée.

Si mes plaintes vous donnent trop de chagrin, je cesserai de vous les faire entendre. Mais alors auprès de qui soulagerai-je mon pauvre cœur ?

24 juillet.

J'ai installé à Saint-Cloud trois sœurs de l'ordre de la Sainte-Trinité, pour tenir l'école des filles et la salle d'asile. Ces pieuses institutrices sont destinées à rendre de grands services dans un endroit où il y a si peu de religion. Chose remarquable, je les ai obtenues tout en restant l'ami de M. le Curé. Il n'en voulait pas d'abord, mais aujourd'hui il serait bien fâché de les perdre. Le brave homme a peur des Jésuites ; et comme les sœurs se confessent aux Jésuites, il avait peur d'elles aussi.

Oran, 10 août 1852.

Je n'écris plus à mes frères, puisqu'ils ne me comprennent plus. Vous, bonne mère, qui avez éprouvé, qui éprouvez encore des regrets amers, vous devez me comprendre. Dites-moi, excellente mère, si on voulait vous arracher de Vergt, seriez-vous contente ? Eh bien ! moi, m'arracher de Saint-Cloud, et à plus forte raison de l'Afrique, ce serait me priver de la seule douceur que je puisse goûter dans ma misérable existence. Voyez : dimanche dernier, 8 août, il y avait six mois que ma bonne petite m'avait abandonné. Un prêtre de mes amis,

7.

un vénérable Jésuite, a dit la messe pour le repos de l'âme de ma chérie, et j'ai eu le bonheur de recevoir la communion à cette intention. Supposez que cela se fût passé ailleurs qu'à Saint-Cloud, je vous demande si mon cœur y eût trouvé les mêmes consolations ?

Saint-Cloud, 23 août.

Ma bonne et tendre mère, ... Mes frères me disent que j'ai perdu l'habitude de donner à l'amour filial et fraternel la préférence sur tout autre. Cela est vrai ; mais quel est ce sentiment qui a pris le dessus ? C'est le sentiment de l'amour conjugal. Je ne le nie point. Et maintenant que ma pauvre Elisa n'est plus, je renoncerais volontiers à toutes les joies que Dieu me réserve sur la terre, pour ne jamais perdre de vue sa tombe chérie. Si c'est là être mauvais fils, mauvais frère, je le suis. Et alors, pardonnez-moi, car je ne suis pas capable de me corriger. Avant de connaître mon Elisa, rien ni personne n'avait place dans mon cœur avant ma mère et mes frères. Mais elle, je l'ai aimée, je l'aime encore au-dessus de tout. Si j'aspire au bonheur d'une autre vie, je pense plutôt à y jouir de sa présence que de celle de Dieu. Priez, ma mère, priez que je n'en sois pas puni, que je ne sois pas privé de la voir dans le ciel comme je le suis ici-bas. Dieu me l'a peut-être enlevée parce qu'il était jaloux de tant d'amour. Et pourtant, quelle que fût ma tendresse pour cette noble amie, elle m'aimait plus encore que je ne l'aimais. Entre nous c'était une lutte de bons procédés, d'aimables prévenances, de soins assidus, où la générosité de son cœur triomphait toujours. Dans notre promenade quotidienne, nous disions un chapelet pour prier la sainte Vierge de remercier son divin Fils des grâces dont il nous comblait. Cette vie si chrétienne, le bonheur de m'avoir ramené à Dieu au moment où j'étais un de ses enfants les plus égarés, les douleurs de la maternité, les prières de notre petit Félix, ont fait à mon amie une somme de mérites bien capables de lui ouvrir immédiatement la porte de l'éternel bonheur réservé aux âmes saintes. Probablement aussi que la divine Providence avait en vue de me châtier rudement en ce monde, pour me recevoir dans le ciel au sein de sa miséricorde. Avec vos prières, bonne mère, et les plaies toujours saignantes de mon pauvre cœur, je ne désespère pas de mon salut.

... Il me faut soulager ici bien des misères, et je suis le seul qui puisse faire la charité ; le curé et le maire sont trop pauvres. Je me trompe : le juge de paix, bien payé, est extrêmement charitable. Il y a aussi un riche Espagnol que je ruine en aumônes ; mais il habite plutôt Oran que Saint-Cloud.

Je goûte le bon conseil que vous me donnez, ma mère, en m'exhortant à me livrer aux bonnes œuvres. C'est pour moi le seul moyen de soulager mes peines. J'ai avec moi Clémentin, un garçon de douze ans, que j'ai pris au moment où son père entrait en prison pour escroquerie. Cet enfant m'a donné beaucoup de consolation. Je lui ai fait faire sa première communion ; il promet d'être un bon sujet, si son père ne détruit pas tout mon ouvrage. Le pauvre petit, pour me montrer sa reconnaissance, va tous les soirs arroser fleurs et arbustes sur la tombe de ma bonne amie.

Maintenant, voici comment je vis. Je me lève ordinairement aussitôt qu'il fait jour. Si je suis fatigué de la veille et que j'aie une trop grande envie de dormir, je reste au lit jusqu'à six heures Je n'ai pas eu le temps d'achever ma toilette que déjà les colons commencent à me demander audience. L'un s'est disputé avec son voisin, l'autre a égaré son bœuf, un troisième réclame un congé pour aller en France, un quatrième veut renoncer au bénéfice de sa concession, un cinquième demande que je fasse la morale à sa femme ou à sa fille qui se conduit mal, etc., etc. Vers six heures, ma femme de ménage et cuisinière arrive avec un bol de lait ; je le prends sans discontinuer de donner mes audiences. De dix heures à midi, je mange deux œufs à la coque et ordinairement un plat de légumes. Pour dessert, j'ai du fromage blanc que me vend M. le maire. Pendant mon repas, je reçois tous les colons qui se présentent : j'ai promis de leur consacrer tous mes instants. Je dîne à 5 heures. Je fais maigre le vendredi et le samedi, et même par goût plusieurs autres jours de la semaine. Aussitôt après mon dîner, je profite d'une éclaircie de solliciteurs pour prendre mon chapelet et courir au cimetière, où je prie, où je pleure, où j'oublie un peu les fatigues de la journée. En revenant du cimetière, je prie pour ma mère et ma famille, pour le père de mon Elisa et sa famille. Ordinairement, les colons viennent me demander pendant que je suis au cimetière. S'il en vaut la peine, ils m'attendent ; sinon, ils perdent patience et s'en vont. Clémentin me fait la prière à haute voix, puis je me couche de bonne heure, assez fatigué d'habitude. Toutes les semaines je vais, soit à Oran pour affaires de service, soit dans mes colonies pour y faire une tournée d'administration. J'ai une bonne bête de mule que je monte.

Saint-Cloud, 9 septembre.

Mes bons Frères,

Je suis fâché que, n'ayant pas de mes nouvelles, vous m'accusiez de vous bouder. Vous avez, je vous le dis sans reproche, augmenté plus d'une fois ma douleur; mais je n'ai point méconnu vos sentiments... Je nourris mon cœur de précieux souvenirs : vous ne comprenez pas cela ; je ne puis vous en vouloir. Vous trouvez tout naturel que J... se marie de suite après avoir perdu sa femme; moi, je trouve cela hideux. Nous pouvons nous aimer sans avoir sur toutes choses les mêmes sentiments.

... Les trois prêtres de ma circonscription m'aiment comme si j'étais leur frère. Ma compagnie devant rentrer en France, ces messieurs ont projeté de faire signer aux colons une pétition pour me garder. Je les prierai de n'en rien faire. Je trouve qu'on a toujours un peu l'air d'avoir mendié les suffrages que l'on obtient ainsi.

23 septembre.

Je ne suis plus de Vergt, ma mère, je suis de Saint-Cloud. Ma plus grande crainte est de mourir loin d'ici. Pour vivre tranquille, il me faudrait la certitude de reposer un jour à côté de celle dont l'amour m'a valu tant de délices, dont la piété m'a appris à aimer Dieu. Elle m'écrivait, un jour, que je devais à vos prières la grâce d'avoir abandonné mes erreurs. Oui, bonne mère, elle avait raison ; car vos prières ferventes méritent d'être exaucées. Mais laissez-moi croire aussi que mon Elisa, en m'exhortant à me mettre sous la protection de la sainte Vierge par la récitation quotidienne du *Souvenez-vous,* a contribué, elle aussi, à me faire rentrer dans le giron de notre sainte religion. Que ferais-je aujourd'hui, que deviendrais-je, si je ne mettais en Dieu tout mon espoir ? N'est-ce pas une fortune pour moi de croire que je reverrai un jour dans le ciel celle que je pleure ici-bas ? En voyant mes malheurs des yeux de la foi, j'espère que mon épouse chérie et notre enfant prient là-haut pour moi et m'obtiendront d'aller les rejoindre. Sans cet espoir la douleur me rendrait fou.

Quoique éloigné de vous, je vous aime autant, j'aime autant mes frères que jamais. Si je ne vole pas au milieu de vous pour partager les douceurs de la famille, c'est que mon cœur, fermé pour toujours au bonheur, ne pourrait répondre à l'allégresse que ma seule présence ferait naître parmi vous. Je vous aime tous avec tristesse, comme je vis avec tristesse. Le bonheur des autres ne me rend certainement pas jaloux, car je voudrais être seul malheureux au monde ; mais je ne puis participer à aucune joie ; vous me feriez mal en me souriant de votre bon sourire de mère. Mon état a quelque chose d'inexplicable, même pour moi.

Saint-Cloud, 9 octobre 1852.

… Je ne suis pas trop fâché de souffrir un peu pour l'amour de celle que j'ai perdue. Si mes yeux ne voient plus cet ange de bonté, de délicatesse, de chasteté et d'amour, je le sens encore là, vivant, au fond de mon cœur. Dans ce cœur, toujours et pour toujours à elle, je retrouve nos entretiens d'autrefois, notre confiance mutuelle, nos paroles aimantes ; seules nos espérances de bonheur ici-bas se sont à jamais évanouies. Dieu me fasse la grâce de les conserver pour là-haut.

Il y a aujourd'hui huit mois que j'ai conduit cette chère compagne à la demeure de son dernier repos, et le sentiment de mes regrets n'a point diminué. Tous les jours je récite un chapelet pour obtenir à mon Elisa, par l'intercession de la sainte Vierge, la couronne des élus. Il faut être si pur pour être admis dans la cour céleste ! Mais si mon Elisa ne brille pas parmi les plus justes, tremblons tous, car je n'ai jamais vu personne approchant comme elle de la perfection. Cependant, si elle est au ciel, pourquoi ne demande-t-elle pas à Dieu la permission de me venir dire qu'elle est sauvée, qu'elle a retrouvé notre enfant et qu'elle me garde une place auprès d'eux ? Si je savais tout cela, je pleurerais encore ; car je crois que je ne saurais plus vivre sans pleurer ; mais je serais rassuré sur le sort de mon amie ; j'aurais la certitude que si Dieu m'abreuve d'afflictions, ce n'est que pour me purifier de mes péchés.

9 octobre.

MON BON LOUIS,

Je donnerai 1,500 francs à mon beau-père, et je garderai l'argenterie, la montre et le linge appartenant à la succession de ma chère Elisa. J'ai déjà envoyé 500 francs ; et comme tout ce que je possède vaut un millier de francs, je viens de faire mon testament en faveur de M. Nodet, afin qu'il soit assuré de ne rien perdre dans le cas où je viendrais à mourir.

9 novembre.

Notre chère mère est arrivée à un âge où l'on a besoin d'un peu de bien-être. Je veux qu'elle ne manque de rien. Je veux la convaincre que le plus déshérité parmi ses enfants de l'exemple de ses vertus, a bien apprécié les trésors de son cœur maternel, et qu'il l'aime à l'égal de ses frères.

... Si Dieu ne daigne m'appeler à lui de bonne heure pour abréger mes peines, j'aurai, comme vous pouvez le prévoir, une triste vieillesse. Eh bien ! je veux m'attacher mes neveux : apprenez-leur à m'aimer ; permettez que je vous aide à les élever. Vous ne refuserez pas cette consolation à un père désolé, qui n'a donné ses caresses à son pauvre petit Félix, venu au monde il y a un an aujourd'hui, que pendant six semaines... Je n'ai presque plus de plaisir à vous écrire, depuis que vous me contraignez à vous taire mes peines. Mon Dieu, puisque je les supporte, moi, ne pourriez-vous pas, vous, en supporter le récit? A qui me confier, à qui ouvrir mon cœur, si ce n'est à ma mère et à mes frères ? C'eût été un soulagement pour moi de vous dire comment j'ai passé l'anniversaire de mon mariage. Puisque mon bonheur n'est plus et ne peut plus être ni dans le présent ni dans l'avenir, je l'exhume du passé. Mon attention se porte naturellement sur les jours de l'année dernière, d'il y a deux ans, qui correspondent à ceux de cette année. Je me forme ainsi une vie factice beaucoup plus supportable que ma vie réelle. Nous étions convenus, mon amie et moi, de communier ensemble, tous les 29 octobre, pour remercier Dieu de nous avoir unis. Cette année, hélas ! j'allais communier seul, lorsqu'on vint m'avertir que le préfet me demandait. Il voulait des renseignements sur les six villages de ma circonscription.

Saint-Cloud, 18 novembre.

Ici, j'ai déjà trois amis : MM. Youssouf, Lioult et Campillo. M. Youssouf est né à Tlemcen de parents juifs. Plus misérable que ses coreligionnaires, il commença par demander la charité aux soldats, qui lui permirent de manger les restes de leur soupe. Lorsqu'ils changèrent de garnison, le pauvre petit les suivit. Mgr Dupuch, alors évêque d'Alger, le fit baptiser, l'envoya à l'école et lui ouvrit la carrière qu'il parcourt brillamment aujourd'hui.

M. Lioult a été mon géomètre pendant deux mois.

M. Campillo est le premier colon de Saint-Cloud. C'est un Espagnol. Je n'ai jamais vu de famille aussi pieuse que la sienne. Sa mère, sa femme, ses frères, ses sœurs, ses neveux, tout le monde sert Dieu avec le même zèle, la même ferveur. Chaque fois que je passe quelques instants avec ces braves gens, je trouve que mon sang se rafraîchit, que mon front est moins brûlant et que mon cœur bat moins fort. Depuis que je suis à Saint-Cloud, M. Campillo me fournit mon lait, sans avoir jamais voulu que je le lui paie. Il m'en donne un litre par jour. Si je voulais l'écouter, je prendrais tous mes repas chez lui. Il n'y a pas de cœur plus généreux que le sien ; il est la providence des colons malheureux. Les généraux, le gouverneur et même le duc d'Aumale, n'ont pas dédaigné de s'asseoir à sa table.

9 décembre.

Tu as tort, mon bon frère, de croire que tes enfants feront ton malheur. L'exemple que tu leur donnes ne sera pas perdu. Ils resteront, n'en doute pas, soumis et affectueux envers toi, pieux envers Dieu. Ta crainte de te trouver dans le dénûment n'est pas mieux fondée. Souviens-toi, mon ami, que tu as un frère qui donnerait pour toi et les tiens jusqu'à la dernière bouchée de son pain, jusqu'à la dernière goutte de son sang.

Veux-tu m'envoyer Raymond, quand je serai en France ?... Si je reste ici, je te donnerai mon supplément de solde d'Afrique, 384 fr., et tu mettras ton fils en pension où tu voudras.

Je vous remercie tous de me permettre de verser dans vos cœurs l'amertume qui déborde du mien. Le 8 de chaque mois, je suspens un peu mes affaires de service pour me plonger dans mes souvenirs. Je fais dire une messe pour le repos de l'âme d'Elisa, je me confesse et je communie. Je suis toujours soulagé à la fin de cette journée, parce qu'alors je pleure dès le matin, tandis que les autres jours je ne puis pleurer que le soir. Quand j'ai fait une tournée dans ma circonscription, je me trouve bien aussi, parce qu'en route je pleure et je prie. Dieu seul, qui m'a envoyé mes peines, peut les adoucir. Quand j'aurai plus de temps à lui consacrer, il me donnera plus de consolations.

23 décembre.

Pauvres frères ! vous m'attendez bientôt à Vergt, et je suis en instances pour rester en Afrique ! Pardonnez-moi, mes bons amis ; je suis un fils, un frère dénaturé ; mais c'est le malheur qui m'a rendu ainsi indifférent... Je vous aime néanmoins autant, peut-être plus que jamais. Si je pouvais penser à vous sans penser à *Elle*, j'accourrais auprès de vous ; mais du moment que, pour vous voir, il faut m'éloigner de ma bonne petite, j'y renonce : je renonce à toutes les joies terrestres, je renonce à la France, à notre excellente mère, à mes frères, à mes amis, si on veut me laisser mourir près de celle qui a tout mon amour ! Oui, je l'aime plus, toute morte qu'elle est, que vous tous réunis ! Je me mettrais au pain sec et à l'eau pour le restant de mes jours, si on me permettait de ne jamais quitter Saint Cloud. Si j'avais le plus faible moyen d'existence, je donnerais ma démission pour ne pas m'en aller.. Puisque je ne puis réussir à passer dans un des corps d'Afrique, permettez-moi de permuter aussi souvent que je le pourrai, pour ne pas rentrer en France. Qu'il me soit du moins loisible de faire chaque année un pieux pèlerinage à la tombe de mon amie. Il m'aidera à supporter le poids de l'existence.

31 décembre 1852.

MA TENDRE ET BIEN-AIMÉE MÈRE,

Je ne veux pas laisser passer le dernier jour de 1852 sans vous demander mille et mille fois pardon de vous avoir tant fait souffrir pendant cette année fatale. Oui, pardonnez-moi, mère chérie, si vous voulez porter quelque soulagement à mes souffrances. Je sais que vous comprenez ma douleur d'avoir perdu l'incomparable amie que Dieu m'avait donnée pour épouse et qu'il a retirée de ce monde pour me faire expier mes péchés. Que grâces lui soient rendues, si mes larmes peuvent laver toutes les taches de mon âme, avant que je paraisse à son redoutable jugement ! Je me soumets à sa volonté divine ; mais il ne me défend pas de souffrir. En m'accablant de chagrin, il a daigné épargner mon courage. Quelque rude que soit le coup qui m'a frappé, il ne m'abattra pas. N'ai-je pas d'ailleurs votre exemple, mon excellente mère ? Ne connaissez-vous pas, vous aussi, le fond de la douleur ? Seule, avec des ressources presque nulles, vous avez élevé quatre enfants qui vous aiment, mais qui vous ont coûté bien des peines. Puisque Dieu ne vous a pas abandonnée, il m'accordera, par vos prières et les miennes, par les prières de mon Elisa et de mon petit Félix, le courage de supporter mon épreuve. Que son saint nom soit béni ! Je suis résigné à tout. Je ne lui demande que de l'aimer et de le servir fidèlement jusqu'à la fin de ma pauvre vie... Je vous embrasse avec toute l'effusion de mon âme. Je prie Dieu pour vous régulièrement quatre fois par jour.

Saint-Cloud, 23 janvier 1853.

Je pars d'ici ruiné. Je dois 300 francs à un colon qui m'aime comme si j'étais son frère. Ce sont les sœurs Trinitaires et les pauvres qui m'ont mis dans cette position. J'ai reçu plus de 4.000 francs depuis que je suis à Saint-Cloud, et je pars avec des dettes. Il n'y a que moi pour faire de semblables folies. J'ai cependant bien employé mon argent. Les sœurs Trinitaires, que j'ai installées ici, tiennent l'école des filles et la salle d'asile. Elles rendent les plus grands services aux pauvres enfants, qu'elles moralisent en même temps qu'elles les instruisent. D'un autre côté, je suis venu en aide à des colons qui étaient sans pain. Je ne m'en repens pas, mais je m'en ressentirai longtemps. Si mon beau-père me demande de l'argent, je suis perdu !

28 janvier 1853.

Par décision ministérielle du 6 janvier courant, je suis autorisé à continuer mon service aux bataillons de guerre du 7e léger. J'ai lieu d'espérer que mon séjour en Afrique est assuré pour au moins dix-huit mois.

10 février.

Au moment où cessent mes fonctions de commissaire civil, au moment où je croyais rentrer à mon régiment pour y faire mon modeste service, le général Pélissier me nomme juge de paix du territoire militaire de la banlieue d'Oran. Ma juridiction s'étend à plus de quinze lieues d'ici, et ils appellent cela « la banlieue d'Oran ». L'année dernière, lorsqu'on me donna la direction de la colonie agricole de Saint-Cloud, je sentis combien j'étais au-dessous d'un tel emploi. Sans parler de mon ignorance en agriculture, les fonctions de maire, de notaire, de commandant de place, de sous-intendant militaire, que j'exerçais en même temps que celles de directeur, me faisaient craindre de commettre quelque énorme sottise préjudiciable aux colons, déjà assez malheureux sans cela. Au mois de juillet, au lieu d'un seul village, j'en eus d'abord cinq, et ensuite six. Il est vrai qu'on me donna des maires et des adjoints que je chargeai de suite de l'état civil; mais mon travail ne s'en trouva pas moins fort augmenté. Puis j'étais honteux d'être considéré comme un sous-préfet, d'avoir la place d'honneur à tous les grands repas qui se donnaient aux environs, de tenir maison comme un grand personnage, moi qui aurais voulu vivre dans un désert pour y pleurer tranquillement mon Elisa.

Et aujourd'hui, de mauvais administrateur je deviens plus mauvais juge. Je veux opposer au général Pélissier une force d'inertie qui le contraindra, je l'espère, à me désigner un successeur. Tout terrible qu'il est, je me dispose à braver ses foudres en lui exposant comme il est mal avisé de me donner, trois fois de suite, des emplois au-dessus de mes connaissances.

Je sais que tout autre que moi serait flatté d'être distingué de ses camarades et d'occuper un poste de confiance et d'honneur; mais l'état de mon cœur, les dispositions de mon esprit, mes goûts naturels pour l'état militaire, demandent que je vive au grand air, au lieu de m'enterrer dans un bureau. Ma vie en Afrique doit être, si cela est possible, au milieu des combats. Les distractions de la guerre, dans le pays où repose mon amie, peuvent seules me donner quelque soulagement après avoir prié.

Mais la guerre est un fantôme après lequel je cours sans pouvoir jamais l'atteindre.

Oran, 25 février.

Mes nouvelles fonctions me déplaisent tous les jours davantage.

Il raconte la première affaire qu'il a eue à concilier. Il s'agissait d'un cheval emprunté à un colon par un capitaine de zouaves, et qui était mort deux jours après. Malafaye réussit à mettre d'accord les deux plaideurs ; mais ce différend lui a pris sept heures.

Deux mots sur ma manière de vivre. J'ai conduit ici le fils de la cuisinière que j'avais à Saint-Cloud. C'est un petit maladroit, qui me fait rougir de honte lorsque j'ai quelqu'un à déjeuner ou à dîner. Il dépense pour ma nourriture près de trois francs par jour. La moitié de cette somme devrait suffire, vivant aussi mal que je vis. Cependant, à cause du carême et du jeûne, que j'observe rigoureusement cette année, je ne pouvais pas me mettre en pension. Tout le monde connaît, il est vrai, mes principes ; mais, malgré tout, je serais un peu gêné pour faire maigre et jeûner à la table commune.

Je loge au greffe de la justice de paix avec mon petit garçon. Jusqu'à présent je n'ai eu pour tout lit qu'une couverture de soldat, placée sur le hamac de mes cantines. Hier j'ai reçu de Saint-Cloud un matelas.

Si je n'aimais pas la guerre, je me trouverais fort bien ici. J'y ai beaucoup de connaissances qui sont presque autant d'amis. Le préfet est pour moi d'une bienveillance qui me rend confus. A la dernière tournée d'administration, il s'est arrêté chez moi, à Saint-Cloud, quoique je n'eusse plus aucun caractère officiel. Le juge de paix et le maire auraient pu se froisser de cette préférence ; mais eux aussi sont trop mes amis pour s'en formaliser. Le préfet se loue de l'état où je lui ai laissé mon ancienne circonscription administrative ; quand je le vois, il me fait les plus flatteurs compliments.

Le curé de Saint-André, ma paroisse, les Jésuites, l'aumônier des sœurs Trinitaires, la supérieure de cette congrégation, M. Campillo, me comblent de politesses. Ce dernier fait semblant d'avoir besoin de ma mule, pour la mettre dans ses écuries et la nourrir ; il a demandé à nourrir mes poules ; il voulait aussi me loger, me faire vivre à sa table et fournir la subsistance de mon petit domestique. Il va au-devant de tout ce qui peut m'être agréable, et, en outre, il me menace aimablement de me faire mettre en prison par le général Pélissier, si j'abandonne la justice de paix.

Y avait-il beaucoup de monde au service que vous avez fait célébrer pour mon Elisa ? Je pense que oui ; car mon Elisa, quoiqu'elle n'eût passé que 22 jours à Vergt, y avait été appréciée. Et elle, la pauvre enfant, qui, après vous avoir quittés, à Bordas, se jetait à mon cou en me disant : « Que tu es heureux, mon ami, d'avoir une semblable mère, de semblables frères ! et que je suis fière d'être de ta famille, d'en connaître maintenant tous les membres ! Tu aurais eu beau me raconter ce que j'ai vu, je n'aurais pu m'en rendre compte, si je n'en avais été témoin. Que tu es heureux, mon ami, que tu es heureux ! » En me disant cela, elle fondait en larmes... Adieu, mes bons amis. Pour consoler notre excellente mère, dites lui, et cela est vrai, que j'ai ici, plus que je n'en ai jamais eu en France, des amis profondément dévoués. S'il ne me fallait que des affections solides pour être heureux, mon sort serait bien enviable.

Le dernier courrier de France a porté à Malafaye une triste nouvelle : sa belle-sœur, atteinte de la fièvre typhoïde, est en grand danger. Il répond à son frère :

7 mars.

En songeant à la perte qui te menace, j'ai songé à celle que j'ai faite ; et alors, j'ai souffert de toute ta douleur et de la mienne. Depuis la réception de ta lettre, matin et soir je prie pour la guérison de ma chère sœur. Quoi qu'il arrive, mon ami, tu sais à quelle source il faut aller puiser des consolations. Tu es le seul de nous quatre qui aies constamment pratiqué les devoirs de notre sainte religion. Sans autres ressources que ta foi en la bonté de Dieu et ton travail, tu es venu à bout de tenir honorablement ta maison et d'élever tes enfants d'une manière convenable. Continue à te confier à celui qui mesure à nos forces les peines qu'il nous envoie. Dieu est si bon qu'il se sert de tout pour nous conduire à lui. Par exemple, lorsqu'il m'a vu courir à ma perte en foulant aux pieds tous ses commandements, en niant même l'indéniable existence du créateur de toutes choses, il a chargé une de ses plus parfaites créatures de me faire honte de mon état, de me montrer comme il est beau de l'aimer, le servir et louer son saint nom. L'incomparable compagne qu'il m'a donnée, — je ne veux pas dire qu'il *m'avait* donnée, parce que je la sens toujours là, vivante au fond de mon cœur, et s'il me vient encore quelque bonne pensée, si je prends quelque bonne résolution, c'est elle qui me les suggère ; — l'incomparable compagne que j'ai reçue de Dieu n'était point une jolie femme ; elle

devait charmer non mes yeux, mais mon cœur. Que
de fois, la regardant avec tendresse, je me suis
dit : « Tu as une femme que ne favorisent point les
» qualités physiques ; voyons, mets la main sur ton
» cœur : voudrais-tu ne l'avoir pas épousée ? —
» Oh ! moi, me repentir d'avoir épousé la meilleure
» des femmes ? Jamais ! — Eh bien ! tu as raison ;
» elle est si bonne, si aimante, elle est si heureuse
» de ton amour, que tu serais un infâme, si tu
» avais du repentir de lui donner tant de bonheur.
» Mais, tout en lui restant attaché, tout en conti-
» nuant de l'aimer, supposons qu'il te fût permis,
» sans commettre de péché, sans ternir l'or pur de
» sa félicité, de l'oublier un instant pour quelque
» beauté fascinatrice ; le ferais-tu ? — Tromper
» mon Elisa, elle si confiante ! Mon Dieu, si pareille
» idée me venait jamais, détournez-la bien vite de
» mon cœur! — Très bien ! elle est ta femme, tu
» l'aimes ; elle est pure, dévouée, vertueuse :
» penser autrement que tu ne penses serait un
» crime, alors même que Dieu ne te le défendrait
» pas. Mais une dernière supposition : ton Elisa
» chérie ne te connaît pas encore ; toi seul tu sais
» quelle mine inépuisable des plus riches vertus se
» trouve renfermée dans son noble cœur; tu as le
» pouvoir de choisir une épouse parmi toutes les
» femmes de l'univers et de t'en faire aimer, et il
» n'y a ni fortune, ni grandeur, ni naissance, qui
» fasse exception : choisis. — Je prends mon
» Elisa ! » Je la contemplais, je la couvais du regard en faisant ces réflexions. Ces pensées me
venaient au fort Saint-Grégoire, horrible séjour où
se sont écoulés les trois plus beaux mois de ma vie.
Maintenant tout est perdu pour ici-bas! Que Dieu
m'a aimé de ne pas permettre que je demeure athée!

Si je *la* croyais perdue pour toujours, si je n'espérais pas dans l'au-delà des infortunes de cette vie, si les yeux de mon âme ne voyaient pas mon Elisa me tendant les bras du haut du ciel, je t'avoue, mon ami, qu'il y a longtemps que j'en aurais fini avec l'existence. Mais j'ai l'intime conviction que Dieu ne m'envoie tant de peines que pour opérer mon salut. Je courbe la tête sous les coups de sa providence et je le bénis. Fais-en autant, mon cher frère, si l'heure d'un grand malheur a sonné pour toi.

8 mars.

Dieu soit béni ! Tu conserveras ta femme, puisque sa constitution a pu résister pendant plus de vingt jours à l'ardeur d'une fièvre terrible.

La semaine prochaine, je visiterai le tombeau de mon amie : j'assisterai au mariage d'un colon vivant depuis plusieurs années en concubinage. Il va se mettre en règle avec Dieu et avec les hommes. Sa future m'est reconnaissante de la faire marier.

Mon petit cuisinier me volait. Je l'ai renvoyé sans en rien dire à ses parents, mais à la condition qu'ils n'auront qu'à se louer de lui ; à la première plainte qu'ils me feraient sur son compte, je leur dirais tout. J'ai voulu donner ainsi à ce petit garçon le moyen de conserver l'estime de sa famille.

J'ai perdu la médaille qu'avait portée ma douce amie. J'en ai pleuré à plusieurs reprises. Les larmes sont un remède infaillible, non pour guérir, mais pour endormir mes douleurs. Mon cœur endolori se soulage aussi en faisant un confident du noble cœur de ma mère mille fois aimée. Je me trouve depuis hier dans une sorte d'extase qui mêle à ma tristesse des délices auxquelles je ne suis plus habitué depuis longtemps. Dieu est si bon que sa main relève ceux que sa justice avait abattus. Mon malheureux cœur, que son veuvage a brisé, ne pouvant vivre sans amour, se tourne vers Dieu et vers ma mère. Il ne faut pas m'en vouloir, ô ma mère, si j'ai aimé, si j'aime encore mon Elisa plus que vous. Elle était si bonne, si vertueuse ! Elle savait si bien me faire honte de mes défauts en me donnant l'exemple des vertus qui leur sont opposées ! Elle était si fière, si jalouse de la considération de son mari ! L'admirable harmonie de nos goûts, de nos inclinations, faisait de nos deux existences une seule existence, de nos deux âmes une seule âme. Nous jouissions du présent, nous jouissions aussi de l'avenir que semblaient nous promettre nos deux excellentes santés. Le maître en a jugé autrement ; que sa sainte volonté soit faite ! L'espérance ne m'abandonne pas pour cela. Si j'ai perdu mon amie sur la terre, j'aime à penser que je la retrouverai là-haut avec notre fils, avec cet enfant à qui elle disait en lui donnant son premier baiser : « Tu seras heureux, mon Félix, tu seras heureux, car tu as un bon petit père pour t'aimer avec moi ! »

J'évite d'aller dans les maisons où il y a des demoiselles à marier, de crainte qu'on ne me suppose des intentions dont je prie Dieu de me préserver. Mon Elisa était une de ces femmes dont on ne se sépare pas, même après leur mort. Je me mépriserais, si je donnais le nom d'épouse à une autre qu'à elle. Ainsi, malgré les pressantes invitations de mon ami Lioult, j'irai plus rarement chez lui, parce qu'il a deux filles à marier.

Ce qui étonne les Arabes, c'est de me voir aller à pied. L'un d'eux, pensant avec raison que je n'avais ni de quoi acheter ni de quoi louer un cheval, m'en offrit un pour rien. Inutile de dire que je refusai.

Un autre, après m'avoir dit que j'étais *mesquinn besef* (très pauvre), m'offrit de monter avec lui sur son mulet et me demanda si on me donnait 30 *douros* (pièces de 5 fr. 50) chaque lune ; comme je lui dis que je recevais davantage, il me demanda alors si j'avais une femme et des enfants. Il ne pouvait pas comprendre que, recevant 30 douros par lune, je n'eusse pas un cheval. Ma misère l'intéressait tant qu'il alla à mon pas jusqu'au Tlélat. Aussitôt arrivé dans ce village, je m'occupai de mettre d'accord les gens qui se disputaient et j'y réussis assez bien. J'ai parcouru la plaine du Tlélat dans presque tous les sens. C'est la terre la plus belle que j'aie encore vue, mais elle a le défaut d'être un peu salée ; ce qui fait sans doute que le palmier nain, le lentisque, le chêne vert, le jujubier nain, y sont inconnus. Ceux qui obtiennent des concessions sur ce terrain n'ont qu'à labourer et ensemencer. Partout où n'a pas passé la charrue, il y a des fourrages magnifiques. Aussi ai-je la satisfaction de ne trouver ici que de riches colons. Les 300 francs de secours qu'on me donne pour les pauvres restent sans destination, parce qu'il n'y a point de nécessiteux sur le territoire que j'administre. L'un me dit qu'il a vendu pour 7,000 francs de céréales ; un autre, qu'il gagnera 4,000 francs sur ses cochons. Tous tiennent auberge et ont assez de voyageurs pour faire de bonnes affaires.

Le 17 j'arrivai à Saint-Cloud au moment où la prière finissait. J'entrai à l'église et je passai à la sacristie pour embrasser le bon curé, qui m'a promis de dire toute sa vie, le 8 de chaque mois, une messe pour ma bien-aimée. Au sortir de la cérémonie, les petites filles formèrent cercle autour de moi, me tendirent leurs mains et leurs joues, et témoignèrent du plaisir à me revoir. Les bonnes sœurs, qui ont appris à ces enfants à m'aimer, étaient toutes joyeuses de l'accueil que me faisaient leurs élèves.

Oran, 16 mars 1853.

MON CHER FRÈRE,

Comme je t'aime du fond de mon cœur, je voudrais te retrouver un jour au ciel, notre véritable patrie. En 1850, tu me donnas la joie de ton retour à Dieu. Continue, mon ami, de travailler à ton salut, approche-toi de la sainte table. Cela n'est pas plus difficile à un officier qu'à un autre. Si tu n'avais pas interrompu tes pratiques religieuses, tu n'aurais pas à craindre aujourd'hui qu'on ne songeât à y rien critiquer. Mais qu'est-ce d'ailleurs que de braver un peu de respect humain ? Un militaire, pour être toujours prêt à exposer sa vie, aurait besoin d'être toujours en état de grâce. Alors son courage ne l'abandonnerait jamais. Je suis parti en expédition le jour même de ma première communion. Jamais je ne m'étais senti aussi bien disposé à marcher à l'ennemi.

Jeudi saint, 24 mars.

Les églises d'Oran sont ornées avec une magnificence extraordinaire pour une colonie naissante. Il est vrai que nous, Français, nous ne pouvons guère nous en attribuer le mérite ; c'est la piété espagnole qui en fait les frais. Notre indifférence religieuse — du moins quant à la pratique— gagne peu à peu la population espagnole, qui a eu jusqu'ici l'heureux privilège de remplir presque exclusivement les églises. Nous sommes, nous, trop civilisés, et surtout trop experts à faire des barricades et à multiplier les révolutions, pour nous prosterner devant Dieu. Et cependant nous ne sommes pas impies, car nos mœurs, toutes déplorables qu'elles sont en Afrique, valent encore mieux que celles des Espagnols. Notre péché dominant, c'est l'orgueil; et l'orgueil nous donne ce respect humain dont le démon tire un si grand parti pour nous éloigner des autels et des sacrements.

A propos de sacrements, hier j'ai eu la satisfaction de voir mon ordonnance faire ses pâques. Il va à la messe, le dimanche, avec moi, et il m'accompagne souvent à la prière du soir; mais pour rien au monde il ne voudrait passer pour un dévot aux yeux de ses camarades. Il faut que nous soyons bien faibles pour ne pas oser nous enrôler résolûment sous l'étendard du Roi des rois! Tout le sang qui coule dans nos veines, nous le donnerions généreusement pour la défense de la patrie terrestre, et nous n'osons pas, quelque envie que nous en ayons souvent, conquérir, dans la paix d'une conscience épurée par la pénitence, l'éternelle patrie des âmes. En voici un vivant exemple:

M. B..., juge de paix à Saint-Cloud, avocat, ancien secrétaire général de préfecture, assiste à la messe; mais là se bornent ses pratiques religieuses. Il meurt d'envie d'aller plus loin et il n'ose pas! Il m'a vu aux prises avec les mortelles angoisses que me faisaient ressentir les souffrances de ma bien-aimée; il m'a vu, squelette vivant, assez fort pour passer des nuits sans repos, pour changer de lit ma chère femme jusqu'à dix fois en vingt-quatre heures; il m'a vu encore le jour où j'ai perdu cette âme de mon âme, car il est venu m'aider à porter le poids de mon infortune, et il m'a trouvé plus fort que lui, et il a reconnu qu'à Dieu seul j'étais redevable d'une énergie que je puisais dans ma douleur même. Il pleurait, le digne homme, en me félicitant de fréquenter les sacrements. Et lorsque je lui disais qu'autrefois j'étais plus éloigné que lui de mon Dieu, et qu'il n'avait qu'un pas à faire, il pleurait plus fort, parlant du bonheur qu'éprouverait sa femme s'il avait le courage d'imiter mon exemple, maudissant l'éducation antireligieuse qu'il avait reçue, jurant qu'il ferait élever son fils dans l'amour de Dieu. Cet homme, un des plus vertueux que j'aie rencontrés, ne sait pas briser les liens du respect humain. Il voit la lumière et il reste dans les ténèbres. Il a eu la douleur d'apprendre que son vieux père venait de mourir sans sacrements, et le doute qui le torture sur le salut de son âme prouve la profondeur de sa foi. Je me plais à croire qu'il finira par se jeter dans le sein de Dieu, dont il adore la grandeur, dont il reconnaît la suprême bonté.

J'ai eu le bonheur d'aller faire une station, le jeudi saint, dans chacune des églises d'Oran. Si Dieu vous accorde, bonne mère, tout ce que je lui ai demandé pour vous, ses divines grâces ne vous feront pas défaut. Je l'ai prié, du fond de mon âme, de pénétrer de son saint amour tous les membres de notre famille. Je regrette tant d'avoir passé ma jeunesse sans l'aimer, que je voudrais réparer cette énorme faute en le faisant aimer aujourd'hui de tout le monde. Que faisais-je donc de mon cœur, lorsque je n'aimais ni mon Dieu ni mon Elisa ? Je vous aimais, ma mère et j'aimais mes frères ; mais je vous aime davantage maintenant ; et cependant vous n'occupez plus la première place. Mon cœur n'aimait donc pas alors de toute sa tendresse. Mon Elisa n'avait pas encore touché les cordes qui devaient le faire vibrer. Il a battu dans l'obscurité jusqu'au jour où il a trouvé l'objet qui devait l'illuminer du feu de son amour.

25 mars.

Je t'engage à mettre ordre à ta conscience. Je suis ton aîné, je t'ai précédé dans la carrière militaire, et tu as toujours écouté mes conseils. J'ai eu le malheur de te donner l'exemple de l'irréligion, et tu as eu la fatale idée de m'imiter. Dieu a fait luire un jour sur moi un rayon de sa grâce : j'ai fait ma première communion. Tu m'as suivi d'abord dans cette voie du salut, mais, depuis, tu as abandonné les pratiques religieuses. Songe, mon ami, que nous ne passons ici-bas que pour aller là-haut. Je t'aime trop pour me résigner à perdre l'espoir de te revoir au ciel. Ecris-moi que tu as pris enfin une bonne résolution ; j'en bénirai Dieu.

2 avril.

Le monde, cette patrie de passage, n'est que pour servir à la purification de notre âme ; et nous nous purifions par la souffrance chrétiennement acceptée. Plus petits devant Dieu que le plus petit atôme de poussière devant l'immensité des mondes, nous ne comprenons pas la Providence avec ses maternelles sollicitudes pour notre salut. Le Père des miséricordes désire plus que nous-mêmes notre bonheur éternel. Il trouve, dans son ingénieuse charité, que ce n'est pas assez pour lui d'être notre père, il veut encore que sa sainte Mère soit aussi la nôtre, c'est-à-dire qu'il veut être lui-même à la fois et notre père et notre frère. Les afflictions qu'il nous envoie sont marquées aux coins de sa justice et de son amour. S'il nous plonge dans la douleur et l'amertume, c'est pour nous faire goûter un jour les délices de sa gloire immortelle. L'amour et l'amitié, la tendresse filiale et la sollicitude maternelle, l'attachement et le dévouement fraternels, tous les doux liens de famille, en un mot, sont autant de cordes qu'il a mises à notre âme, et elles y vibrent fort sous son puissant doigté pour nous apprendre que cette âme est d'essence divine, et que, venant de Dieu, elle doit retourner à Dieu. Et ces beaux sentiments, il nous les a donnés, non pas tant pour en jouir sur cet amas de poussière qu'on appelle le monde, que pour nous diriger à leurs célestes clartés dans le chemin ardu, dans le chemin glorieux de l'éternelle patrie. C'est là, bonne mère, que je vous donne rendez-vous.

Je continue à faire des démarches pour quitter mes fonctions de juge de paix. Si je ne l'obtiens pas, je partirai sans permission ; mais auparavant je veux épuiser tous les moyens règlementaires. N'ayez d'ailleurs aucune inquiétude ; m'infligerait-on deux mois de prison pour avoir rejoint sans ordre ma compagnie, que cela ne nuirait point à mon avenir. Je suis ici dans une position que ma loyauté me défend de garder. Si je reste à Oran, les intérêts des colons se trouveront compromis et je me regarderai comme responsable du préjudice qu'ils éprouveront. D'ailleurs j'ai rempli deux missions à Saint Cloud ; il n'est pas juste qu'on m'en donne une troisième malgré moi.

Oran, 3 avril.

J'ai pleuré ce matin au point de me rendre malade : j'ai les yeux brûlants et les sanglots ont fatigué ma poitrine. La messe que je viens d'entendre a un peu arrêté le torrent de ma tristesse. J'aurais bien fait, bonne mère, de vous écrire en me levant, car vous êtes à la fois ma consolation et mon orgueil. De tous les honneurs dont j'ai été entouré et dont on m'entoure encore à mon grand regret, je ne goûte réellement que celui d'être votre fils.

J'avais écrit à un capitaine de zouaves pour l'engager à se présenter devant moi en conciliation. Ne le voyant pas venir et ne recevant pas de réponse à ma lettre, je lui envoyai un huissier qui lui fit payer bel et bien son dérangement la somme de 17 fr. Ce pauvre camarade m'avait écrit une lettre charmante aussitôt après la réception de la mienne; par malheur, elle ne me parvint que huit jours après. Enfin mon intention était de lui conseiller de payer 100 fr. à la partie adverse. En lui tenant compte des 17 fr. de frais, je fis accepter 83 fr. au colon qui lui demandait des dommages-intérêts, et tous deux se retirèrent contents. Voilà les seuls frais que j'aie fait faire depuis que je suis juge de paix ; et encore me pèsent-ils sur la conscience comme un remords.

7 avril.

En me privant de mon enfant, Dieu a voulu sans doute que je fusse un second père pour mes neveux Raymond et Marcel. Si la vie ne m'est pas entièrement à charge, je le dois à l'espoir de leur être utile et de contribuer à fonder leur avenir, mais à la condition qu'ils soient placés dans un collège où leur instruction religieuse sera soignée. Pour que Dieu les bénisse pendant toute leur vie, il faut qu'ils commencent par le bien servir dès leur jeunesse. Avant de descendre dans la tombe, je voudrais voir tous les membres de notre famille pratiquer leur religion. J'ai été le premier à leur donner l'exemple de l'impiété; puissé-je les édifier assez, à l'avenir, pour les ramener à Dieu !

Vous savez, ma mère, que j'ai fait des sacrifices

considérables pour installer à Saint-Cloud les Trinitaires... Ma cuisinière, voyant que je me dépouil-
lais de tout pour les malheureux, s'est dit : « Il vaut
autant que mon maître soit ruiné par moi que par
d'autres. » Elle s'est habituée à avoir recours à
ma bourse, au point qu'aujourd'hui je me trouve lui
avoir donné au moins 200 fr. au-dessus de ses
gages... Je donne 0 fr. 60 par jour à deux septua-
génaires de Saint-Cloud qui sont abandonnés par
leur famille. J'ai payé 42 fr. pour soulager l'honorable infortune d'un ancien maire de Villefranche (Rhône), qui a fait de mauvaises spéculations,
mais qui a eu la rare délicatesse de consacrer jusqu'à
son dernier écu au paiement de ses créanciers.

J'ai donné au chef d'une famille de six personnes, toutes malades, 40 francs qui sont certainement perdus.

Enfin j'ai prêté 60 fr. à M. V... et 25 fr. à un
nommé L..., inspecteur de colonisation.

Je ne parle pas de ce que j'ai prêté à Saint-Cloud
et que je considère comme donné.

Je suis décidément venu à bout de me faire rem-
placer dans mes fonctions de juge de paix et d'administrateur de territoire militaire. J'ai lu la lettre
du général Gastu qui demande que je rentre à
mon corps et qui exagère au général Pélissier les
services de mon administration. Je n'ai pas vu la
réponse du général Pélissier. On la dit aussi très
flatteuse pour moi. Ces messieurs sont bien indul-
gents, je vous assure, ma bonne mère ; car je vous
avoue sans humilité qu'il y a peu d'officiers aussi
incapables que moi de remplir mes importantes fonctions. Si mon Elisa vivait, comme elle boudi-
rait de joie en lisant les éloges qu'on me prodigue !
Pauvre chère petite ! elle me manque encore da-

vantage dans les circonstances heureuses de ma vie. Le bonheur sans elle, un bonheur qu'elle ne peut pas partager, c'est encore du malheur.

Je vais donc reprendre mes habitudes militaires et tâcher d'oublier mes tracas administratifs, qui me seront comptés, je l'espère, en diminution des peines du purgatoire.

... Vous êtes ma mère, je veux vous obéir, quoi que vous m'ordonniez. Si vous ne voulez pas que je termine ici ma carrière militaire, dites-le-moi ; alors je suivrai les destinées du régiment que je vais joindre au premier jour. Si vous voulez bien me laisser ma liberté, je ferai mon possible pour rester près de ces chères affections que je ne puis me résoudre à abandonner.

18 avril.

Le malheureux enfant que j'avais gardé pendant sept mois à Saint-Cloud, s'est trouvé sans asile ces jours derniers, et il est naturellement venu me redemander l'hospitalité. Je n'ai ici que mon lit de campagne, sur lequel est placé un petit matelas. Malgré ce peu de ressources, il faut cependant faire coucher Clémentin. Je place le matelas par terre, et il dort dessus comme dans le meilleur lit du monde. Moi, je me contente de deux peaux de mouton étendues sur la toile de mon hamac. Il va sans dire que nous n'avons pas de draps ; ce serait du luxe. A quoi bon le superflu quand le nécessaire suffit ? Mais ce qu'il y a d'important, ce que j'ai fait comprendre au général Gastu, c'est que la moralité de cet enfant allait être bien exposée, après mon départ, dans un pays où règnent tous les vices. Ce brave général au cœur excellent s'est chargé de lui, il en fait son valet de chambre. Hier il lui a fait prendre mesure de chemises et d'effets d'habillement. Il a déjà chargé son officier d'ordonnance de lui donner des leçons de français et d'arithmétique. Il se propose en outre de mettre pour lui à la caisse d'épargne au moins 200 fr. par an. De manière que cet enfant, que la misère et le vice menaçaient, va se trouver, à l'âge de vingt ans, à la tête d'un pécule d'au moins un millier de francs. Je bénis Dieu, ma mère, de m'avoir inspiré l'idée de recommander Clémentin à l'âme généreuse du général Gastu. Il est vrai que cet excellent officier supérieur m'avait déjà fait connaître le fond de sa bonté dans une circonstance analogue, où il fit ouvrir à un autre de mes petits protégés les portes de l'orphelinat de Miserghin.

Un Juif, nommé Rali, qui a souvent besoin de moi pour forcer les Arabes à le payer, vint hier matin chez moi sans être accompagné comme d'habitude par un interprète. Lorsqu'il vit que nous étions seuls, il me prit vivement la main et la baisa deux fois avec effusion. Une femme de Nemours, jeune encore, y mettait moins de mystère. Lorsque je la rencontrais en promenade avec sa famille, elle s'en détachait pour venir, d'une manière grave et respectueuse, me baiser la main. Un jour elle et son mari me portèrent des présents, que je ne voulus même pas voir. La reconnaissance que me montrent ces gens-là prouve qu'ils ne sont pas habitués à recevoir justice.

Comme on sait que je vais partir, on m'accable de demandes de terrain. Quelle drôle de destinée que la mienne ! Je fais obtenir facilement des concessions de 50 hectares ; à Saint-Cloud, j'en donnais de ma propre autorité, ainsi que des maisons. Et cependant je n'ai pas osé demander la chose que je désire le plus au monde : non pas la maison, mais seulement la chambre d'où la belle âme de mon amie s'est envolée vers Dieu. Qui sait si un jour je pourrai l'acheter ?

22 avril.

Mes bons Frères,

Je bénis le Ciel qui, en m'enlevant le plus précieux de tous mes biens, a daigné me conserver les trésors de vos excellents cœurs. Sans vous, je manquerais peut-être de courage pour traîner la lourde chaîne de mon infortune ; sans vous, je n'aurais peut-être jamais pu m'arracher à la pierre du cimetière de Saint-Cloud. L'espoir de vous être utile, la crainte de vous attrister, me font poursuivre la carrière que j'ai embrassée avec tant d'enthousiasme, que je parcours avec un succès inespéré. Mais je veux en remplir tous les devoirs, en affronter tous les dangers. D'abord il est dans mes goûts de rechercher les vives émotions. On ne fait la guerre, il est vrai, que très rarement ; mais on compte toujours qu'elle va recommencer. Vous poursuivez l'ennemi avec le désir de l'atteindre, et souvent il vous évite. Parfois aussi vous le surprenez, le combat s'engage ; mais le malheureux indigène renonce à se défendre et se laisse égorger. Déception sur déception ! Eh bien, on s'en console ; on sera plus heureux à la prochaine occasion. C'est ainsi qu'un espoir détruit fait place à un espoir nouveau. Tandis qu'ici mes fonctions n'ont aucune analogie avec mon état. Un maçon, un cultivateur, rempliraient mieux que moi mon emploi. C'est donc, en quelque sorte, un devoir de conscience pour moi de le quitter. Vous me dites : « Les généraux qui t'ont confié cette mission ne sont-ils pas les instruments de la volonté de Dieu ? »

Croyez-vous, mes bons frères, que je n'aie pas consulté les directeurs de mon âme ?... Dites donc la vérité : Vous redoutez que dans quelque combat je m'expose de plein gré à la mort. Rassurez-vous. M. le curé de Saint-Cloud m'a donné de sages avis. Je n'ai pas le droit, ma-t-il dit, de courir sans raison les dangers ; rechercher la mort serait un grand péché. Ne craignez donc rien ! Il ne m'arrivera jamais que ce que Dieu voudra. Je serais heureux sans doute de quitter ce monde de tribulations et d'ennuis ; mais que de temps encore il me faudra probablement souffrir avant d'être digne de ce bonheur ! Aurai-je du moins la force de me maintenir dans la voie que m'ont tracée les vertus de mon Elisa ? Avec elle, j'étais fort, parce que je la regardais comme l'ange de mon salut. Si du haut du ciel elle ne veillait pas sur moi, je ne répondrais pas de mon courage. Il faut que je me drape dans son souvenir pour me préserver de tout contact impur. Voilez à mes yeux l'exemple de ses vertus, et je redeviens un homme méprisable, sinon selon le monde, du moins selon Dieu.

Je suis enfin remplacé dans mes fonctions de juge de paix et d'officier de l'état civil du territoire militaire. En reprenant mon service actif, je trouverai peut-être des distractions qui interrompront un peu le cours de mes pensées. La vie des camps me reportera au-delà de mon mariage. Je ne veux certainement pas oublier le plus heureux temps de mon existence ; le pourrais-je d'ailleurs? Mais il est possible que j'y pense trop. Ce doux souvenir me rend injuste envers ceux qui m'aiment encore. Ne pourrais-je pas fermer du moins pour m'entretenir avec eux l'urne de mes douleurs? Non, non ! pardonnez-moi, ma mère ; je suis peut-être indigne d'être votre fils ; car s'il ne m'était pas permis de parler de mes chères amours envolées, je n'aurais plus de plaisir à vous écrire. Mon Elisa a beau être morte, elle n'en est pas moins toute la poésie de mon existence. S'il me vient une mauvaise pensée, c'est elle que j'implore pour la chasser. Persuadé que, du sein de la gloire de Dieu, elle peut encore plonger sur moi les regards de son amour, je m'efforce de lui plaire, comme lorsque j'avais le bonheur de la posséder. Je vis toujours par elle et pour elle ; rompez les liens qui m'attachent à sa mémoire bénie et je tombe pour ne plus me relever. Laissez-moi donc vous parler d'elle et parlez m'en souvent.

24 avril.

Hier j'ai assisté, à Saint-Cloud, au mariage de M. D... Ce brave homme, qui vivait en concubinage depuis dix ans, se trouvait si heureux de sa réconciliation avec Dieu, qu'il disait : « Voilà le plus beau jour de ma vie ! » Pendant l'allocution du prêtre, ses larmes coulèrent abondamment. Et moi, je me reportais par la pensée à la cérémonie de mon union dans l'église de Collonges. Ma fiancée était pâle, blanche comme sa robe et sa couronne. Je craignais qu'elle ne s'affaissât sous le poids de ses émotions, et mes bras s'apprêtaient à la recevoir. Sa pâleur, son trouble, étaient-ils un pressentiment de sa fin prochaine ? ou bien, prosternée au pied de l'autel de la Vierge, entourée de ses compagnes de congrégation, regrettait-elle leur pieuse société ? Quoi qu'il en soit, la cérémonie terminée, elle me dit, joyeuse et confiante : « Maintenant rien ne pourra nous séparer ! » Dieu, qui est le premier époux des âmes pieuses, qui règle toutes choses selon les décrets de son impénétrable providence, qui ne me la donnait que pour m'apprendre comment il veut être aimé et servi, l'a retirée de l'exil de ce monde pour l'admettre au séjour des joies éternelles. Que son saint nom soit béni ! Bien souvent, dans mes prières, j'ai demandé la faveur de voir son ombre, d'entendre le son de sa voix : je ne l'ai jamais obtenu. Mais que du moins mon amie ne meure jamais dans mon cœur, et que ce cœur aime uniquement ce qu'elle m'a appris à aimer !

Miserghin, 9 mai 1853.

Enfin, ma bonne mère, me voici en route pour Tlemcen. Je suis parti ce matin d'Oran. Je vais m'éloigner chaque jour davantage de la dépouille mortelle d'Elisa. Avant de commencer cette lettre, j'ai baisé son portrait et je l'ai pressé sur mon cœur, ce cœur plein de son souvenir. En continuant à l'aimer, à vénérer sa mémoire, j'estime, bonne et tendre mère, que je vous aime, que je vous vénère en elle. Dès l'aurore de mon amour, j'ai aimé en elle vos qualités et vos vertus. Et maintenant que Dieu l'a rappelée à lui, il me semble qu'il vous manque la moitié de vous-même et que vous êtes presque aussi malheureuse que moi... Je suis allé à Saint-Cloud le 6. J'ai passé chez M. Lioult. Toute sa famille était réunie. Après avoir embrassé les deux frères, M. Lioult me dit : Embrassez aussi ma sœur et mes enfants. La sœur et les deux filles se mirent à pleurer. M. le juge de paix de Saint-Cloud ne put, lui aussi, retenir ses larmes en recevant mes adieux et mes embrassements. Ce matin, M. Foulquier, qui jadis avait demandé une enquête contre moi, pleurait à sanglots. Moi, je n'ai pas versé une larme. J'ai peur que mes regrets pour ma bien-aimée ne me rendent insensible à tout.

Maintenant que je suis au bivouac, les fonctions que je viens de quitter me paraissent un rêve. Notre-Seigneur, en prenant douze personnages grossiers et ignorants pour annoncer sa parole divine, ne fît pas un plus grand miracle qu'en me permettant, à moi qui ne sais rien de rien, d'être à la fois directeur d'une colonie agricole, maire, commandant de place, sous-intendant militaire, inspecteur de colonisation, notaire et juge de paix. Il est vrai que je me suis fort mal acquitté de mes fonctions ; et cependant j'ai reçu les éloges et les remerciements les plus flatteurs ! Ce qui prouverait que mes collègues n'ont guère mieux fait que moi.

La route que parcourt Malafaye pour joindre son régiment évoque bien des souvenirs de son bonheur passé.

Hier (10 mai), à Bou-Rchache, j'ai pris le café dans l'auberge où je logeai avec mon amie, le 9 janvier 1851. Entre cette auberge et le corps de garde arabe, nous récitâmes ensemble le chapelet pour la première fois ; moi, je le récitais alors pour la première fois de ma vie. C'est à elle que je dois ma dévotion à la sainte Vierge.

Nemours, 19 mai 1853.

La nuit dernière, j'ai couché à Rio-Salado. C'est là qu'un Arabe tenta d'assassiner, il y a 15 jours, un garde du génie. Aussi un Bédouin de garde vint-il me dire qu'il fallait entrer dans son poste pour y passer la nuit, afin qu'il pût répondre de moi. Comme mon bivouac était déjà établi, je lui reprochai de ne m'avoir pas averti assez tôt et je refusai d'entrer dans son poste, ajoutant que, s'il me tracassait, j'en écrirais au commandant directeur des affaires arabes. Le pauvre malheureux vint alors se coucher comme un chien auprès de ma tente ; il me demanda un fusil et me garda toute la nuit. J'ai dormi plus tranquille que si j'avais eu une sentinelle française.

Je suis bien décidé à rentrer en France avec le 7ᵉ léger. J'irai vous voir alors, ma bonne mère, et vous déciderez de mon sort. Je ne demande pas mieux que de me laisser conduire par vous. Vous disposerez de mon triste avenir comme vous l'entendrez. Ce que je désire avant tout, c'est de ne plus faire de peine à la meilleure des mères. Lorsque vous aurez vu le mal incurable de mon pauvre cœur, vous me permettrez encore, je l'espère, de revenir auprès de la poussière de mon amie.

Au bivouac, sur l'Oued-Mansour, 7 juin.

Demain matin, j'arriverai à Tlemcen, ma mission terminée, après avoir été, pour ainsi dire, en camp volant pendant un mois. Cette existence presque nomade me va infiniment. Vous auriez plaisir, bonne mère, à me voir manger ou dormir, après une journée de fatigue, au milieu du carré que forme mon bivouac. La chaleur est difficile à supporter durant le jour ; mais les soirées et les matinées sont magnifiques. Les hyènes, les chacals et les chiens arabes nous font un concert peu musical, mais nous y sommes parfaitement habitués. L'espèce d'aboiement de l'hyène est surtout fort désagréable. Ce qu'il y a de curieux, c'est que ces animaux, que les naturalistes ont dépeints comme terribles, sont moins à redouter, le lion y compris, que les loups de notre pays. De tous les animaux d'Afrique, la panthère seule attaque quelquefois un homme isolé. Le sanglier blessé ne fait pas retour sur le chasseur, comme celui de France. En un mot, l'animal le plus dangereux, en Afrique, c'est l'homme.

Les distractions que me donne mon service me sont salutaires. Pendant que je m'occupe des soldats de ma compagnie, les idées noires me laissent en repos. Ce besoin de m'intéresser beaucoup au soldat m'a gagné déjà sa confiance. Tout récemment un de mes hommes, à qui l'on parlait d'une injustice dont il pourrait être victime, répondait : « Oui, mais le capitaine est là pour un coup. » Avant-hier, j'écoutais quelques soldats parlant de moi sous leur tente : « Je voudrais bien, disait l'un, finir mon congé avec lui. » — « Tu ne sais pas ? disait un autre, il a promis de payer la goutte à toute la compagnie, si personne ne se fait f... à la salle de police en arrivant à Tlemcen. » — « Tais-toi ! dit un troisième, il ne jure pas... »

Peut-être pourrai-je acheter un cheval, tout en continuant à faire des sacrifices pour mon village de Saint-Cloud et pour ma compagnie que je veux choyer comme ma fille.

23 juin.

J'ai trouvé plus qu'un père en M. le curé de Tlemcen. Il a voulu et il persiste à vouloir me donner pour logement sa salle à manger. Je ne puis pas lui faire la peine de refuser, quoique je me trouve bien à l'étroit chez lui. Depuis la mort d'Elisa, il a célébré tous les mois, sans me le dire, une messe pour le repos de son âme. M. Campillo loge ma mule et voudrait la nourrir. Il met à ma disposition tout ce qu'il a chez lui...

Je ne prendrai plus de résolution importante sans consulter notre excellente mère. Elle veut que je rentre en France avec le 7e léger ? je le ferai, quelque grand que soit ce sacrifice. J'avais déjà fait des démarches auprès d'un capitaine du 1er bataillon léger d'Afrique, pour permuter avec lui et me donner l'inappréciable avantage de ne jamais quitter la province d'Oran. Je vais lui écrire que je ne suis pas un homme de parole, qu'il ne doit plus compter sur ma promesse et que je l'abandonne au malheur de continuer à servir dans un corps où on a voulu l'envoyer aux galères. Heureusement qu'un conseil de guerre a reconnu son innocence.

8 juillet.

J'hésite à acheter un cheval, parce que, en expédition, il faut voler pour le nourrir...

Aujourd'hui le commandant de place m'a sauté au cou, comme si j'étais son enfant...

Tout le monde sait maintenant que je veux vivre en chrétien et personne ne songe à me susciter des tracasseries à ce sujet.

O ma mère, priez Dieu de ne pas me laisser longtemps dans l'exil de cette misérable vie ; priez-le de détourner son regard de mes iniquités pour ne voir que ma douleur et mon repentir. On dit si grand le bonheur des élus, qu'ils ne regrettent nullement leurs affections de la terre. Alors mon Elisa ne peut s'apitoyer sur mon triste sort ? Je comprends cela ; les bienheureux possesseurs de la gloire éternelle goûtent des joies sans mélange. Eh bien ! donnez, ô mon Dieu, donnez à ma tendre amie celle de me recevoir dans votre royaume éternel. Ne me soumettez pas plus longtemps à des épreuves qui, sans l'appui de cette sainte âme, m'entraîneraient encore dans l'abîme du péché. Admettez-moi au banquet de vos élus où je ne pourrai plus vous offenser. Vous n'avez pas voulu me laisser mon Elisa sur la terre, rendez-la-moi, je vous en conjure, rendez-la-moi au ciel.

15 juillet.

M. le vicaire général m'écrivait dernièrement que

j'avais un apostolat à remplir dans l'armée. De fait, un capitaine peut beaucoup pour le bonheur et la moralité des hommes de sa compagnie. Les miens, malgré ma sévérité, me sont déjà fort attachés. Pour me faire plaisir, ils évitent les punitions. Lorsque je les vois fortement tentés, je leur promets des récompenses s'ils observent mes recommandations. Le mois dernier j'ai payé le café à tous. Du reste, sous le rapport de la moralité, je n'ai guère que des éloges à leur faire. Le soin que je prends d'eux, le temps que je leur consacre, me font oublier par moments que je suis ici sans famille : je les considère comme mes enfants.

21 juillet.

On m'a offert de me vendre un cheval à crédit. J'ai failli me laisser tenter. J'ai la plus grande envie d'en avoir un, et mes camarades ne peuvent pas concevoir que je ne sois pas monté. Mais alors je ne pourrais presque rien mettre de côté pour ma famille et mon village de Saint-Cloud. Ce sera une bien plus douce jouissance d'aider à élever mes neveux, que de me donner l'orgueil d'avoir un cheval.

1er août.

Selon M. Campillo, je devrais avoir un cheval comme mes camarades, je devrais aller au café avec eux deux fois par jour, je devrais ne porter que des effets neufs. Bien entendu, pour parer à toutes ces dépenses, il m'offre le secours de sa bourse. Je suis persuadé qu'il serait aussi fier qu'un de mes frères de me voir l'officier le plus considéré du régiment. Il n'aura pas cette jouissance, parce que mon temps est passé. Pour moi, il n'y a plus ni avenir ni bonheur. Ma seule ambition, c'est de procurer tout le bien-être possible à ma compagnie, et d'être un second père pour mes neveux.

J'ai eu le malheur de déplaire à M. Fournier, lieutenant-colonel, mon compatriote. Il avait d'abord fort mal reçu la demande que je lui avais faite de me laisser à la tête de ma compagnie ; et comme je le suppliais d'écouter mes raisons, il me répondit : « Je n'ai pas le temps de vous écouter ni aujourd'hui, ni demain, ni après-demain. Ma résolution est prise : vous serez capitaine-major. — Mon colonel, lui dis-je, vous savez que je viens de remplir des fonctions administratives ; il ne serait pas juste de m'en donner de nouvelles. Vous avez des officiers infirmes qui ne peuvent pas supporter les fatigues de la guerre, mettez-les à la tête de la comptabilité de votre régiment et laissez-moi dépenser en campagne toute mon activité. » Il m'interrompit en disant : « Il me faut, à moi, un homme très-actif. » Enfin, voyant qu'il refusait de m'entendre, je me retirai sans le saluer. Je n'avais pas sans doute tout-à-fait tort aux yeux du colonel, puisque le même jour il fit choix d'un autre capitaine.

J'ai, parmi mes sous-officiers, un jeune homme qui a de belles qualités militaires, mais qui est peu scrupuleux. Je l'ai pris déjà plusieurs fois en faute. Je tâche de le sauver. S'il tourne mal, j'en serai pour quelques centaines de francs ; si je le sauve, ce sera une grande satisfaction pour moi.

Au camp d'Aïn-Kerchera, 8 septembre.

Je suis aux arrêts pour deux jours. Je n'ai jamais été puni comme lieutenant, et je le suis pour la première fois comme capitaine. A mon avis, le règlement est tout-à-fait pour moi…, mais depuis que j'ai supplié le colonel de ne pas me donner les fonctions de major, il me fait continuellement des reproches, et enfin il m'a puni. Il a aussi consigné

mon sergent-major pour un motif qui me regarde
seul; aussi lui ai-je écrit que s'il y a un coupable,
c'est moi.

20 septembre, au bivouac de Bab-Mesmar.

M. le curé de Tlemcen a été bien peiné de mon
départ. Pour le consoler, je lui ai laissé mon chat,
mes quatre poules et mes douze poussins. Lorsque
j'aurai ma retraite, il veut prendre la sienne, venir
habiter avec moi et ne plus me quitter.

Au camp de Bab-Mesmar, 3 octobre.

MON CHER ET BON LOUIS,

Notre frère Malafaye verrait, je crois, avec plaisir
son fils embrasser la carrière des armes. Je lui dis
qu'il y est difficile de faire son salut. Je vois que
toi, malgré tes bons sentiments, tu n'oses pas pratiquer ta religion. Et c'est un vrai chagrin pour moi.
Tu es dans une grande ville, tu peux t'approcher du
sacrement de la pénitence sans que personne le
sache. Et le sût-on, qu'est-ce qu'on pourrait bien
te dire? A part un imbécile de capitaine, qui affec-
tait de mal parler des prêtres devant moi et qui ne
le fait plus depuis que j'ai relevé l'inconvenance de
son langage, tout le monde me laisse parfaitement
tranquille, personne ne me plaisante sur mon assi-
duité à l'église. Le dimanche, on me voit quitter la
table plus tôt que les autres pour aller à la messe,
et on ne se permet aucune réflexion. Je loge chez
le curé sans qu'on m'en plaisante. L'homme qui va
son chemin droit et ferme selon ses convictions,
n'est jamais ridicule; tout le monde le respecte.

Au camp de Bab-Mesmar, 10 octobre 1853.

La présence du capitaine Botta me permet de me
livrer à ma passion pour les courses. Je gravis les

montagnes, si hautes et si ardues qu'elles soient ; je descends au fond des ravins malgré leur excessive profondeur. Lorsque mes camarades vont se promener à cheval, je monte sur ma mule, quoique je n'aie pu faire porter ici sa selle, et je vais aussi loin et aussi vite qu'eux. N'ayant qu'une couverture à mettre sur le dos de ma mule, je me blesse, et quelquefois je suis près de tomber. Mais il faut que je me procure de la fatigue à tout prix. Ces exercices violents me donnent un grand appétit et m'ont fait recouvrer un peu de gaieté. Je passe des nuits charmantes. De doux rêves me portent auprès de vous, mon excellente mère, et au milieu de mes frères. D'autres fois, et cela m'arrive assez souvent, Dieu merci, je me trouve avec mon Elisa, auprès de charmants enfants auxquels je prodigue les plus tendres caresses, pendant que leur mère me suit du regard et me sourit de ce sourire d'ange qui a l'air de me dire : « Dieu ! que nous sommes heureux ! » Dernièrement, je cherchais avec elle un pensionnat de jeunes demoiselles pour deux aimables fillettes qui tenaient chacune une main de ma bonne chérie, et que je regardais avec une tendresse sans pareille, mais sans surprise, comme s'il n'y avait jamais eu d'interruption dans mon bonheur. Dans mes promenades solitaires, en écrivant mes lettres ou en priant, je répands quelques larmes, et mes yeux déchargent mon cœur de son trop plein.

Ajoutez, ma bonne mère, que tous ces messieurs, même le commandant du camp, ont beaucoup d'égards pour moi, qu'ils ne disent rien de trop libre, de crainte de me blesser, et vous serez persuadée que je me trouve ici dans d'excellentes conditions pour n'être malheureux que le moins possible. Fatigue physique le jour ; parfait repos, songes délicieux la nuit. J'ai tout le temps nécessaire pour écrire à mes vieux et fidèles amis. Un seul de mes désirs ne peut se réaliser de suite, c'est d'aller à Saint-Cloud. Vous me pardonnerez, bonne mère, vous qui m'avez donné votre sensibilité en me formant de votre sang, en me nourrissant de votre lait, vous me pardonnerez de moins penser à Vergt qu'à Saint-Cloud. M'aimeriez-vous si je manquais de sincérité en vous disant que je souhaite d'aller vous voir, quand je le crains de tout mon cœur? Je vous ai fait une promesse qui m'a déjà coûté beaucoup, dont l'exécution me coûtera sans doute encore davantage. Lorsque le 7e léger rentrera en France, je le suivrai, mais je désire que ce soit le plus tard possible. Vous verrez alors que mon premier soin sera d'aller vous voir, de vous dire et de vous prouver combien je vous aime. Aussitôt que j'aurai le malheur de servir en France, je profiterai de toutes les occasions pour avoir des congés. Quand je ne serai plus en Afrique, je serai tout à vous.

On dit que les affaires d'Orient nécessiteront l'envoi à Constantinople de 12,000 hommes de l'armée d'Afrique. Ces bruits me font éprouver une vive émotion. Avant de terminer ma carrière militaire, je voudrais bien savoir ce que c'est que la guerre. Mais, d'un autre côté, vous comprenez, bonne mère, combien mon cœur saignera, si je m'éloigne des lieux que les restes de mon Elisa me font tant aimer.

Au camp de Bab-Chesera (porte des bois) 18 oçt.

Mon respectable ami, M. le curé de Tlemcen èt M. le vicaire général faisant fonctions d'évêque pour la province d'Oran, me sont arrivés le 14 au soir, jour de vendredi, après notre dîner. Vous devez penser qu'il n'est pas facile de préparer au camp un repas maigre. Je ne pus offrir à mes hôtes qu'une soupe à l'oignon, des œufs au plat et des pommes de terre frites. Pour comble de malheur, ces deux messieurs n'aiment pas la soupe à l'oignon, et M. le curé ne mange pas d'œufs.

Le difficile n'était cependant pas de nourrir deux personnes ; c'était de les loger. J'occupe tout seul une tente à seize hommes, que je paie 20 francs par mois. Je la partageai avec mes visiteurs. Je donnai à M. le curé mon lit de camp. Il le trouva si mauvais qu'il ne put fermer l'œil de toute la nuit. Un de mes camarades eut la bonté de me céder son lit pour M. le vicaire général. Cet officier et moi, nous couchâmes par terre.

Une chose qui me tracassait beaucoup aussi, c'était la nourriture des chevaux de ces messieurs. J'empruntai du fourrage aux officiers, mais, malgré le mal que je me donnai, les pauvres animaux ne furent pas très bien traités. J'ai une ordonnance qui aime mieux quelque chose de bon pour ma mule que pour les chevaux de mes amis.

J'accompagnai mes deux visiteurs à Nemours. M. le curé était si fatigué du long trajet de la veille (14 lieues), qu'il ne put continuer la route à cheval. Il prit à pied un raccourci et s'égara dans le grand ravin de Nédroma, à Nemours. De crainte qu'il ne lui arrivât un malheur, je voulus prendre la même direction que lui. Le cheval que je montais se cabra et ne voulut pas entrer dans la broussaille ; comme il appartenait au commandant du camp, qui avait eu l'obligeance de le mettre à ma disposition, je ne voulus pas le châtier trop rudement pour le forcer à obéir. Je montai alors celui que M. le curé avait laissé et je ne tardai pas à apercevoir de loin mon ami. Je courus, pour l'atteindre, aussitôt que le

chemin devint praticable, et lorsque je l'eus rejoint
nous causâmes intimement. Je croyais qu'il pourrait me recevoir à confesse, mais j'eus pitié de lui :
il était trop fatigué.

Au camp de Bab-Chesera, 4 novembre.
Les Arabes sont pauvres et sobres. Ceux qui sont
à leur aise broient de l'orge entre deux pierres, font
de la galette avec cette farine sans la tamiser, et boivent de l'eau. Les pauvres mangent du palmier nain.
Quand je fais de longues courses et que je suis trop
pressé par la faim, je mange aussi du palmier. Ce
n'est pas aussi mauvais qu'on pourrait le croire,
mais cela ne me paraît guère nourrissant.

J'ai été proposé par mon colonel, avec le numéro
2, pour passer au commandement d'une compagnie
d'élite. Naturellement le général Pélissier a nommé
le numéro 1. Le secrétaire qui m'envoie ce rensei-
gnement me donne mes notes ; voici ce qu'a écrit le
colonel : « Officier sérieux, aimant et s'occupant
beaucoup de son métier ; servant très bien et
consciencieusement. » C'est flatteur pour moi, malgré la faute de français de : *aimant et s'occupant
beaucoup de son métier ;* mais notre colonel n'est
pas fort ; cela est connu. Les notes du général Montauban : « Bon choix, officier très intelligent et très
dévoué à ses devoirs. » ... Il paraît que mes chefs
auront toujours bonne opinion de moi, malgré le
soin que je prends de ne pas les voir. Je connaîs
deux capitaines plus anciens que moi, très instruits,
très spirituels, tous deux élèves de l'école de Saint-
Cyr ; je ne comprends pas qu'on les laisse de côté
pour s'occuper de moi. Ces deux officiers vont être
furieux. J'étais bien avec tous mes camarades,
parce qu'ils ne supposaient pas que ma médiocrité
pût leur nuire. Dorénavant ils me prendront pour

un ambitieux, peut-être pour un hypocrite. Et les faveurs ne m'empêcheront pas d'être malheureux.

5 novembre.

MON CHER FRÈRE,

Te souviens-tu comme j'étais heureux, il y a trois ans, lorsque nous nous trouvions ensemble à Collonges ? Je venais d'obtenir la main de la seule femme que j'aie aimée. Mon Elisa était à moi, tous mes vœux étaient exaucés. Qui m'aurait dit que je la garderais si peu de temps ? Hélas ! le premier fruit de notre amour l'a entraînée dans la tombe. Le 2 octobre, jour de notre arrivée à Collonges ; le 29 octobre, jour de mon mariage ; le 19 novembre, jour de la Sainte-Elisabeth, fête de mon amie ; le 9 novembre, anniversaire de la naissance de mon petit Félix, sont des jours où les souvenirs m'assaillent en foule. Il y a des personnes qui ne pensent qu'à l'avenir ; moi, je ne songe guère qu'au passé. Il me semble que toute ma vie se trouve renfermée dans le peu de temps que j'ai passé avec ma tendre et douce amie.

Au camp de Dar-Selimen, 18 novembre.

Le commandant de notre camp vient de recevoir l'ordre de faire rentrer à Tlemcen une de nos deux compagnies. Il a eu la complaisance de me demander laquelle je ferais rentrer, si j'étais à sa place. Je lui ai dit que ce serait la sienne. Il a partagé mon avis. Mon lieutenant, qui aime mieux ce qui lui convient que ce qui est juste, est furieux contre moi ; il est malade de dépit.

Tlemcem, 23 décembre.

Un grand sujet de chagrin pour moi, mon cher frère, c'est que le respect humain te tienne toujours éloigné de Dieu. Les officiers du 7ᵉ léger se sont si bien

habitués à me voir piatiquer ma religion que, les vendredis, ils ont la complaisance de me faire préparer
des aliments maigres. Je pourrais cependant faire
toujours gras, puisque l'Église le permet.

Oran, 8 janvier 1854.

Je suis à Oran depuis le 31 décembre. J'ai eu
pour étrennes une nouvelle manifestation de l'attachement de mes nombreux amis de cette ville. J'é-
tais parti de Tlemcem le 27 décembre à la tête de
285 congédiés. Mon ami M. le curé de Tlemcem,
dont la charité est inépuisable, me chargea de conduire jusqu'à Oran, pour être embarquée et envoyée
au couvent du Bon-Pasteur d'Alger, une petite
fille de huit ans dont le père et la mère vivaient
mal. Pendant toute la route j'ai donné à cette enfant mon lit de campagne. Cela m'a forcé à coucher
sur la dure. Comme il avait plu, je faisais couper
quelques feuilles de palmier nain qu'on étendait
sur le sol pour me préserver de l'humidité, quoique
elles fussent elles-mêmes toutes mouillées. Mais
enfin elles m'empêchaient de m'ensevelir dans la
boue. On plaçait là-dessus des couvertures qui,
elles aussi, avaient reçu la pluie de l'étape, et je
m'endormais tant bien que mal. J'ai une santé telle
que je ne me suis même pas enrhumé.

A Misirghin, le père Abram, supérieur de l'ordre
de l'Annonciation, directeur d'un orphelinat de
jeunes garçons, donna l'hospitalité à tout mon détachement. Les soldats couchèrent dans des han-
gars, les officiers logèrent dans des chambres.
Nous fîmes un déjeuner maigre avec le père Abram
et ses deux aumôniers. Je n'étais pas connu dans
cette communauté religieuse ; mais aussitôt que le
supérieur entendit prononcer mon nom, il redou-
bla de politesses pour nous. Je voulus faire coucher

la petite Thérésine chez les sœurs chargées du sevrage des petits enfants; mais, malgré toutes les séductions, elle ne voulut jamais consentir à me quitter. Ni jeux, ni confitures ne purent la déterminer à lâcher ma main, à laquelle elle se cramponnait.

Le 6, j'ai embarqué une partie de mon détachement ainsi que ma petite Thérésine, qui a bien pleuré en quittant la maison Campillo, où on la gâtait beaucoup.

Je pars pour Mers-el-Kébir, où j'embarquerai le reste de mon monde.

Cet épisode de la vie militaire de Malafaye a servi de thème à un roman publié par P. FAROCHON, dans l'album de la *Croix*, et qui a pour titre : *Antouïna, la nièce du curé*.

L'auteur y parle de notre héros en ces termes : « Malafaye était connu de toute l'armée d'Afrique pour ses rares capacités militaires, son courage calme et éprouvé, et sa *religion*. En campagne, il faisait tranquillement sa prière du matin en plein air, à genoux au milieu de ses soldats, se faisait servir en maigre le vendredi à la *popotte* commune des officiers, et ne manquait pas, lorsque la journée lui paraissait devoir amener une « affaire » un peu chaude, de dire rondement à ses hommes : « Enfants, ceux de vous qui ont la chance de croire en Dieu feront bien d'*astiquer* leur conscience comme je viens de le faire ; ils n'en soutiendront que mieux l'honneur de la patrie et du régiment, et ils peuvent, le cas échéant, y gagner le ciel d'un seul coup. » Et l'écrivain avertit le lecteur qu'il raconte et n'invente pas.

Oran, 20 Janvier 1854.

C'est en vous, mes chers neveux, que reposent toutes mes espérances. Si vous savez le mériter, je serai toujours votre second père. Pour que je vous aime de tout mon cœur, mes petits amis, il faut vous appliquer de bonne heure à être bons chrétiens. L'homme n'est bon et heureux qu'en servant Dieu avec amour et fidélité. Apprenez si bien votre catéchisme que vous ne puissiez jamais l'oublier. Vous acquerrez dans ce livre la plus utile de toutes les sciences, la science des vérités éternelles. Le plus ignorant de tous les hommes est celui qui ne connaît pas la voie qui mène au ciel... Mettez en pratique, mes chers enfants, le projet que vous formez, au commencement de cette année, de ne faire aucun chagrin à vos bons parents et d'acquérir les connaissances qui feront de vous des hommes utiles à la société. Lorsque vous serez suffisamment instruits et que vous aurez eu le bonheur de faire votre première communion, vous demanderez à Dieu la grâce de connaître l'état qu'il vous destine. Jusque là, vous n'avez qu'à être soumis et studieux.

Oran, 8 mars.

Le 7e léger se tient prêt à partir pour l'Orient. Je suis vivement contrarié d'avoir demandé à permuter cinq jours avant l'arrivée de cet ordre de départ (1). On sera capable de dire que j'ai quitté le régiment pour ne pas faire la guerre, moi qui désirais si ardemment de prendre part à la lutte qui va s'engager avec la Russie. C'est une nouvelle croisade qu'on entreprend ; car l'éloigement des Russes du tombeau de Jésus-Christ rendra plus

____

(1) Sa demande de permutation fut refusée par le ministre.

facile aux catholiques la fréquentation des lieux saints.

J'ai toujours mon logement chez M. Campillo. Quand je parle de le lui payer, il me dit que cela regarde les Jésuites, propriétaires de la maison ; si je m'adresse au supérieur des Jésuites, il me répond que c'est l'affaire de M. Campillo. Je vois bien que ces messieurs veulent me loger pour rien ; mais cela me contrarie, parce qu'ils ne sont riches ni les uns ni les autres. Cependant, si je partais de là, j'irais chez un autre de mes amis qui ne voudrait pas plus être payé.

Oran, 13 mars.

Pendant le carême, je ne prends qu'un repas à la pension, celui du matin. Le soir, je collationne chez moi d'un morceau de pain et d'une orange, ou bien de délicieux fromage que m'envoie le maire de Saint-Cloud. Les jours maigres, il y a assez de plats pour faire abstinence sans que mes camarades le remarquent, ou s'ils s'en aperçoivent, ils ne font aucune réflexion, dans la crainte de me gêner. Je suis donc aussi libre que si je prenais tous mes repas chez moi. A cause de mon état, il est vrai, mon confesseur me dispense du jeûne et du maigre ; mais ne faisons-nous pas de péchés, nous militaires ? Nous devons donc nous mortifier, si nous voulons que Dieu nous pardonne.

Ma chambre est tout près de la chapelle des Jésuites. Aussi ai-je le bonheur, depuis mon arrivée à Oran, d'assister tous les jours à la messe.

Je me lève lorsque la cloche des Jésuites sonne l'angelus. Il est alors 5 h. et demie. Je m'habille à la hâte, je vais faire ma prière à la chapelle, pendant qu'on y célèbre la première messe. Lorsqu'elle est finie, je remonte dans ma chambre et j'achève ma toilette. Je me rase tous les matins, pour être toujours prêt à faire ou recevoir des visites, à exé·cuter un ordre de service quelconque.

M. le curé de Tlemcen m'a raconté qu'après une visite à Elisa et à moi, la dame d'un capitaine disait : « Quel bon mari que M. Malafaye ! il rend sa femme si heureuse ! — Beau mérite ! répondit l'officier ; avec une personne aussi accomplie que Mme Malafaye, tous les maris seraient bons. »

Priez, bonne mère, non pas tant que je ne sois pas tué, mais plutôt que je me trouve en état de grâce, s'il plait à Dieu de me réserver la mort glo-·rieuse du soldat sur le champ de bataille.

Oran, 17 mars.

Allons, mes bons frères, réjouissez-vous avec moi, puisqu'il m'arrive enfin quelque chose d'heureux ; prenez part à mon bonheur, comme vous avez si généreusement pris part à mon infortune. Pensez que la guerre est la poésie du soldat. Elle est d'ailleurs terrible à ceux qui la supportent plutôt qu'à ceux qui la font. Ce sont les habitants des principautés danubiennes qu'il faut plaindre en ce moment. Les armées russe et turque ne souffrent pas la millième partie de ce qu'en-durent les pauvres paysans. Félicitez-moi d'avoir à exercer en grand, avant ma retraite, les devoirs de mon état.

Oran, 25 mars.

Ces jours derniers, je voyais dans un grand embarras une famille qui a connu ma bonne Elisa et lui a rendu quelques services. Je lui ai prêté, donné peut-être, 50 francs, sans en être sollicité. La femme avait allaité mon pauvre petit Félix ; c'est assez vous dire que je lui donnerais, pour ce service, toute une fortune si je l'avais. Cette faible somme sauvait d'une faillite ces braves gens. Un de mes bons camarades, le capitaine Charmantray, les avait déjà tirés d'affaire en 1851. J'étais jaloux de sa bonne œuvre ; je suis heureux de n'avoir plus à la lui envier. Mais mon mérite est moins grand que le sien.

M. le curé de Tlemcen continue à me témoigner le plus vif attachement. « Votre départ, m'écrit-il, me fait un mal que je ne saurais exprimer. Je donnerais tout au monde pour que vous ne fussiez plus militaire... Quels bons moments j'ai passés avec vous dans le jardin ! Je vous épanchais mon cœur et j'étais heureux de vous tout dire. Cette confiance, comme mon dévouement et mon amitié, je vous la conserverai toujours... Si quelquefois le démon se montrait à vos yeux, si la tentation devenait trop forte, rappelez-vous que nous avons promis l'un et l'autre de ne rien faire qui pût nous déshonorer aux yeux, vous de votre sainte épouse, moi de ma mère. Pour être dans le ciel, elles ne sont que plus attentives à nous regarder. » Serait-il vrai, bonne mère, que le regard de mon Elisa me suit sur la terre ? O si elle peut voir quel culte lui rend mon cœur, comme elle doit encore m'aimer ! Et s'il en est ainsi, ce n'est rien que de mourir ! Perdre ceux qu'on aime, c'est gagner ; car leur attachement nous est plus précieux au ciel que sur la terre. Il n'y a que la foi pour donner de semblables consolations.

Oran, 31 mars 1854.

On peut partir maintenant, si l'on veut, ma bonne mère : je viens de faire mes pâques. Je suis heureux, car je possède dans mon cœur l'auteur de tout bien. Je sens réellement qu'il m'accorde les consolations que je lui demande avec tant d'instances depuis plus de deux ans : il a eu pitié de moi. Il me semble depuis quelque temps que l'esprit de mon Elisa habite avec moi. Je ne suis plus dans l'isolement, je vis avec l'image de ma bien-aimée, et surtout avec le souvenir de ses perfections. Ma foi me fait espérer que là-haut cette incomparable amie m'obtiendra le pardon de mes péchés. Si Dieu l'eût laissée sur la terre, je n'aurais pas l'occasion de faire pénitence, parce que, elle présente, les peines ne seraient plus des peines : avec elle je ne pourrais pas être malheureux. J'embrasse donc les croix qu'il a plu à mon divin Sauveur de m'envoyer, je me soumets aux décrets mystérieux de sa providence, et je le bénis pour les consolations que me donne sa sainte foi. La religion a un baume qui ferme les plaies de mon pauvre cœur. Cette fille du ciel, même durant notre vie de misère et d'exil, nous prodigue plus de bienfaits qu'elle ne nous demande de sacrifices. Pourquoi tous ceux que j'aime n'ont-ils pas recours à ses remèdes salutaires ?

J'engage souvent Louis à reprendre ses pratiques religieuses. Mes conseils restent malheureusement sans effet. Lorsqu'il fit sa première communion, un camarade le plaisanta ; depuis, il a sacrifié au respect humain le plus important de tous les devoirs.

Et mon cher frère Titou, quand cessera-t-il de vivre dans l'indifférence religieuse ? Je prie Dieu qu'il l'éclaire et lui donne la force de braver le qu'en-dira-t-on des impies. Est-ce qu'ils répondront pour lui, lorsqu'il se présentera au redoutable tribunal de la justice divine ?

Je connais dans ma compagnie au moins une demi-douzaine de soldats qui feront leurs pâques. J'en éprouve une véritable joie.

J'ai calculé, ma bonne mère, les diverses issues que la guerre peut m'offrir : elles me paraissent toutes favorables. Si j'en reviens en bonne santé, je me serai instruit et j'aurai fait gratuitement un beau voyage que bien des personnes, même riches, ne peuvent entreprendre. Si je reçois une blessure légère, je serai décoré. Si je suis atteint d'une blessure grave, j'aurai de suite ma retraite et j'irai réclamer vos bons soins maternels pour me rétablir. Dans le cas où je serais tué, ce serait encore un bonheur : je n'aurais plus à craindre d'offenser le bon Dieu.   *5 avril.*

J'ai peur, ma bonne mère, de me laisser aller à des mouvements d'orgueil en vous disant combien je suis aimé dans ce pays. M. le curé de la colonie agricole de Saint-Louis est venu me voir à Oran ; il m'a embrassé avec la tendresse d'un père. En me quittant, il m'a conseillé d'avoir toujours sur moi une médaille de la sainte Vierge. Recommandation inutile, puisque je porte toujours celle que mon Elisa avait sur elle au moment de sa mort.

Quand reverrai-je mon beau village de Saint-Cloud, avec sa population si malheureuse mais si intelligente? Il me semble que j'ai contracté une parenté avec chaque famille de colons. Est-ce pour avoir administré ces gens-là, ou parce que je leur laisse en dépôt la dépouille mortelle de ma bien-aimée? Je sens que mon cœur se briserait en m'éloignant de ces lieux, si je n'allais pas servir, dans ma petite sphère, les intérêts de la justice et de la religion. La promesse que je vous ai faite, ma bonne mère, m'aurait sans doute ramené en France ; mais il m'eût fallu un suprême effort pour m'arracher à ce pays qui m'est devenu si cher ; tandis que dans les circonstances actuelles, je me sens heureux d'avoir assez d'activité pour servir mon pays dans les batailles. Je croyais qu'il n'y avait plus de bonheur pour moi sur la terre, et je suis tout étonné d'en ressentir depuis un mois. Il est vrai que M. le curé de Tlemcen a beaucoup contribué à la tranquillité dont je jouis, en me disant que, du haut du ciel, ma bonne amie observe toutes mes actions et qu'il ne faut en commettre aucune qui me rendrait indigne d'elle. Oh! si elle pense à moi comme je pense à elle, je ne suis donc pas veuf! j'ai donc toujours une épouse qui, en se désaltérant à l'intarissable source de la gloire divine, travaille avec son fils au salut de son mari! J'espère, j'espère toujours en l'éternelle réunion là-haut. Et si Dieu daigne nous faire cette grâce, nos fiançailles célestes ne craindront point de fin.

Enfin, mes vœux les plus chers sont exaucés! Grâce à Dieu je n'aurai pas ma retraite sans avoir vu le feu : j'assisterai à la plus sainte des guerres; nous allons être les croisés du XIXe siècle ; nous refoulerons les Russes, c'est-à-dire le schisme grec, loin du tombeau de Jésus-Christ. Qui sait si nos armes ne feront pas revivre les anciennes splendeurs de l'Empire d'Orient? Qui sait si le croissant ne sera pas obscurci par l'éclat de la croix? Qui sait enfin si l'Evangile ne va pas prendre la place du Coran, dans ces contrées qui furent le berceau de notre foi? De grands événements se préparent ; la barbarie a jeté le gant à la civilisation : nous le ramassons. Maintenant nous n'avons qu'à prier pour le triomphe de nos armes : Dieu, qui tient dans ses mains les destinées des peuples, Dieu seul connaît l'avenir qui nous est réservé.

15 avril.

Depuis que j'ai la certitude de faire campagne en

Turquie, mon cœur se laisse aller à des espérances de bonheur sur lesquelles je ne comptais plus. Aussi, bonne mère, causerais-je avec vous du matin au soir. Quand je suis triste, je voudrais habiter un désert pour n'attrister personne ; heureux, j'aimerais à partager avec tout le monde mon bonheur. Dans ce moment, je crois qu'il me faudrait vous écrire des volumes pour ne vous apprendre qu'une faible partie des émotions que je ressens.

Hier (vendredi saint), les soldats de ma compagnie m'ont demandé à faire maigre. Je n'ai eu garde de le leur refuser. J'ai goûté de leur ratatouille, qu'ils appellent, sans doute par abréviation, *rata;* je l'ai trouvée excellente, et certainement meilleure que tout ce qu'on nous donne à notre pension. C'était un mélange de haricots et de vermicelle.

Je vous ai envoyé l'*Editeur d'Oran,* qui donnait les noms des colons récompensés à la suite de l'exposition des produits de l'agriculture de 1853. C'est avec bien du plaisir que j'ai vu et que j'ai applaudi les lauréats appartenant à mon ancienne administration. Je ne comprends pas comment j'ai pu m'attacher si vivement à ces gens-là. Ils ne m'ont guère donné que des tourments, et cependant je les aime comme des frères.

Hier, un employé des bureaux de l'intendance, officier comme moi, et qui a guidé plus d'une fois mon inexpérience administrative, me disait : « Quel homme généreux vous êtes ! Il n'y a pas votre pareil dans les colonies. » Je vous avouerai, ma chère mère, sans humilité, que je n'ai jamais compris cette profusion d'éloges. Il faut qu'on ne tienne compte que de ma bonne volonté. Sans les bons amis que je consultais, j'aurais fait d'énormes sottises. Quand

je jette un coup d'œil sur ce qu'aurait pu faire, à
ma place, un homme éclairé, je trouve mon travail
détestable. Un pieux et savant capitaine du génie,
commissaire civil dans la circonscription administrative de Saint-Louis, qui avait bâti tous les villages ressortissant à son administration, qui con-
naissait tous les colons, qui avait été décoré pour
services rendus dans les colonies, était, dit-on,
moins bon administrateur que moi. Le lieutenant-
colonel Malher demandait un jour, à Paris, au général Vinoy, comment je m'étais acquitté de mes
difficiles fonctions. Le général lui répondit : « C'est
le seul qui ait bien fait. » Et moi, je vous assure,
ma bonne mère, que les colons étaient bien à plaindre d'avoir à leur tête un administrateur tel que
moi.

16 avril.

La porte de ma chambre, qui donne sur l'autel de
la chapelle des Jésuites, me permet d'entendre
quatre messes tous les matins sans sortir de chez
moi. Je descends tous les jours dans la chapelle
pour en entendre une entièrement. Mais sans
assister aux autres, je me sens tout recueilli par les
paroles du prêtre, par les prières et le chant des
élèves. Il faut voir aussi, bonne mère, comme ces
enfants se tiennent bien aux offices ! Jamais instituteur laïque n'obtiendra un semblable respect, une
semblable obéissance. Et pourtant je suis témoin
que ces révérends Pères ne gagnent la docilité
et l'attachement de leurs élèves que par la douceur.
Ils ne dédaignent pas de dépouiller la gravité de
leur caractère pour se mêler à la gymnastique et
aux autres amusements des enfants. J'en ai vu se
baisser, appuyer les mains par terre, pour faire monter quelques joyeux petits à califourchon sur leur

dos. Comme beaucoup, j'ai détesté les Jésuites jusqu'en 1850. Depuis je les ai vus à l'œuvre, et j'en connais un certain nombre : je les estime supérieurs au clergé séculier.

A propos des Jésuites, je connais un officier qui fut renvoyé par eux du collège et qui, malgré cela, les admire et les regarde comme l'élite du clergé. Malheureusement, il ne pratique plus aujourd'hui. Longtemps il brava le respect humain et vécut en chrétien vraiment édifiant. Dans ses prières il disait : « Mon Dieu, je suis capable de tout faire pour vous, excepté de refuser une provocation en duel ; éloignez de moi ce danger et je suis tout à vous. » Un jour ce pauvre garçon reçut un soufflet, il se battit. Depuis il se croit indigne des sacrements, parce que, dit-il, il n'aurait pas plus la force qu'autrefois de refuser un duel. Il se trouve si privé, qu'il n'attendra pas sa retraite dans l'état militaire. Il a de la fortune : il veut rentrer dans la vie civile, pour pouvoir braver le préjugé du duel et donner satisfaction à l'impérieux besoin de son cœur qui le porte vers Dieu.

Les préjugés de Malafaye contre les Jésuites commencèrent à se dissiper pendant une mission confiée à l'un de ces religieux par le curé de Tlemcen. Notre capitaine, intime ami du bon curé, eut l'occasion de voir le prédicateur au presbytère. Il le trouva homme aimable et distingué dans la vie privée, comme il le trouvait prêcheur éloquent et apostolique dans la chaire. « Mais, se disait-il en lui-même, celui-ci est sans doute une exception. » Invité par le missionnaire à l'aller voir et faire la connaissance de ses confrères à leur résidence d'Alger, il y constata facilement que l'exception était, au contraire, la règle, et dès lors il ne ménagea plus son admiration à l'illustre compagnie de Jésus.

Il en fut de même pour les Frères des écoles chrétiennes. Obligé un jour d'interrompre ses leçons aux petits Kabyles pour partir en expédition, il en exprima ses regrets à son vénérable ami, M. le curé de Tlemcen. « Confiez ces enfants aux chers Frères, » lui répondit l'abbé Garreix. — Aux frères *ignorantins* ? répliqua vivement Malafaye ; mais ils ne leur apprendraient que les prières et le catéchisme ! — Venez avec moi visiter leur école ; vous interrogerez leurs élèves, et vous verrez. » « Je vis, en effet, ajoutait-il plus tard en racontant cela, et je compris que les frères « ignorantins » savaient et enseignaient mieux que moi.

Oran, 4 mai.

Cher Frère,

Mon habitude de n'écrire qu'une seule lettre pour tous les membres de ma famille, est cause que je me suis privé du plaisir de converser avec toi, seul à seul, cœur à cœur. C'est un tort que j'ai eu et que je me propose de ne plus avoir à l'avenir. Mon Elisa, dont la tendresse pour mes bons frères était, sinon plus profonde que la mienne, du moins plus fine, plus délicate, je devrais dire plus angélique, avait découvert de suite cet inconvénient avec le tact exquis de son cœur d'or. Tu n'as pas oublié, mon ami ?...

5 mai.

Je n'ai pu continuer cette lettre hier matin : les larmes et les sanglots obscurcissaient ma vue, faisaient trembler ma main. Je me suis arrêté au moment où je voulais te rappeler, mon cher Titou, que mon amie, désespérant d'avoir de ton écriture,

te pria de lui envoyer par écrit la recette de la
bonne farce périgourdine que notre mère prépare
si bien. Il n'y a pas longtemps, j'ai revu ton petit
billet; il m'a arraché des pleurs. Tu l'écrivis au
moment où ma douce amie et moi étions si heureux
au fort Saint-Grégoire. Eh bien! mon cher Titou,
il est temps de faire cesser l'inconvénient signalé
par ta sœur, par mon incomparable épouse. Il faut
donc que tu m'écrives quelquefois, pas plus souvent que tu ne voudras, pas plus longuement qu'il
ne te conviendra. Mais, comme Elisa, je veux voir
de temps en temps de ton écriture. Cela me fera
plaisir. Vois-tu, mon ami, quand on s'aime comme
nous nous aimons, ce n'est pas assez de savoir que
nous nous portons bien; il nous faut de ces causeries familières où les petits riens ont un charme
infini pour des cœurs qui se chérissent. Tu verras,
mon cher et bon Titou, comme notre mutuelle tendresse, cette tendresse fraternelle que rien n'a
jamais troublée, se trouvera bien de l'exécution de
mon projet. Je commence le premier en m'adres-
sant aujourd'hui directement à toi.

Depuis deux mois, mon ami, j'ai vécu quarante
ans! Si je te disais seulement la millième partie des
impressions que je ressens, dix pages n'y suffiraient
pas. Toi, qui as le cœur si sensible, tu dois me comprendre avant que je t'aie dit le premier mot des
émotions qui font battre mon âme de plaisir et de
joie, de douleur et de regrets. Je me sens transporté d'enthousiasme à la pensée que j'aurai ma part
dans cette guerre géante, qui va teindre de sang
les rives et peut-être les flots du Danube. Je tres-
saille de bonheur à l'idée que moi, tout petit que je
suis, je vais jouer mon modeste rôle sur une vaste
scène, dans un drame qui fera frémir l'univers, qui

peut changer la face du monde. Mais à côté des brillantes chimères que crée mon imagination de soldat, se trouvent les regrets de quitter cette Afrique qui m'est si chère et à tant de titres. Elisa, quoique morte, tu es toujours moi, plus que moi, et surtout mieux que moi ! M'éloigner de tes cendres, c'est faire un terrible et suprême effort. Et toi aussi, mon petit Félix, qui mêles sans doute tes prières à celles de ta mère, je te quitte avec un poignant regret. Je vous laisse tous deux ; mais je vous assure que les regards de mon cœur seront constamment tournés vers vous. Et vous, chers objets de ma tendresse, continuez à être les soutiens de celui qui ne saurait vivre sans l'espoir de vous retrouver un jour.

Avant de dire adieu à cette plage africaine, où me rattachent tant de liens, j'ai voulu m'y attacher aussi par des nœuds spirituels. Dimanche dernier, je me suis fait recevoir membre de la conférence de saint Vincent de Paul (1). Avant-hier, après avoir eu le bonheur de m'approcher de la sainte table, j'ai revêtu le saint habit du scapulaire. En m'associant ainsi aux bonnes œuvres des âmes pieuses d'Oran, en portant jusqu'à la fin de mes jours la livrée de la sainte Vierge, j'espère, mon cher Titou, obtenir ta conversion et celle de notre bon frère Louis. J'ai offert à Dieu, dans cette intention, ma communion d'avant-hier. Hélas ! mon ami, c'est moi qui, le premier, ai donné l'exemple,

---

(1) Nous avons sous les yeux la liste des seize membres de la conférence d'Oran à cette époque. Nous y remarquons un sous-chef de bureau de la préfecture, un employé de la préfecture, l'inspecteur des écoles, deux instituteurs, un greffier de la justice de paix, etc. Que les temps sont changés !

dans notre famille, jusque-là très pieuse, de l'indifférence religieuse. Je prie Dieu de me faire la grâce de vous édifier autant que je vous ai scandalisés. Je me regarde comme coupable de votre éloignement des sacrements, et je ne sais si j'obtiendrai miséricorde tant que vous ne serez pas revenus dans le giron de l'Eglise. Et puis, des frères que j'aime et qui m'aiment autant qu'on puisse aimer, je n'aurais pas l'espoir de les retrouver au-delà d'une tombe prête à s'ouvrir demain, aujourd'hui peut-être? Nous aimer un temps, mon cher Titou, ce n'est pas nous aimer : il faut nous aimer en Dieu, devant Dieu, au sein de sa miséricorde et de sa gloire, pendant toute l'éternité. Pour cela, il ne suffit pas de dire : « Je suis un honnête homme, Dieu aura pitié de moi. » Le ciel se gagne par la fréquentation des sacrements. Je ne cesserai pas de prier pour toi et pour Louis que Dieu ne vous ait fait cette grâce. Adieu, mon ami; jette-toi dans mes bras comme je me jette dans les tiens, et réconcilie-toi avec Dieu, non pas pour m'être agréable, mais pour gagner le ciel.

Au moment où le capitaine Malafaye va s'embarquer pour la campagne d'Orient, un de ses colons lui fait de touchants adieux en lui disant : « Sans vous, je ne sais pas ce que je serais devenu, et si un jour j'ai du pain à manger, c'est à vous que je le devrai. »

Un autre lui disait : « Vous faites du bien, même à vos ennemis. »

« Ce même colon, raconte le capitaine, m'avait dit jadis que si j'avais la foi et l'espérance, il me manquait la charité. J'aime les hommes que je connais; ceux-là je les crois bons; mais je déteste les hommes en général. Je crois l'espèce humaine méchante et dangereuse ; il est prudent de ne pas s'y confier. »

Je viens d'accompagner mes camarades partants. Je suis revenu à Oran par la montagne, en passant auprès du fort Saint-Grégoire, qui me rappelle de si doux souvenirs de juillet, août, septembre et octobre 1851. Je viens de dire le chapelet à l'endroit où nous le récitions ensemble, j'ai cherché les fleurs que nous cueillions, je me suis assis sur les pierres où nous nous asseyions... Avec quelle émotion j'ai revu la cour que j'ai parcourue si souvent en tous sens, ayant mon amie à mon bras, parlant de nos parents, de nos projets, et finissant par remercier Dieu de l'incomparable bonheur qu'il nous donnait et qui devait, hélas ! finir sitôt. Nous touchions à sa fin alors que nous pensions qu'il commençait à peine.

Port de Malte, à bord de la frégate à vapeur « le Magellan », 13 mai 1854.

MA BONNE ET TENDRE MÈRE,

... Partis d'Oran le 8, à 6 heures du matin, nous arrivâmes à Mers-el-Kébir à 8 heures. L'embarquement de deux compagnies du 50ᵉ de ligne, qui font la traversée avec nous à bord du *Magellan*, était déjà commencé. On embarqua d'abord mon mulet ; il ne fit pas trop le récalcitrant pour entrer dans le chaland, grand canot qui le porta près du bord. On le suspendit en l'air pour le monter sur le pont. Ma compagnie était embarquée à 10 heures.

Le plaisir d'aller en Orient ne m'a pas empêché de quitter Oran avec une peine infinie. Vous dire tout ce que j'ai ressenti depuis trois mois me serait impossible. Il me semble que pendant cet espace de temps j'ai vécu toute une existence. L'enthousiasme et l'abattement, la peine et le plaisir se succédaient constamment dans mon âme. Quitter l'Afrique, c'était quelque chose de terrible ; mais aussi, aller en Turquie, quel beau voyage !

Le 7 je fis mes adieux à beaucoup de mes connaissances. J'assistai pour la seconde et la dernière fois à la conférence de saint Vincent de Paul ; je me fis donner les noms de mes confrères, afin de pouvoir prier pour chacun d'eux en particulier. Je me promets bien de leur envoyer ma modeste cotisation aussi régulièrement que si j'étais resté en Afrique.

Le lundi matin, à 2 heures, j'apprenais que nous partions à six. C'est ainsi, malheureusement, que cela se pratique dans l'état militaire. A cinq heures, Mme Campillo mère vint me dire : *una missa, una missa !* J'appris avec beaucoup de plaisir que je pouvais entendre une messe, à cette heure matinale, grâce au départ du Père supérieur, ce jour-là, pour Madrid. L'avant-veille, ce bon Père avait conduit ses élèves à la chapelle de N.-D. Auxiliatrice sur la montagne Santa-Cruz. Là il voulut essayer de leur dire quelques mots d'adieux, mais les sanglots des pauvres enfants couvrirent bientôt sa voix, et, l'émotion le gagnant, ses larmes eurent une éloquence qu'il ne put donner à ses paroles. « En Espagne, me dit-il, je reverrai ma famille, mais je renoncerais volontiers à ce bonheur pour ne pas quitter mes pauvres petits, que je voudrais tant élever dans la crainte et l'amour de Dieu. »

Moi aussi, ma mère, j'aurais renoncé aux doux espoir de vous revoir, pour ne jamais m'éloigner de ce rivage méditerranéen que tant de personnes affectionnent et que j'aime certainement plus que n'importe qui. Je vous demande pardon, ma mère chérie, de vous répéter une chose pénible et que j'ai eu le tort de vous dire déjà bien souvent. Aujourd'hui que j'ai quitté l'Afrique, je vous promets de ne plus demander à y revenir sans votre permission.

... Le *Magellan* partit à 5 heures par un très beau temps. Vous devez comprendre que mes yeux regardèrent aussi longtemps que possible le fort St-Grégoire, la chapelle et le fort Santa-Cruz, Oran, la montagne des Lions, Christel derrière lequel se trouve St-Cloud, Arzew. Que de souvenirs venaient m'assaillir pendant que je les contemplais une dernière fois ! J'avais cependant le cœur moins oppressé qu'à mon départ d'Oran, où je n'avais pu traverser la place Napoléon sans verser des larmes. A Mersel-Kébir j'embrassai mes amis sans pleurer. Il est vrai qu'ils s'éloignèrent précipitamment de moi pour me cacher leur émotion, de crainte de mettre mon courage à une trop rude épreuve. Je souffre moins depuis que je suis en mer. L'espoir de faire une guerre qui ouvrira la porte de la Turquie à notre civilisation, à nos mœurs, à notre foi, soutient mes forces, me donne de l'énergie.

Le 9, je commençai à jouer aux échecs avec mes camarades. Les officiers de marine, me voyant vainqueur, voulurent aussi jouer avec moi. Je les gagnai presque tous et j'acquis une réputation qui me fait respecter de tout le monde. Depuis ce jour c'est à qui jouera avec moi, et comme je ne puis pas contenter tout le monde, plusieurs de ces messieurs se mettent ensemble contre moi, pour se venger d'avoir été battus isolément.

Je viens de passer trois heures à terre. C'est un Français, grand maître de l'ordre des chevaliers de Malte, M. de La Valette, qui a fait bâtir la partie de la ville qui porte son nom. L'église des anciens chevaliers, l'église Saint-Jean, est la plus belle et la plus riche que j'aie vue de ma vie. J'ai admiré le palais du gouverneur, les fortifications, le jardin de botanique, une grotte émaillée de corail, les armures des chevaliers. Que de splendeurs, que de richesses ! Mais aussi que de misère et de pauvreté ! Les femmes sont si maigres qu'on dirait qu'elles meurent de faim. On trouve des mendiants à chaque pas.

> *Du camp de Boulaïr, à 12 kilom. de Gallipoli,*
> *20 mai.*

Hier, j'avais honte d'être officier français : plus de la moitié des soldats étaient ivres.

> *24 mai 1854.*

MA BONNE ET TENDRE MÈRE,

Je me trouve très bien de l'existence que je mène ici. Grâce à Dieu, et c'est là ma plus grande jouissance, je loge seul dans une tente turque. Quant à mon coucher, il est absolument le même qu'en Afrique ; j'ai l'habitude de n'y faire qu'un somme, et encore reprocherais-je au soleil de se lever trop tôt. Ce qui m'est aussi très agréable et me fait surtout aimer la vie des camps, c'est que je prends mes repas avec mes deux officiers. On ne crie pas, on ne se dispute pas à notre petite table. Nous y consommons nos vivres de campagne. Les cinq rations auxquelles nous avons droit font un total de 3 kilos 750 grammes de pain, et de 1 kilo 250 grammes de viande par jour. C'est beaucoup plus que nous n'en consommons. Nous recevons également du riz, du sel, du café, du bois, en quantité suffisante. Notre principale dépense consiste en achats de graisse, que nous payons 4 francs le kilogramme, de vin du pays et de dessert. C'est moi qui dirige les dépenses de notre table et qui tiens les comptes. Le sous-lieutenant est ordinairement chargé de ce soin, mais je l'ai vu si malheureux d'avoir ce souci, que je l'en ai délivré avec bien du plaisir. Dès lors nous vivons mieux et nous dépensons moins. Nous avons pour cuisinier un soldat de la compagnie, que nous payons environ 15 francs par mois.

Quelques détails maintenant, ma mère chérie, sur notre voyage de six cent vingt lieues. Je ne saurais vous dire la satisfaction que Malte m'a fait éprouver. Un Français qui n'a jamais quitté sa patrie ne peut pas se figurer comme est grande notre nation. Partout on sait notre histoire, partout on nous aime, partout on trouve des souvenirs de notre gloire, partout on lit nos auteurs, on suit nos modes, on parle notre langue. A Malte, plus qu'ailleurs, le nom de la France est vénéré. C'est elle qui lui a fourni presque tous les grands maîtres de sa chevalerie. Beaucoup de statues représentent d'illustres Français dans l'église de St-Jean. Chez les libraires, on trouve plutôt le portrait de l'empereur Napoléon III que celui de la reine Victoria.

Le peuple Maltais est très dévot ; à la Valette seulement on compterait facilement vingt-cinq églises. Le dimanche, 14 de ce mois, on disait des messes presque sans interruption dans chacune de ces églises, qui ne désemplissaient pas. Les femmes maltaises portent des manteaux en soie noire qui les font ressembler à des religieuses. Elles restent assises pendant une grande partie de la messe et semblent peu recueillies. Quelques fidèles prient à haute voix ; ce bourdonnement distrait et fatigue. Les prêtres ne m'ont pas paru aussi fervents que ceux de notre clergé d'élite, à qui tout le monde rend justice. Les églises sont d'une richesse incroyable, et cependant je n'ai pas vu faire de quêtes. Presque tous les chandeliers sont en argent. Une balustrade tout entière de l'église de Saint-Jean est aussi en argent. Comment une population si pauvre peut-elle avoir d'aussi riches églises ? Cela ne peut s'expliquer que par la profondeur de la foi des Maltais, dont les mœurs me semblent se rapprocher de celles des Espagnols.

Je reprends, ma chère mère, le récit de notre voyage. Partis de Malte le 14, à onze heures du matin, nous gagnâmes la pleine mer, nous perdîmes de vue la terre, et nos regards ne rencontrèrent, pendant toute la journée du 15, ni la côte d'Afrique, ni celle d'Europe ; nous ne vîmes que ciel et eau. Le 16, la vigie du *Magellan* cria : terre ! elle voyait le cap Matapan, que nous n'aperçûmes, nous qui n'avions pas l'œil marin, que longtemps après. Nous passâmes entre le cap et l'île de Cérigo, ancienne île de Cythère, célèbre par les fêtes que l'on y célébrait en l'honneur de Vénus. Nous laissâmes à notre gauche la petite île de Cervi, et vers la nuit, nous étions en face du cap Saint-Ange. Le 17, le *Magellan* s'arrêta de bonne heure devant l'île de Milo, que Vénus a également rendue célèbre. Cette déesse était honorée, ainsi que Calypso, dans des pays bien arides ; car Cérigo, Milo et la Pantellarie ne sont guère que des rochers. Toute la journée du 17 et le 18 au matin, nous naviguâmes dans l'archipel grec, qui est semé d'îles presque innombrables. Elles sont si rapprochées les unes des autres que notre capitaine de frégate ne voulut point se charger de conduire le *Magellan* à travers tous les rochers qui montrent leurs cimes arides et désolées ; il prit un pilote à Milo. Le 18, à midi, nous entrions dans le canal des Dardanelles. Nous avions passé Smyrne, les ruines de Troie dont on ne voit plus aucun vestige. Que sont devenus tous les matériaux qui ont dû encombrer le sol pendant des siècles après la ruine de cette ville ? Il n'en est pas de même des sources du Scamandre, dont les eaux coulent encore entre des rives autrefois si peuplées, aujourd'hui si désertes. Ce fleuve, à la fois mythologique et historique, qui fut souvent rougi par le sang des Troyens et des Grecs, a vu poser la première pierre de Troie et disparaître la dernière. Les Grecs existent encore, mais que sont-ils, comparés à leurs ancêtres ? C'est un peuple plus que déchu de son ancienne splendeur. La Grèce du continent et de l'Archipel n'a pas plus d'un million d'âmes ; le reste est dispersé en Turquie. Nous ne voyons guère, ici, que des Grecs qui n'osent pas avouer leur nationalité. Quand on leur demande quel est leur pays : « Nous sommes chrétiens, » répondent-ils. Mais quels chrétiens ! ils se livrent au négoce avec presque autant d'ardeur et de mauvaise foi que les Juifs. Les Turcs ne profitent point de notre présence pour gagner de l'argent. Ce sont les Grecs qui nous vendent les denrées dont nous avons besoin. Cela amène à penser que les Empires naissent, grandissent, vieillissent et meurent comme les individus. Troie est morte ; la Grèce et la Turquie sont en train de mourir. La vie des nations paraît longue aux yeux des hommes, elle n'est que d'un instant aux yeux de Dieu.

Dans la matinée du 19 nous débarquâmes à Gallipoli. Cette ville, qui nous paraissait passable pendant que nous étions encore en rade, se montra à nous dans toute sa laideur. Ses rues sont pavées en quartiers de roche dont les angles sont hors de terre. Les maisons sont bâties en pierre jusqu'à hauteur du premier étage ; le reste est en bois, et souvent en ce que nous appelons, dans le Périgord, des lattes-feuilles. Les maisons, les quais, les places et les rues ont l'aspect le plus misérable.

Boulaïr est bâti absolument sur le même modèle.

Quant au pays, il est très beau.

On fortifie la presqu'île de Gallipoli. Trois forts sont déjà construits ; on leur a donné les noms de Napoléon, Victoria et Sultan. Les soldats anglais sont très enthousiastes : ils poussent des *hourra* quand passe devant eux une troupe française ; ils enivrent consciencieusement nos soldats, et payent toujours. Les soldats d'Afrique leur ont appris le langage qu'on appelle sabir, qui se compose de mauvais arabe et de mauvais espagnol. Ainsi ils disent : « Francis bono, Turco bono, English bono, Russian morto. » Ils sont cause que nous ne pouvons rien faire de nos hommes, presque toujours fous parce qu'ils sont presque toujours soûls.

Camp de Boulaïr, 25 mai.

Mon cher frère, je te prie, et je tiens à cela plus qu'à toute autre chose, de t'informer où habite le général marquis de Castelbajac, ancien ambassadeur de France à Saint-Pétersbourg. Tu iras le trouver et lui remettras trois francs qu'il m'a donnés de trop, en 1840, lorsque je remplissais les fonctions de vaguemestre à Metz. Je lui avais porté pour 17 francs de lettres, il me remit une pièce de 20 francs en me disant que je lui rendrais les trois francs dont je lui restais redevable lorsqu'il irait à Thionville. Comme je ne l'ai plus revu, je suis toujours son débiteur. S'il n'était pas à Paris et que tu apprisses sa résidence, tu lui enverrais les trois francs avec une lettre fort polie. Dans le cas où tu ne voudrais pas te charger de cette ennuyeuse commission, contente-toi de me faire connaître son adresse et je m'acquitterai moi-même de cette dette qui me pèse tant depuis quatorze ans.

Camp de Boulaïr, 31 mai.

Le soldat ne peut pas se procurer dans le pays le pain de soupe, les habitants ne cuisant que d'horribles galettes, et l'administration de la guerre n'a pas encore pu lui en fournir. La troupe, déjà fort indisciplinée, surtout celle qui vient d'Afrique, est mécontente de voir sa subsistance si mal assurée. On entend des menaces de tous côtés ; on dit sans trop se cacher : « On me paiera celle-là à la première campagne. » Je pense que les soldats aimeront mieux cependant tirer sur l'ennemi que sur leurs chefs. Pour mon compte, je n'ai rien à craindre, parce que je m'occupe autant que je puis du bien-être du soldat, et que j'ai l'habitude de le respecter autant que je veux en être respecté moi-même. Ceux que je punis le plus sévèrement ne m'en veulent pas plus que les autres ; ils savent que mes fortes punitions n'ont qu'un but : leur apprendre à se bien conduire. Je passe facilement sur les fautes légères.

Le 27, le maréchal de Saint-Arnaud, commandant en chef de l'armée, a remis aux mains du colonel Wimpffen le drapeau du régiment, nouvellement formé, de tirailleurs algériens. Le colonel, voyant son cheval effrayé par le flottement du drapeau, tira fortement sur les rênes : colonel, cheval et drapeau roulèrent ensemble dans la poussière. Chacun se retira ému de ce que les Anglais avaient été témoins de cette maladresse d'un officier français.

Les tirailleurs algériens, tous arabes, c'est-à-dire
tous fatalistes, auront regardé comme de mauvais
augure l'accident arrivé à leur drapeau le jour de
sa réception.

4 juin.

La messe a été célébrée ce matin (jour de la
Pentecôte), entre la mer de Marmara et notre camp,
par l'aumônier de la 2ᵉ division. A peu près tous
les chefs de corps y assistaient. L'autel, dressé
sous une tente de campement français, était formé
de caisses à biscuits recouvertes d'une nappe. Un
zouave a servi la messe.

Nous allons partir pour Andrinople, en vue sans
doute de nous porter ensuite vers Choumla, lorsque
les Russes menaceront de gravir les pentes septen-
trionales des Balkans. Bien entendu, dans cette
belle Europe habitée par les Turcs, nous bivouaque-
rons absolument comme en Afrique. Nous trouvons
ici des ressources en œufs et en vin, non pas grâce
aux Turcs, qui me paraissent encore plus abrutis
que les Arabes, mais grâce aux Grecs, qui savent
tirer parti des richesses que la Providence a placées
sous leur main.

On appelle routes, en Turquie, l'empreinte que
laisse sur le sol le passage des voitures à bœufs,
seules connues dans le pays. Les habitants ne cher-
chent jamais à combler les ornières et les ravines
de ces tristes voies de communication. Les roues
des véhicules ne sont pas ferrées ; leurs jantes, mal
ajustées et dégradées, forment moins une circonfé-
rence qu'un polygone. Les essieux sont en bois et
n'ont jamais été graissés ; aussi les voitures font-
elles un bruit aigre fort désagréable. Quelques-
unes sont traînées par des buffles. Le buffle
ressemble à un bœuf très gros, très maigre et très

laid. Ses cornes vont en arrière, son poil est grossier, son allure est paresseuse.

Le pays est fort peuplé de cigognes. Leurs nids sur les maisons de Boulaïr sont si bien bâtis, que je les crois maçonnés par les habitants. La cigogne est toujours un hôte choyé, parce qu'elle dévore une énorme quantité de reptiles. Depuis que je voyage, c'est trois fois que je la rencontre : en Alsace, à Tlemcen et ici. Elle aime beaucoup faire son nid sur les mosquées. Ici, où les maisons sont rares, elle niche aussi sur les arbres.

Au camp de Boulaïr, 6 juin.

Je viens d'acheter cent francs un petit cheval turc très vieux et très laid. Mon lieutenant, qui aurait voulu un beau cheval de selle, est furieux contre moi. Je reconnais que j'ai payé trop cher cette petite monture ; aussi je ne veux pas que ces messieurs participent au paiement. Nous en prendrons un autre en commun lorsqu'une bonne occasion se présentera. Mais comme nous étions sous l'imminence d'un départ et que je prévoyais que nous serions très malheureux, si nous n'avions que notre mulet, j'ai voulu, coûte que coûte, me mettre hors d'inquiétude en achetant un criquet qui portera au moins nos porte-manteaux, pendant que nous chargerons notre excellent mulet des cantines, du lit, de la tente, de la batterie de cuisine, de nos vivres et de son fourrage : une véritable montagne sur son dos. Il y aura bientôt sept ans que cette pauvre bête me sert ; nous faisons campagne ensemble depuis mon entrée en Afrique.

Au bivouac, sous Andrinople, 21 juin.

« ... Nous sommes arrivés le 14 dans la ville de Keschan. Pour se mettre à la mode du pays, nos officiers se sont empressés de jeter leurs pipes et d'acheter de longues chibouques. Après en avoir fait usage pendant plusieurs jours, ils ont eu l'idée de demander où se trouve la fabrique de ces tuyaux si bien travaillés, de ces pipes en si belle terre du Levant. Un marchand leur a répondu qu'il tirait de Marseille à peu près tous les objets qu'il avait en vente et que ces messieurs admiraient comme des produits orientaux.

Le 18, nous sommes arrivés à Cusoukeupri, nom turc qui signifie Pont de bois. Il paraît qu'autrefois un pont en bois servait à traverser la plaine, qui doit être inondée en hiver. Il y a maintenant un pont en pierre d'une longueur de plus de 1,300 mètres. Pour le traverser il m'a fallu faire 1761 pas. Ai-je besoin de vous dire qu'il n'est pas moins laid que long ?

Le 19, nous avons traversé Andrinople pour aller bivouaquer un peu au-delà. C'est une immense ville qui ne compte pas moins de cent mille habitants. comme Gallipoli, elle a des rues sales, mal pavées, des maisons qui tombent en ruine. Le plus misérable logis habité par le plus pauvre métayer du Périgord est très confortable en comparaison des horribles masures d'Andrinople. Et cependant le pays que nous venons de traverser est beaucoup plus beau que notre chère France. Les orges et les blés durs y sont magnifiques. Ce n'est qu'en approchant d'Andrinople que nous avons trouvé quelques rares champs de blé tendre. Le maïs, qu'on a bien tort d'appeler blé de Turquie, n'y est cultivé qu'en très petite quantité.

Depuis notre départ de Boulaïr, je couche toujours dehors ; j'aime mieux cela que de me trouver sous la tente avec mes deux officiers.

11.

9 juillet.

La discipline de l'armée d'Orient continue à être très mauvaise, mais celle du 7e léger me paraît la plus déplorable. En venant ici, six hommes de mon bataillon ont volé et violé à main armée. Notre colonel sort des zouaves ; c'est le meilleur homme du monde, mais il ne connaît que la discipline à l'africaine, c'est-à-dire qu'il faut avoir commis des fautes très graves pour qu'il sévisse. Aussi s'est-il acquis une très grande popularité, au préjudice des capitaines, qui ne se sentent pas appuyés par lui pour maintenir chacun dans le devoir. Au contraire, le colonel nous trouve trop sévères, et usant du pouvoir que lui donne le règlement, il lève quelquefois les punitions infligées par nous. Aussi notre réputation est faite : on commence à nous appeler le 4e zouaves, titre dont, pour mon compte, je me trouve très peu flatté ! Les zouaves mêmes, dans leur naïveté, avouent que nous sommes plus voleurs qu'eux, quoique cela leur paraisse bien difficile.

Je me demande si le paradis terrestre était plus beau que le pays que je viens de traverser. Les Balkans ne sont pas très élevés, mais ils sont si boisés que je ne comprends pas comment une armée ennemie pourrait les franchir, s'ils étaient défendus par les habitants du pays. Mais qu'attendre d'une population que ronge le ver de l'immoralité la plus profonde. Pour t'en donner une idée, cher frère, je n'ai qu'à te dire qu'on fait voir à Andrinople une espèce de lanterne magique qui n'est qu'une école de voluptés contre nature. Le père y conduit son fils, qui apprend ainsi le vice honteux des mœurs orientales avant que son âge lui permette de s'en rendre coupable. Les officiers qui ont vu ces horreurs en ont été indignés.

Je suis si furieux contre les Russes que je voudrais, mon ami, ne pas t'en parler. Figure-toi qu'ils se sont présentés devant Silistrie au nombre de plus de 60.000 et qu'ils ont échoué devant une poignée d'Egyptiens et de Turcs. Après leur honteuse défaite ils ont repassé le Danube et se sont dirigés sur le Pruth, qu'ils sont en train de passer à l'heure qu'il est. Ils prennent leurs positions en Bessarabie, où ils espèrent nous attirer ; mais la saison sera trop avancée pour les y poursuivre cette année. Les souvenirs de 1812 doivent nous servir. Les Russes, pour nous vaincre, comptent sur leur climat plutôt que sur leur bravoure.

14 juillet.

Le jour de notre arrivée ici un soldat du 50e a tué son caporal d'un coup de feu. Le lendemain un conseil de guerre l'a condamné à mort ; 24 heures lui ont été laissées pour se pourvoir en révision, et il a été ensuite passé par les armes. Ce malheureux a refusé les secours de la religion. En perdant la vie il est donc bien à craindre qu'il n'ait aussi perdu le ciel. Jamais je n'avais vu l'exemple d'un jugement aussi prompt. L'assassinat a eu lieu le dimanche, le jugement le lundi ; le mardi a été accordé pour le pourvoi en révision, et l'exécution a eu lieu le mercredi matin. Les soldats avaient fait courir le bruit que le général avait donné l'ordre d'exécuter cet homme le mardi, et que le conseil de guerre se réunirait le mercredi pour examiner les pièces. Fusiller d'abord le coupable, et le juger ensuite : justice par trop boiteuse ! Il n'y a que des soldats pour avoir de semblables idées.

L'assassin était un enfant trouvé, qui n'avait, par conséquent, jamais goûté les douceurs de la famille. Que de réflexions il y aurait à faire ! Les

impies prétendent qu'il faut « s'amuser ». Pensent-
ils que les bagnes sont peuplés d'enfant naturels ?
Le malheureux qui s'est rendu coupable d'assassinat, sans aucun motif, sur la personne de son caporal, non seulement n'a montré aucun repentir, mais
encore il a eu l'impudeur de répondre au général
qu'il regrettait de ne pas avoir eu le temps de tuer
aussi son sergent-major.

Edouard prétend que je ne lui dis pas le fond de
ma pensée, et qu'il y a dans mon cœur encore plus
de désolation que je n'en laisse paraître. Il se trompe, tu peux le lui assurer. Je suis bien malheureux,
cela est vrai, mais pas autant que je l'ai mérité.
Dieu m'a donné, en me frappant, trop de preuves
de sa bonté pour me laisser sans courage. S'il n'y
a guère au monde de personnes plus éprouvées que
moi, il n'en est guère, non plus, qui soient plus
aimées, qui reçoivent plus de consolations. Je
mène en ce moment la vie qui convient le mieux à
l'état de mon cœur. Je souffre, mais je suis plein
de force et d'espérance ; et loin de me laisser abattre par la douleur, j'aspire, avec la grâce de mon
Dieu, à un riche héritage dont les biens ne périront
jamais.

19 juillet.

Nous avons à l'armée d'Orient un colonel dévot.
C'est celui du 6ᵉ dragons, M. Robinet de Plas. Ce
brave officier supérieur se trouvait à la messe, à
Andrinople, le jour de la Sᵗ-Jean, au moment où
j'eus le bonheur de me présenter à la sainte table.
Il me demanda où il pourrait trouver un prêtre français, et le surlendemain, il m'invita à une messe
qu'il avait demandée, en m'avertissant qu'il allait
faire à son tour ce que j'avais fait deux jours avant
lui. Il me parla du bonheur qu'on éprouve lorsque,

privé de la famille et de la patrie, on se jette entre
les bras de Dieu, qui peut seul remplir l'abîme de
nos cœurs.

Au bivouac, sous Mangali, 27 juillet.

Parti de Varna le 22, je ne suis arrivé ici que ce
matin. Nous avons fouillé le pays depuis la mer
Noire jusqu'à une dizaine de lieues dans l'intérieur
des terres. J'ai le cœur brisé des désastres que la
guerre a faits dans ce pays. Nous n'avons vu que
des villages détruits. Aussi sommes-nous sans ressources. Hier au soir, par extraordinaire, nous
avons pu nous procurer du lait et du fromage. Les
gens modestes ont l'habitude de dire : « Pourvu
que j'aie du pain et du vin, je suis content. » En
ce moment-ci, les officiers n'ont plus de pain et
beaucoup n'ont plus de vin.

4 août.

Je dors toujours en plein air et je m'en trouve
fort bien. Si, par état, je suis forcé de voir du monde pendant toute la journée, je me donne du moins
la satisfaction de m'asseuler entièrement la nuit.
Plus je vis seul, moins je me sens malheureux. La
solitude est comme un fil électrique qui me met en
communication avec le cœur d'or qui a battu pour
moi jusqu'à sa dernière pulsation.

Au bivouac de Jenikeuï, 14 août.

En me parlant de tes enfants, mon cher Malafaye,
tu me fais presque aimer la vie. Lorsque tu auras
reçu cette lettre, une valeur de cent francs sera déjà
entre tes mains. Il est possible que je ne puisse
pas t'envoyer autre chose cette année, parce que
j'ai des engagements pris avec des pauvres de
Saint-Cloud, de Kléber et d'Oran. Mais je te promets de faire tout ce qui dépendra de moi pour
mes neveux. Peut-être ne serai-je pas longtemps

de ce monde ; car le choléra continue à exercer ses
ravages, et il paraît décidé que nous allons assiéger Sébastopol. Le maréchal de Saint-Arnaud, qui
brûle d'en venir aux mains avec les Russes, veut
profiter des beaux jours qui nous restent avant
l'hiver pour tenter une descente en Crimée, y battre les Russes en rase campagne et s'emparer de
Sébastopol. Ainsi, mon ami, ne bâtis pas trop de
châteaux en Espagne, de crainte d'avoir des décep-
tions. A te dire vrai, je ne puis pas croire que ma
vie soit en danger. Cependant il faut raisonner.
D'ici à la fin de la belle saison, nous avons quatre
dangers à courir : d'abord le choléra, qui nous a
tué déjà plus de monde que n'en tueront les balles
et les boulets des Russes pendant toute la campagne ; ensuite viendront un débarquement, une ou
plusieurs batailles en Crimée, un siège et un assaut.
Tout cela ne se fait pas sans perdre beaucoup
d'hommes. Je me soumets d'avance à la volonté de
Dieu, convaincu d'ailleurs qu'il serait heureux pour
moi d'être tué, si j'avais le bonheur de me trouver
en état de grâce au moment de paraître devant le
redoutable tribunal de la justice divine. Si je ne
recevais qu'une grave blessure me donnant droit à
une bonne retraite, oh ! alors, mon ami, tu pourrais être tranquille sur l'éducation de tes enfants.
En dehors de ces hypothèses, je compte arriver en
1855 à la 1re classe de mon grade. L'augmentation
annuelle de 400 francs qui en sera la conséquence
sera mise entièrement à ta disposition... Il me faudra acheter un autre cheval. Je ne voudrais pas
devenir invalide par ma faute. L'Etat me paie bien :
je dois conserver une santé robuste pour lui faire
un bon service.

Les soldats de ma compagnie continuent à se

bien conduire ; aucun d'eux n'a été pris à piller pendant l'incendie de Varna, où nous avons passé la nuit du 12 au 13. Les flammes ont léché les murs des trois poudrières des Français, des Anglais et des Turcs. De grosses flammèches tombaient sur les toits de ces bâtiments, où des soldats s'empressaient de les éteindre. Les effets des hommes de ma compagnie sont brûlés ; les miens ont été retirés à temps. Beaucoup d'officiers ont fait des pertes considérables. Les soldats ont volé. Quelle pitié de voir une armée aussi indisciplinée !

22 août.

Je suis un peu plus heureux que d'habitude : mes deux officiers sont de garde. C'est vraiment un bonheur pour moi d'être seul. Songez combien je suis gêné pour vous écrire, lorsque ces messieurs causent auprès de moi. Et puis, il arrive souvent qu'ils veulent écrire en même temps que moi. Pour avoir la paix, je leur cède toujours la place. Malgré ma condescendance, ils ne m'épargnent guère les contrariétés. D'abord ma conversation avec eux est un supplice continuel : tout ce qui est bien selon moi est mal pour eux. Ensuite j'ai deux ordonnannances que je voudrais rendre heureux en les traitant avec toutes sortes de ménagements. Eh bien ! ces messieurs, sous prétexte que je suis trop bon pour ces deux chasseurs, se croient en droit de leur faire subir une odieuse persécution. L'un d'eux est assez dévot ; ils l'abreuvent d'amertume en le traitant d'hypocrite. Quel que soit mon désir d'être agréable à mes officiers, je ne puis cependant pas renvoyer, pour leur plaire, des ordonnances qui me servent bien. Ce serait une injustice. Je trouve aussi que l'habitation en commun amène une familiarité qui m'est désagréable. C'est peu, me direz-

vous, que toutes ces petites misères. Mais elles se
renouvellent si souvent qu'elles deviennent intolé-
rables. Le lieutenant surtout paraît disposé à se-
couer le joug de mon autorité ; mais dans le service
je ne lui fais aucune concession, et peut-être ai-je
tort de lui en faire dans les circonstances ordinaires
de notre détestable vie à trois. Volontiers je prendrais une tente pour moi seul ; mais je ne voudrais
pas dépenser mon argent en pure perte.

Au bivouac, près de Baltchik, 30 août.

Je m'embarque demain pour les côtes de la Crimée, où les armées française, anglaise et turque
vont tenter un débarquement de vive force, en vue
d'assiéger ensuite Sébastopol. Remerciez Dieu avec
moi, chère mère, remerciez Dieu qui daigne exau-
cer un de mes vœux les plus chers. Dès l'âge de
quinze ans, au moment de la Révolution de 1830, je
désirais entrer au service pour aller faire la guerre
contre la Russie. Ne craignez pas trop que je perde
la vie : en temps de guerre, comme en temps de
paix, il ne peut tomber un cheveu de ma tête sans
la permission de celui qui dirige tout. Priez pour
moi aussi souvent que je prierai pour vous : cela
vous donnera la patience d'attendre la première de
mes lettres, où vous lirez que je me porte toujours
bien. Je n'emmène que quarante-cinq hommes de
bonne volonté avec mon sous-lieutenant.

A bord du Suffren, 12 septembre (en vue de la Russie.)

Ma bonne et tendre mère, à l'heure qu'il est nous
doublons le cap Tarkan. Nous pensons arriver cette
nuit à notre mouillage, à six lieues de Sébastopol.
J'éprouve des émotions délicieuses ; je suis dans le
ravissement. Et pourtant j'ai envie de pleurer. C'est
que, chère mère, ce moment que j'ai appelé de mes
vœux pendant toute ma vie et surtout depuis deux

ans, va vous coûter bien de la peine. Cependant, excellente mère, vous qui avez le bonheur d'avoir une foi profonde, vous savez bien qu'en toutes circonstances il n'arrive jamais que ce qu'il plait à Dieu. Quoi qu'il advienne donc, figurez-vous que c'est pour mon bonheur éternel. Les dangers à courir, les privations à endurer, je les offre d'avance à mon divin Maître comme autant de croix profitables à mon salut. Ainsi, ma mère mille fois chérie, mettez, je vous en conjure, tout votre espoir en Dieu et ne vous chagrinez pas plus qu'il ne convient à une mère chrétienne, consciente du grand devoir que va remplir son fils.

Le 7, nous voyions arriver l'escadre à vapeur, et nous pensions qu'elle venait nous prendre à la remorque. Mais point ! Elle allait sans doute faire une démonstration sur la côte de Crimée. Pendant plus de deux heures elle a défilé devant nous. Depuis que le monde existe, on n'a certainement jamais vu un semblable déploiement de forces maritimes. Quel parti Dieu tirera-t-il de l'immense choc qui va se produire ? La Providence seule le sait. Les hommes s'agitent dans leur impuissance, oubliant trop souvent celui qui les a créés et qui les mène. C'est ainsi que j'ai eu le malheur de faire trop longtemps. J'espère que la miséricorde divine agréera mon repentir. Je me suis approché du tribunal de la pénitence auprès de l'aumônier du bord, pour lui exposer mes scrupules au sujet de l'état où je vais me trouver en face de l'ennemi. Le lendemain, 8, je recevais la sainte communion dans la cabine de l'aumônier, en compagnie d'un soldat qui fait souvent ses dévotions avec moi. C'était le jour de la Nativité de la sainte Vierge. Sans avoir choisi cette fête de la Reine du ciel pour recevoir mon Dieu, j'ai été très content de cette coïncidence, et j'ai prié ardemment cette bonne Mère de m'obtenir les grâces dont j'ai besoin. Dans ce jour de bonheur, je n'ai pas oublié ma mère et mes frères, mes neveux et les autres membres de notre famille. Fasse le Ciel qu'il vous arrive à tous ce que j'ai demandé pour vous, en ce moment où il me semblait que mon Dieu était tout à moi comme je m'efforçais d'être tout à lui.

Pour dissiper les ennuis du bord, je fais ma partie d'échecs, de dames, de jacquet ou de dominos, mais sans jamais l'intéresser. Je ne comprends ni le plaisir de perdre son argent, ni le plaisir de ruiner un camarade, un ami.

Le dimanche, 10, pas de messe sur le pont, à cause de la manœuvre. Je l'entends, comme tous les autres jours, dans la cabine de M. l'aumônier. Ce jour-là, j'ai la douleur de voir jeter à la mer un de mes hommes et deux matelots morts du choléra. Ils étaient tous trois convenablement ensevelis dans de la toile à voile.

Au bivouac, sur le champ de bataille de l'Alma,
21 septembre.

Ma bonne et tendre Mère,

Le 19, notre armée alliée (Français, Anglais, Turcs), s'est ébranlée pour livrer bataille. Ce même jour, nos avant postes se sont mis à combattre contre les Russes, qui n'ont pas pu les faire replier sur l'armée. Quelques décharges d'artillerie ont forcé l'ennemi à aller se placer sur ses formidables positions.

Hier, 20, la 2ᵉ division s'est mise en marche la première, s'est établie jusqu'à 2 heures après-midi en face des positions de l'ennemi, a fait semblant d'y fixer son bivouac, espérant ainsi le déterminer à descendre dans la plaine. Mais cette tactique a été inutile. Il a fallu passer une rivière fortement encaissée et remonter presque à pic le bord opposé, pour se mettre en ligne avec les Russes. Les zouaves du 3e régiment de la 1re brigade de notre division, ont enlevé la position avec un élan tout français. Le maréchal commandant en chef a félicité le général Bosquet sur la conduite des troupes sous ses ordres.

La bataille, qui a duré environ trois heures, nous a coûté 500 tués et 7 ou 800 blessés. En vrais braves que nous sommes nous avons bivouaqué sur le champ de bataille, parmi les morts et, aussi, hélas ! parmi les blessés ; car beaucoup de Russes n'ont pas pu être pansés hier soir. Qui sait même si tous les nôtres ont été ramassés ? Il était nuit au moment où nous avons formé notre bivouac.

Ce matin, un Russe respirant encore à quelques pas de ma tente, je suis allé à l'état-major réclamer des soins pour lui.

La 2e brigade de notre division n'a pas déchargé ses fusils, ce qui ne l'a pas empêchée d'essuyer le feu des canons ennemis et d'avoir des tués et des blessés.

Les 1re et 3e divisions de l'armée française et les Anglais ont subi les plus grandes pertes. On m'a dit même qu'un régiment anglais avait un moment battu en retraite devant une terrible position de l'ennemi, enlevée ensuite par un régiment écossais.

Les Turcs n'ont pas donné.

La journée d'aujourd'hui est consacrée à enterrer les morts et à transporter les blessés, russes ou autres, sur la flotte qui appuie notre flanc droit.

Hier, je n'ai essuyé ni le feu de la mousqueterie ni celui des obus ; mais je n'ai pas peur des boulets.

Après son premier tué, tout notre bataillon eut une panique : les hommes se jetaient par terre avec une précipitation qui aurait pu leur être fatale, car ils avaient la baïonnette au bout du canon et leurs armes chargées. Pour faire honte à ma compagnie de ce moment de frayeur, je lui dis que les Russes auraient été bien fiers, s'ils l'avaient vue en cet état.

Pendant l'action j'ai constamment commandé une division de trois compagnies du centre. Ce commandement revenait à l'ancienneté de mon grade.

3 octobre.

Il y a aujourd'hui quatre ans, je formais de beaux projets avec mon Elisa. Seize mois après, mon amie descendait dans la tombe, emportant tout mon bonheur. J'espère qu'elle allait prendre possession du sien. Pourquoi, le jour de la bataille de l'Alma, ne m'a-t-elle pas appelé à le partager, comme je le lui ai demandé du fond du cœur ?

Au bivouac, devant Sébastopol, 7 octobre.

J'ai oublié de vous dire que, le 19 septembre, un colonel d'état-major qui a une mauvaise vue est allé dans un avant-poste russe, croyant rejoindre une grand'garde anglaise. Il a été retenu prisonnier.

Ces jours derniers, un officier d'ordonnance du général Bosquet revenait du cap Chersonèse avec un docteur de zouaves et un chasseur à cheval. Le docteur fit observer au capitaine qu'il allait trop à gauche. « Pour vous prouver, répondit celui-ci, que je vous ai bien dirigés, voici le poste anglais qui se trouve sur notre route. Du reste, je vais parler à l'officier. » Il s'approche du poste et crie : « English man ! » On lui répond en bon français : « Non, monsieur, vous n'êtes pas chez les Anglais, vous êtes chez les Russes et je vous déclare mon prisonnier. » Le docteur et le chasseur rebroussèrent chemin et gagnèrent notre bivouac ; mais le capitaine Dampierre, tout penaud de sa méprise, dut rester entre les mains des Russes. Moi, je sais bien qu'à sa place j'aurais préféré la mort.

11 octobre.

Les ouvrages pour l'ouverture de la tranchée ont commencé dans la nuit du 9 au 10. Les Russes ont fait une sortie de la place pour repousser les travailleurs. Nos gardes se sont battus avec tant de bravoure que l'ennemi s'est retiré vers la ville dans le plus grand désordre. Les officiers ont essayé de ramener leurs soldats au combat, mais le feu de nos tirailleurs les a intimidés : ils se sont couchés sous les coups de plat de sabre de leurs chefs plutôt que de braver la fusillade meurtrière de nos habiles tireurs des chasseurs à pied.

Il commence à arriver quelques marchands français. Avant-hier j'ai payé neuf bougies 8 francs ; le sucre coûte 5 francs le kilo ; le mauvais vin, 2 francs le litre. Si mes commensaux me le permettaient, je ne boirais plus que de l'eau ; mais je crains de me donner du ridicule en renonçant entièrement au vin.

12 octobre.

J'ai dans l'armée beaucoup de connaissances que je ne visite pas du tout, tant j'ai peur de manquer une prise d'armes.... Moi qui ne suis pas fier, je vais coucher avec les soldats, au risque d'attraper des poux, ce qui m'arrivera bien certainement.

27 octobre.

Depuis ma dernière lettre, je me suis trouvé de garde quatre jours de suite. Le troisième jour, les Russes ont attaqué l'aile droite des Turcs et leur ont enlevé une batterie. Nos alliés n'ont pas défendu leur position plus d'une heure. Il est juste de dire qu'ils se trouvaient à l'extrémité Est de la plaine de Balaklava et qu'ils n'ont pas reçu de renforts à temps pour pouvoir résister. Ce petit avantage encouragea si bien les Moscovites, qu'ils enlevèrent au pas de charge une deuxième position près de la première, également garnie d'artillerie. La canonnade avait commencé à six heures et demie, et il n'était que neuf heures lorsque, mis en appétit par deux succès, ils se précipitèrent avec un admirable élan sur un troisième mamelon occupé, cette fois, par les Anglais. Le choc des Cosaques, qui précédaient l'infanterie, fut si rude que je vis beaucoup d'Anglais abandonner leurs retranchements pour se porter en arrière. Mais en même temps les Riflemen, chasseurs à pied anglais, armés de carabines à tige, faisaient feu à vingt mètres sur cette cavalerie irrégulière, qui laissa plusieurs hommes sur le terrain, ainsi que des chevaux que nous vîmes tomber. Les colonnes d'infanterie rebroussèrent chemin également et presque en même temps. Une charge de cavaliers acheva de mettre en retraite l'ennemi, qui conserva néanmoins les deux positions prises dans la matinée. Mais à midi les Français étaient venus renforcer les Anglais et les Turcs ; les troupes alliées s'ébranlèrent à la fois pour reprendre la position qui était devant elles et qui contenait de l'artillerie. La résistance des Russes fut vive. Deux régiments de cavalerie anglaise firent une charge si vigoureuse et si acharnée qu'ils perdirent leurs deux colonels et quinze autres officiers ; six cents cavaliers furent tués ou faits prisonniers, c'est-à-dire les deux tiers au moins de ceux qui avaient été engagés. Notre vaillante cavalerie d'Afrique, forte de huit escadrons seulement, formant tout au plus un effectif de 800 hommes, voyant qu'une batterie faisait beaucoup de mal au flanc gauche des alliés, prit la généreuse mais téméraire résolution d'aller sabrer les canonniers qui la servaient. Le général Morris, commandant la division de cavalerie, était à sa tête. Les escadrons descendirent du mamelon que les Anglais avaient si bien défendu à neuf heures, au grand trot de leurs magnifiques chevaux arabes, pendant que les obus éclataient au milieu de leurs rangs. Lorsqu'ils furent descendus près de l'escarpement qu'ils allaient gravir, l'artillerie russe ne pouvant plus donner à ses pièces assez d'inclinaison pour les atteindre, les porta prudemment derrière son infanterie, de sorte que nos braves chasseurs d'Afrique, arrivés sur la hauteur, ne trouvèrent devant eux que de vigoureux fantassins. Cependant le premier escadron eut l'audace de les charger à travers de hautes broussailles ; mais l'infanterie le cribla de ses feux et sauva la batterie russe. Plusieurs cavaliers furent faits prisonniers. Un sous-lieutenant, qui venait d'acheter un magnifique cheval au maréchal de Saint-Arnaud, fut emporté par sa monture, qui sauta par dessus les fantassins, et il resta, mort ou vivant, au pouvoir de l'ennemi. Un capitaine fut tué. Je vis revenir à pied un cavalier qui venait d'être démonté ; il courait à toutes jambes pour ne pas être fait prisonnier. Cette charge malheureuse, qui a coûté un demi-peloton, c'est-à-dire à peu près un huitième de l'escadron qui l'a faite, a servi d'exemple aux autres, qui sont allés reprendre leur ancienne position. Cette belle imprudence a cependant eu pour résultat heureux de faire taire une batterie qui était meurtrière. A partir de ce moment, les deux armées gardèrent une attitude expectante jusqu'à la nuit close. Alors l'armée alliée abandonna la plaine de Balaklava après avoir ramassé ses morts et ses blessés jusqu'auprès des avant-postes ennemis.

La journée d'hier fut employée par les Russes à enterrer les morts. Pendant que nous les regardions en face de nous, nous entendîmes, vers 2 heures, le feu des Anglais sur la gauche de leur ligne. Je fis immédiatement prévenir mon commandant, qui envoya des cavaliers voir ce qui se passait. Des Russes, au nombre de 5,000 environ, avaient projeté de s'emparer d'une redoute. Les Anglais, qui ne s'émeuvent jamais de rien, les laissèrent approcher jusqu'à ce que leurs batteries pussent les foudroyer. Ils en firent un carnage épouvantable.

Dans les deux combats auxquels j'ai assisté, ma vie n'a pas plus été en danger que si je m'étais trouvé au milieu de ma famille. Depuis Alma, quand les Russes veulent essayer de battre les alliés, ils ne donnent pas la préférence aux Français.

Le siège suit son cours naturel. L'artillerie de la place étant excellente et ayant une longue portée, nous avons été forcés d'ouvrir notre feu à 900 mètres de la ville. Nous avons maintenant des batteries à 300 mètres. J'espère qu'on pourra monter à l'assaut dans le courant de la semaine prochaine.

La flotte alliée, qui avait commencé son feu en même temps que nos batteries de terre, s'est retirée le second jour devant l'inutilité de ses efforts. Elle a eu de fortes avaries sans avoir fait grand mal à Sébastopol. Elle aurait pu jouer un rôle brillant en forçant l'entrée du port, si le prince Menschikoff n'avait eu l'idée de fermer cette entrée en y coulant cinq vaisseaux de ligne et deux frégates.

Depuis l'ouverture du feu, le 17, cinq de nos poudrières ont fait explosion.

Il est regrettable qu'on ait cru, en France, que la bataille de l'Alma nous livrait Sébastopol ; mais cela ne me paraît pas surprenant. N'y a-t-il pas des militaires, des généraux même, qui ont prétendu qu'on pouvait s'emparer de Sébastopol par un coup de main hardi ? Comme si la hardiesse faisait tomber des murailles qui ont coûté 600 millions, quatre fois autant que celles de Paris !

6 novembre.

Hier matin, à 6 heures et demie, on vint me prévenir que nous prenions les armes. Nous partîmes ensemble, notre premier bataillon et nous, et lorsque nous arrivâmes devant un télégraphe russe, nous vîmes de fortes colonnes ennemies dans la plaine de Balaklava. On arrêta alors mon 2ᵉ bataillon, tandis que le 1ᵉʳ fut envoyé au secours des Anglais, attaqués sur leur aile gauche. Les masses de troupes que nous voyions en face de nous ne faisaient qu'une fausse attaque. Le sérieux de l'affaire se passait à la gauche des Anglais. Notre 1ᵉʳ bataillon et le 2ᵉ bataillon du 6ᵉ de ligne prirent le pas de course et arrivèrent dans un désordre incroyable en présence de l'ennemi, qui, ayant déjà enlevé les positions des Anglais, les mettait en retraite. Comme le gris des capotes des Russes et des Anglais est à peu près de même nuance, il paraît que plusieurs de nos braves alliés reçurent les balles destinées à les secourir. Et, lorsqu'on s'aperçut de cette fatale méprise, en cessant de tirer on tomba au milieu des Russes qu'on prenait pour des Anglais. Ce fut alors un gâchis indescriptible, une mêlée effroyable, où

12

Français, Russes et Anglais se trouvaient confondus ; on ne savait au juste ni qui combattre, ni qui protéger. Cependant la situation ne tarda pas à se dessiner ; car les Russes savaient bien, eux, à qui ils avaient affaire : ils tiraient sur nos soldats et sur nos alliés presque à bout portant. Notre 1er bataillon et le 2e du 6e de ligne, quoique entièrement débandés, rejetèrent d'abord l'ennemi en arrière. Dans cette rude attaque, les officiers n'avaient pas autour d'eux les soldats qu'ils connaissent et sur lesquels ils savent qu'ils peuvent compter, et les soldats n'avaient d'autres guides que leur intelligence et leur bravoure.

Après avoir vigoureusement repoussé la tête de colonne des Russes, qui fuit en désordre, nos braves bataillons voient déboucher des troupes fraîches, bien alignées, cherchant à les tourner par leurs deux ailes pour les faire prisonniers. Nos intelligents fantassins mesurent aussitôt le danger qui les menace : ils abandonnent la poursuite de leur ennemi vaincu et se portent en arrière, afin de ne pas se laisser envelopper. Mais cette retraite n'est pas une fuite : lorsqu'ils ont assez reculé pour avoir leurs nouveaux assaillants devant eux, ils les culbutent avec un élan vraiment héroïque. Arrive une troisième et dernière attaque, qui est reçue, battue et refoulée comme les deux premières. Il était temps : chacun de nos soldats avait brûlé ses 70 cartouches ; il est vrai que plusieurs d'entre eux avaient eu l'idée de fouiller dans les gibernes des Russes et de continuer à combattre l'ennemi avec ses propres munitions. Mais le plus grand nombre charge à la baïonnette, précipite dans un ravin la colonne russe, et lorsque l'ennemi n'est plus à la portée de son arme blanche, il l'assomme, du haut de la position trois fois conquise, avec d'énormes pierres qu'il lance ou qu'il fait rouler sur lui. A partir de ce moment la victoire est à nous, mais on ne peut la compléter, à cause de la difficulté du terrain. La cavalerie essaie inutilement de charger. Les deux artilleries continuent leur feu jusqu'à quatre heures du soir, et la nuit arrivait lorsque nous vîmes les masses russes regagner leurs bivouacs.

Le tir de la mousqueterie avait duré depuis 6 heures du matin jusqu'à 1 heure après midi ; celui de l'artillerie, toute la journée. Notre 1er bataillon et le 2e du 6e de ligne ont supporté le choc des colonnes ennemies pendant trois ou quatre heures. A l'Alma nous avions admiré un régiment anglais qui était revenu de la bataille sans lieutenants. Eh bien ! notre 1er bataillon n'a eu d'épargné ni un lieutenant ni un sous-lieutenant. Sur 21 officiers, 14 ont été atteints, 36 soldats sont tués, 29 ont disparu (j'apprends que 15 sont rentrés depuis) et 150 ont été blessés. Voilà, bonne mère, quel a été le glorieux sort de notre 1er bataillon. J'étais parti en même temps que lui, je suivais la même direction que lui, lorsqu'on a arrêté notre 2e bataillon pour faire face à un ennemi qui ne nous offrait qu'un simulacre d'attaque. Vos prières, ma mère, obtiennent du Tout-Puissant qu'il me conserve une vie sans charmes, que je serais heureux de donner en combattant l'ennemi de notre France catholique. Cependant je demande avant tout que la volonté de Dieu soit faite.

Il n'a fallu que cette intrépidité de deux bataillons pour arrêter pendant plusieurs heures une dizaine de mille Russes à moitié ivres. Chez eux le courage ne se trouve pas, comme chez nous, dans le cœur, mais dans les gourdes pleines d'eau-de-vie.

Cependant, l'armée d'observation n'était pas seule menacée. La garnison de Sébastopol fit une vigoureuse sortie, repoussa nos deux bataillons de garde à la tranchée, et s'empara d'une batterie de 6 canons qu'elle encloua. Elle continuait sa marche victorieuse dans la droite de nos lignes de siège, lorsque le général Forey, à la tête de la 4e division, l'arrêta court, la repoussa dans la ville et lui tua beaucoup de monde.

Le combat d'Inkermann a été très sanglant, mais aussi très glorieux pour nos armes. On dit, — il faut cependant se défier des exagérations, — que les pertes de l'ennemi ont été dix fois plus considérables que les nôtres.

J'ai oublié un horrible détail. Les soldats russes blessés tirent encore, étant par terre, sur les nôtres ; et lorsques nos pauvres soldats tombent sous les balles, les Russes les achèvent à coups de baïonnette et à coups de crosse de fusil. Cela tient-il à leur état d'ivresse ? Quelques personnes prétendent que leurs officiers font croire à la troupe que nous traitons ainsi leurs blessés.

17 novembre.

Chers Frères,

Nous avons un nouveau chef de bataillon avec lequel j'ai tenu garnison à Tlemcen pendant trois ans. Il a dit au colonel : « Je retrouve là une de mes anciennes connaissances. — Je vous en fais mon compliment, a répondu le colonel ; je ferai quelque chose pour le capitaine Malafaye aussitôt qu'une occasion se présentera. » J'ai cru pouvoir ajouter : « Je désire, mon colonel, que cette occasion se présente le plus tôt possible. »

Le 14, nous avons eu une bourrasque comme je n'en avais jamais vu. Presque toutes les tentes ont été renversées. Le vent a emporté ma casquette ; j'ai cherché à la rattraper, mais inutilement. Poussé par la tempête, j'ai couru plus longtemps que je n'aurais voulu ; je craignais d'être renversé avec violence si j'avais trop résisté. Malgré la rapidité de ma course, des caisses de tambour roulaient à côté de moi et me dépassaient. J'aurais pu être très gravement blessé par des marmites, des bidons, des gamelles, que le vent emportait avec fureur. Il me fallut fort longtemps pour revenir à notre bivouac, et sans casquette. Par moments je ne pouvais avancer, l'ouragan me faisait glisser de plusieurs pas en arrière. La souffrance de cette journée fut si dure que de malheureux soldats, découragés, passaient à l'ennemi. Les Russes ont dû souffrir aussi beaucoup, car nous avons reçu un assez grand nombre de leurs déserteurs.

Mon lieutenant arrive des ruines d'Inkermann. On y trouve encore, dit-il, des blessés du 5. Comment ces malheureux ont-ils pu vivre après le terrible orage du 14 ? Les morts n'y reçoivent aucune sépulture ; on y voit des Russes encore à cheval sur leurs montures tuées avec leurs cavaliers. Et les sentinelles anglaises font leur faction au milieu de tous ces cadavres. Quelle horreur !

Le bruit court que les chefs de corps ont l'ordre de choisir des officiers et de la troupe pour l'assaut de Sébastopol. Je vous ai promis de ne rien demander qui puisse me délivrer de la vie : je tiendrai parole, mais j'envierai le sort du capitaine qui entrera le premier à Sébastopol.

Un soldat vient de me remettre ma casquette, qu'il a trouvée près d'Inkermann. Il paraît qu'elle aussi a voulu parcourir le champ de combat du 5.

21 novembre.

Le 18, je suis allé au travail sur le champ de combat d'Inkermann. Comme on me l'avait dit, il y a réellement des cadavres d'hommes et de chevaux pêle-mêle. Les Anglais et les Turcs en ont déjà enterré, dit-on, 6.300 ; il paraît qu'ils en sont las. C'est égal, c'est une infamie de refuser la sépulture même à un ennemi. Je vous ai déjà dit que le 17 on avait trouvé, encore vivants, des blessés qui étaient restés douze jours sans pansement, exposés à la pluie, au froid. Aussi y en avait-il dont les pieds étaient bleus comme s'ils eussent été gelés.

Pendant que mes soldats travaillaient, les Russes nous envoyaient des boulets et des obus, qui passaient sur nos têtes sans nous atteindre.

On ne parle plus de donner l'assaut à Sébastopol ; on croit que notre général en chef recule devant le sacrifice de 15 à 25 mille hommes que cela coûterait.

27 novembre.

Le 24, je commandais un détachèment de travailleurs de 360 hommes. L'ennemi ne tira sur nous que vers le soir. Uu boulet d'une extrême grosseur entra, après avoir ricoché, dans la redoute que construisaient nos hommes, et qui en ce moment était remplie de monde. Par un bonheur providentiel, ce projectile n'atteignit personne ; il traversa une tente qui était occupée quelques instants avant, et alla faire un énorme trou dans un mur qu'on venait de construire. Pendant que nous admirions la grosseur de ce boulet ainsi que les ravages qu'il avait faits, un autre, de beaucoup moins bien dirigé, passa sur la redoute, à une hauteur telle qu'il ne pouvait atteindre personne. Malgré cela je baissai la tête, ce que nous appelons *saluer le boulet*. Je m'étais promis de ne point saluer les projectiles des Russes ; mais le mouvement fut plus fort que ma volonté. A Alma j'avais été maître de moi en voyant, pour la première fois, les hommes tomber sous le feu de l'ennemi. Le 24, je n'ai pas pu prendre le même empire sur moi. Est ce à dire qu'en voyant la mort de plus près j'en suis venu à la redouter? Je ne le pense pas ; mais j'aimerais mieux donner ma vie au combat qu'au travail.

Je suis encore une fois magistrat. Je viens d'être nommé rapporteur près le 2ᵉ conseil de guerre de la 2ᵉ division. Cet emploi conviendrait, plutôt qu'à moi, à un officier dont l'instruction fût complète et qui eût l'élocution facile. Mes fonctions m'exemptent de tout autre service ; mais vous devez comprendre, ma bonne mère, que lorsque ma compagnie se trouve devant l'ennemi, je ne veux pas la laisser marcher sans moi. Du reste j'espère toujours que mon incapacité me tirera de là.

7 décembre.

C'était hier la Saint-Nicolas. C'est ce qui explique le mouvement de l'armée russe : elle voulait sans doute nous livrer un combat pour offrir à son empereur, comme cadeau de fête, un bulletin de victoire. Mais les chemins étaient trop bourbeux pour pouvoir faire marcher l'artillerie. Or, l'armée russe ne marche pas sans un luxe inouï de pièces de canon. L'infanterie russe est solide, il faut en convenir ; mais c'est à la condition qu'elle sera suivie de beaucoup d'artillerie et de beaucoup d'eau-de-vie. Cela ne vaut pas les Français qui se lancent sans regarder derrière eux.

23 décembre.

En parlant de l'affaire d'Inkermann je n'avais pas

exagéré les pertes cruelles de notre division, et surtout de la pauvre armée anglaise. Ces bons Anglais sont si braves qu'ils dédaignent de se retrancher. Nous avons dû faire des lignes de défense devant leurs camps. Nous dormons plus tranquilles depuis que nous savons nos alliés sous la protection de travaux défensifs. Je trouve les Anglais trop braves pour leur entrain : je veux dire trop courageux, car la bravoure ne marche qu'avec de l'élan, et ils en manquent complètement. Ils se feront tous tuer sans reculer ; mais quand il faut avancer, ils le font avec méthode et trop lente- ment. En somme, les soldats français, surtout ceux de l'artillerie, sont les meilleurs du monde. Le maréchal de Saint-Arnaud, dans son rapport sur l'Alma, disait en parlant des zouaves : « Ce sont les premiers soldats du monde. » Je ne suis pas de son avis, surtout depuis que j'ai vu à l'œuvre nos artilleurs. Ils ont un rôle admirable dans les batail- les. Le génie est beau au siège ; c'est à peu près la seule occasion pour lui de se distinguer. Quant à l'infanterie, on a raison de l'appeler la reine des batailles. Sa mission ne paraît avoir rien de brillant, mais elle se trouve réellement partout où il y a de la poudre à brûler ; ses souffrances sont dix fois plus fortes que celles des autres armes. Et puisque je n'ai pas assez d'instruction pour être officier dans une arme savante, je suis plus que jamais content d'être fantassin. La cavalerie n'a, comme le génie, que de rares occasions de donner en ligne.

Tous les officiers du régiment qui se sont battus à Inkermann ont mérité la croix. A moins que je ne me trouve bientôt moi-même dans une circonstance semblable, je serais d'avis qu'ils fussent tous décorés avant moi. Je vous dis cela pour que vous ne soyez pas trop impatients de me savoir un ruban à la boutonnière.

28 décembre.

Les alliés font ce qu'ils peuvent pour transporter au plus vite les pièces qu'on a débarquées à Balaklava et à Kamiesch, mais les chemins sont dans un état si affreux qu'on est forcé de mettre vingt-huit chevaux pour traîner un seul canon.

Un officier m'a dit hier qu'on m'aurait proposé pour la croix... Le temps est bien loin où l'espoir d'obtenir une faveur me rendait impatient. Aujourd'hui je ne désire rien ; et si mon colonel me consultait, je lui dirais : « Mon colonel, vous pouvez faire des heureux : acccordez à d'autres vos faveurs. Tout ce que vous ferez pour mon bonheur sera inutile. » Que je devienne adjudant-major, que je sois décoré, qu'est-ce que cela me fera ?

30 décembre.

Le 7e léger vient d'être comblé d'honneurs. Quoique son 1er bataillon se soit trouvé seul à la bataille d'Inkermann, le régiment a reçu plus de récompenses que je n'en aie jamais vu accorder à un corps de troupe : deux croix d'officier, huit de chevalier et 35 médailles militaires. Tous les nouveaux décorés sont plus jeunes que moi ; mais je ne leur porte pas envie : ils ont noblement gagné ces distinctions.

31.

J'ai eu le bonheur, ce matin, de me confesser et de communier à la messe. C'est un devoir que j'aurais voulu remplir le jour de la Noël.

4 janvier 1855.

Nous venons de recevoir, de Varna, notre muletier et notre vieille mule que j'ai embrassée sur les deux joues. Depuis plus de sept ans je fais campagne avec cette pauvre bête ; j'ai fini par m'y attacher. Elle m'a porté les bagages que j'avais laissés à Varna et dont j'avais un si grand besoin. Mon pantalon et ma tunique sont tout déchirés. Jugez si j'avais chaud avec des effets aussi usés. Ensuite j'avais honte d'être si sale, quoique beaucoup de mes camarades se trouvassent dans la même position que moi.

Un caporal de ma compagnie du 9ᵉ, neveu d'un officier supérieur qui me l'avait recommandé, est venu diner avec moi le premier jour de l'an. Ce brave garçon m'a sauté au cou comme si j'étais son père. Il m'a beaucoup parlé de ma bien-aimée Elisa, pour laquelle son oncle et lui avaient une vénération profonde. Il paraît que pendant les trois mois de notre séjour au fort Saint-Grégoire, ma tendre amie faisait passer aux soldats souffrants tout ce qu'elle pouvait imaginer pour les soulager. Aussi tous avaient un grand respect pour elle.

Je continue à me trouver fort mal sous une tente à trois. Mon sous-lieutenant est charmant. Le lieutenant est fort bon, j'en conviens, mais il est mal élevé, quoique il s'appelle M. le comte d'A... C'est un supplice de vivre avec lui ; il fait parfois tant de bruit que j'en ai peur. Au régiment, personne ne veut être son voisin ; son sans-gêne est ennuyeux. Et lui ne peut pas se figurer que ses sottises n'amusent pas tout le monde.

5 janvier.

S'il fait aussi froid à Vergt qu'ici, je suis convaincu que vous êtes au désespoir. Cependant, en mère chrétienne, vous devez désirer que je fasse mon purgatoire dans ce monde. Le paradis ne peut pas s'acquérir sans peine. Je ne souffrirai jamais assez pour racheter toutes mes offenses envers mon Dieu. J'envie le sort de ceux de mes camarades qui font partie du corps de siège ; il me semble que je ne fais ici que la moitié de mon devoir.

11 janvier.

Tous ces jours-ci nous portons des projectiles pour les Anglais. Nos pauvres alliés sont si peu habitués aux misères d'une longue campagne, qu'ils ne peuvent suffire aux exigences de la guerre. On dit que nous serons peut-être obligés d'aller prendre leur place au corps de siège. Le confort dont ils jouissent ordinairement les rend peu propres à supporter les grandes fatigues et les grandes privations. Ils ont un nombre prodigieux de malades, bien qu'ils soient tous logés dans de grandes tentes. Que deviendraient-ils, s'ils n'étaient pas mieux abrités que nos soldats ?

13 janvier.

Le temps est toujours affreux. Aussitôt que le froid cesse d'être intense, la neige commence à tomber. Mes pieds, constamment humides, me donnent de l'inquiétude : je ne voudrais pour rien au monde être obligé d'interrompre mon service, et je crains qu'un de ces matins il ne me soit impossible de mettre mes souliers, quoique démesurément grands. J'ai encore un espoir, c'est que des sabots me soulagent. Notre muletier m'en a rapporté ce soir de la plage de Kamiesch. Ils me coûtent 9 francs sans avoir rien de remarquablement beau.

A propos de la cherté des objets qu'on vend ici, vous ai-je dit que dimanche dernier, à Balaklava, on demandait 2 fr. 40 pour un kilogramme de pain blanc, 31 francs pour une paire de souliers, 100 francs pour une paire de bottes ?

C'est aujourd'hui le 1er jour de l'année selon le

calendrier grec, en retard de 12 jours sur le calendrier grégorien. Je me demande si c'est à cette occasion que les Russes ont fait une sortie la nuit dernière, ou bien si c'est notre armée de siège qui a voulu envoyer de rudes étrennes à l'ennemi ; mais le feu du canon et celui de la mousqueterie ont été si nourris que j'en étais effrayé. A une heure et demie du matin c'était un tintamarre affreux. On aurait dit que les deux armées entières en étaient venues aux mains. Il me tarde de savoir si tout ce vacarme a eu lieu à l'occasion du premier de l'an.

16 janvier.

Encore une journée d'un froid excessif. Ce matin mon encre était gelée.

Notre cuisinier est malade ; de sorte que nous sommes un peu pris par la famine. Nous avons déjeuné après midi avec du bouilli de la veille, gelé, couvert de neige et que j'ai eu mille peines à découper. Du reste nous n'avons pas pu le manger, tant il est désagréable de mettre dans la bouche quelque chose de glacé. Un morceau de lard salé, une boîte de conserve et du fromage : tel a été notre menu. Nous n'avions pas d'eau. Par un temps si horriblement froid, les ordonnances n'avaient pas eu le courage d'en aller chercher.

Les Anglais, ayant plus de malades que nous, ne peuvent plus faire tout leur service. Il nous faut monter la garde devant leurs camps. Nous sommes installés ici tant bien que mal ; nous nous sommes creusé des trous en terre afin d'avoir moins froid. J'ai à l'hôpital un homme sur sept. Avec un effectif de 139 hommes, j'en puis rarement fournir 50 de service. Et encore sommes-nous un des régiments les plus solides de l'armée.

21 janvier.

Les Russes font des sorties presque toutes les nuits. L'avant-dernière, ils ont attaqué nos gardes de tranchée avec des engins de guerre, tels que lacets, assommoirs, échelles pour franchir les tranchées. Ils se servent des lacets pour attraper nos hommes, comme on s'en sert pour prendre des chevaux sauvages.

Dans la nuit du 14 au 15, un officier russe marchait en avant des assaillants. Lorsqu'il fut près de nos gardes, il dit : « Ne tirez pas, mes amis. » Mais on ne s'y laissa pas prendre ; un chef cria aussitôt : « A la baïonnette ! » Et l'officier russe, vexé de voir sa ruse découverte : « C... de Français ! » s'écria-t-il.

25 janvier.

C'est quelque chose de très drôle que de voir un de mes collègues comparaître devant moi pour témoigner. Il faut que je lui apprenne la formule du serment, et la loi exige que je lui demande s'il est domestique, parent ou allié de l'accusé. Il y en a qui sont tout surpris de s'entendre adresser de semblables questions ; mais je serais forcé de les faire même à un général qui témoignerait.

28 janvier

Mon cher Marcel, je compte que ton application, tes progrès, répondront aux sacrifices qu'on est disposé à faire pour ton instruction. Je suis arrivé assez vite à une position que des soldats instruits n'acquièrent le plus souvent qu'avec bien des difficultés. Mais si l'imperfection de mes études, si mon instruction incomplète, ne m'ont pas empêché de devenir officier, je ne m'aperçois pas moins tous les jours que je ne suis pas à la hauteur de mes camarades. En remplissant mes fonctions de juge d'instruction, je rencontre souvent des citations

latines que je ne puis pas traduire, et qui m'éclaire-
raient peut-être, si je pouvais les comprendre. En
un mot, mon ami, instruction vaut mieux que fortune. Un malheur, une mauvaise spéculation, peuvent ruiner un homme riche ; ils ne peuvent le
rendre ignorant, s'il est instruit.

La première de toutes les sciences, c'est celle
d'aimer Dieu du fond de son cœur et de le servir
avec fidélité. Si tu remplis bien tes devoirs envers
le Seigneur, mon ami, tu les rempliras bien envers
tout le monde ; car notre divin Sauveur répand ses
bénédictions et ses grâces dans les cœurs qui battent pour lui. Donne donc le tien, mon cher Marcel,
à celui qui l'a créé, et tu parviendras sans peine à
satisfaire tes bons parents.

Les Russes tirent plus que jamais sur les **gardes**
de nos tranchées. Ils nous tuent tous les jours une
dizaine d'hommes et nous en blessent une **vingtaine** ;
ce qui fait environ trente hommes mis hors de combat toutes les vingt-quatre heures.

1ᵉʳ février.

Faut-il donc te répéter que ma bourse, mon sang,
ma vie, tout est à toi ?... Je te promets de t'envoyer
toutes mes économies ; tu en feras l'usage qui te
semblera le plus convenable.

4 février.

Aujourd'hui, dimanche, le service ne m'a pas
permis d'aller à la messe. Et j'ai eu le chagrin de
passer le 2 février, jour de la Purification de la
sainte Vierge, cinquième anniversaire de ma première communion, sans aucun sacrement. Je ne sais
s'il en sera ainsi le 8, troisième anniversaire de la
mort de ma bien-aimée et le vingt-cinquième de la
mort de mon oncle curé, pour lequel je prie souvent. Je lui dois ma position.

8 février.

M. l'aumônier de la division dira demain matin, pour le repos de l'âme de ma noble amie, une messe à laquelle j'aurai le bonheur de recevoir la sainte communion. J'ai profité d'un peu de temps, que m'ont laissé aujourd'hui mes occupations au conseil de guerre, pour aller me présenter au tribunal de la pénitence. J'avais grand besoin de cette consolation spirituelle.

11 février.

Je ne comprends rien à ce que vous me dites. Comment ! Une de mes lettres aurait été lue au grand séminaire, pour édifier les élèves ! Un prêtre entendant lire une autre de mes lettres aurait dit que cette lecture le touchait plus que l'éloquence du prédicateur du jubilé ! C'est à ne pas y croire. Je trouve que mes lettres sont très insignifiantes et qu'elles doivent paraître telles, surtout quand elles sortent de la famille. Je suis honteux d'être sur le théâtre des plus grands événements qui se soient produits depuis 1815, et de ne pouvoir presque rien vous apprendre. Ce n'est pas que je n'en entende point parler ; mais dans ce qu'on dit il y a tant de fausses nouvelles, que je n'ose rien croire. Je ne vous écris que ce dont je suis sûr ; c'est pourquoi je vous dis très peu de chose.

Le moral de l'ennemi est excellent. De terribles sorties viennent très souvent attaquer les gardes de nos tranchées, qui les attendent presque à bout portant, font un feu simultané de peleton sur elles, et les rejettent dans la place à la baïonnette. Assaillants et défenseurs sont magnifiques de courage et d'élan.

17 février.

Je suis à la redoute du champ de bataille depuis

avant-hier. Je suis allé voir les morts qui n'ont pas été enterrés. Lorsqu'il ne fait pas froid, ils exhalent une odeur cadavéreuse fort désagréable. C'est à peine s'ils conservent une forme humaine, en beaucoup de parties du corps les os sont à nu.

Parmi les cadavres qu'on a inhumés dans des fosses communes, quelques-uns ont la tête au-dessus du sol, d'autres un bras ou une jambe. Ce serait horrible à voir pour des personnes qui n'auraient pas le cœur racorni par la vue habituelle de ces tristes tableaux. Les cadavres des chevaux nous incommodent encore plus que ceux des soldats russes. Inutile de vous dire que le champ de bataille est semé de débris d'armes, de vêtements, d'équipement de l'armée vaincue.

Nous sommes ici sous le feu d'une batterie dont les projectiles dépassent notre redoute, mais n'y tombent jamais. Aussi nos soldats lui ont-ils donné un nom de mépris : « la batterie Gringalet. »

18 février.

Les Russes déploient un luxe de canons vraiment extraordinaire. Ils ont essayé hier au soir une nouvelle batterie qu'ils viennent d'armer. Je crains que notre artillerie, bien inférieure en nombre à celle de notre ennemi, ne soit pas en état de lutter avec avantage. Dans ce cas, le beau rôle à jouer incomberait naturellement à l'infanterie, qui se verrait forcée d'enlever à la baïonnette les batteries russes. Je crois cela moins difficile et moins dangereux qu'on le suppose, puisqu'il me paraît prouvé maintenant que l'artillerie fait plus de bruit et de peur que de mal. Elle n'est réellement bien à craindre que lorsqu'elle tire à mitraille. Or, ce tir ne pouvant avoir lieu avec succès qu'à une distance de 600 mètres, lorsque l'infanterie arriverait à cette distance, il faudrait qu'elle se précipitât, au pas de course, sur les batteries, pour être exposée le moins de temps possible à leur feu le plus meurtrier. Je sais bien que, derrière ces batteries, nous trouverions des bataillons russes; mais notre infanterie est si supérieure qu'elle est presque sûre d'avoir le dessus, quand même elle se trouverait bien inférieure en nombre.

18 février.

Nos soldats sont pleins de confiance, de cette confiance que donne la foi du chrétien. Si un projectile les atteint, souvent ils demandent un prêtre avant de songer au médecin, montrant ainsi qu'ils tiennent plus à la guérison de leur âme qu'à celle de leur corps. Ce bel exemple leur a d'ailleurs été donné par un jeune héros, le brave et pieux général de Lourmel, frappé mortellement, le 5 novembre dernier, au pied des remparts de Sébastopol. Le maréchal de Saint-Arnaud, dans les dernières années de sa vie, était devenu aussi un modèle de piété. Avec des chefs qui apprennent si bien au soldat comment il doit vivre et comment il doit mourir, espérons que notre jeune armée sera digne de celle de saint Louis et que la guerre d'Orient pourra s'appeler une sainte croisade. Je remercie Dieu de me permettre d'y jouer mon humble rôle.

21 février.

J'ai fait gras ce matin, quoique nous soyons au jour des Cendres ; car il me serait très difficile de faire maigre ici. Pour ma collation je me contenterai d'un biscuit avec un peu de beurre.

22 février.

Mon cher Louis,

Ma santé est redevenue très bonne, si bonne que je me dispose à jeûner pendant tout ce carême, comme si je n'étais pas en campagne. Heureux si je pouvais par cette pénitence obtenir le pardon de mes péchés ; plus heureux encore si Dieu daignait me faire la grâce de voir deux de mes chers frères observer ses commandements. La miséricorde de Dieu est si grande que je ne désespère de rien.

25 février.

Nos ouvrages contre Malakoff allaient bon train, lorsque les Russes qui, au dire du général Bosquet, sont passés maîtres en fait de ruses de guerre, ont travaillé de leur côté, de manière à paralyser nos efforts. Nos généraux ont résolu de s'emparer des ouvrages de l'ennemi pendant la nuit, de les détruire, de jeter les défenseurs à la mer, afin de pouvoir continuer ensuite nos propres ouvrages. Le général Bosquet a dirigé lui-même cette expédition, dans la nuit du 23 au 24. Malheureusement elle n'a abouti qu'à prouver une fois de plus la valeur et l'intrépidité de nos vieilles troupes d'Afrique. Le 2e zouaves et le 4e régiment d'infanterie de marine, aux ordres du général de brigade de Monet, ont été lancés, vers minuit, sur la position à enlever. Les zouaves, l'ont, dit-on, abordée résolûment ; une cinquantaine d'hommes, leur colonel Cler en tête, y sont entrés ; l'infanterie de marine n'est pas arrivée à temps. Peut-être, à cause de l'obscurité, n'a-t-elle pas pu combiner son mouvement avec celui des zouaves. Toujours est-il que les officiers de ce corps se sont fait bravement tuer sans pouvoir entièrement enlever leurs soldats. Je ne sais pas quelle a été leur perte. Les zouaves ont eu 5 officiers tués, 12 blessés, 207 zouaves tués ou blessés. J'ai oublié de dire que les zouaves et l'infanterie de marine faisaient tête de colonne ; le 1er bataillon du 6e de ligne appuyait le mouvement des zouaves ; un bataillon du 10ᵉ de ligne, celui de l'infanterie de marine. Les troupes de ces quatre corps avaient opéré leur mouvement en avant, lorsque le général Bosquet a fait sonner en retraite. On dit que deux compagnies du 3ᵉ zouaves devaient faire, pour diviser les forces russes, une fausse attaque qui n'a pas eu lieu. Pour comble de malheur, le capitaine de génie chargé de détruire les ouvrages de l'ennemi, a eu une jambe emportée. Les hommes qu'il commandait, n'étant plus dirigés, ne sont pas arrivés sur la position.

Ce que je viens de te dire là, mon ami, n'est qu'un des mille échos de cette malheureuse nuit, celui qui m'a paru le plus vraisemblable.

Je crois que je vivrai en bonne intelligence avec mon nouveau lieutenant. Cependant je le soupçonne d'être un peu envahisseur, et je serai forcé de faire comme avec M. le comte d'A... qui vient de me quitter ; il faudra le rappeler de temps en temps à ses devoirs. J'ai, du reste, commencé hier, jour de son arrivée. Voici à quelle occasion : On a distribué 29 kilogrammes de tabac de cantine à ma compagnie, au prix de 1 fr. 50 le kil., en faisant prévenir que les officiers pourraient en prendre. M. S..., le nouveau lieutenant, s'en est adjugé un kilogramme. J'ai trouvé que c'était trop, et le lui ai dit. Avec ma part, que je lui abandonne, il ne pouvait pas même prendre huit hectogrammes. Chacun son droit.

1ᵉʳ mars.

Tant qu'il plaira à Dieu de me conserver la santé, je consens à supporter toutes les misères imaginables, pourvu que cette guerre aboutisse à rendre plus glorieux encore le nom français.

1er mars.

Nos soldats disent gaiement : « Nous avons vaincu les généraux Novembre, Décembre, Janvier et Février ; avec l'aide de Dieu, nous vaincrons le général Mars.

Ma nomination à la première classe de mon grade est arrivée hier. Je me souviens qu'en demandant la main de ma pauvre Elisa, le 11 août 1847, j'écrivais à mon beau-père que je serais capitaine de 1re classe à l'âge de 75 ans. Je ne voulais pas le tromper, puisque me voilà arrivé à cette position, la plus haute que je puisse raisonnablement désirer, avant d'être à la fin de ma quarantième année. Je me propose toujours d'employer l'amélioration de ma solde, qui en sera la suite, à l'instruction de mes neveux.

Avant-hier, il y eut une suspension d'armes de quelques heures pour enterrer les morts dans notre dernière affaire. Les zouaves, dit-on, en profitèrent pour causer avec les officiers russes, que tout le monde dit charmants, très bien élevés et parlant parfaitement français. Ils paraissent avoir beaucoup d'estime pour nous.

2 mars.

Dans quelques instants je vais monter avec notre bataillon ma première garde de tranchée auprès de Malakoff.

C'est aujourd'hui le vendredi des quatre-temps. Un jour ordinaire de carême, je n'hésiterais pas à dîner avant d'aller à la tranchée. Mais il y a dans ce moment double obligation de jeûner. Je me décide donc à partir sans manger, n'emportant avec moi qu'un petit biscuit anglais. Je compte que Dieu me donnera la force de supporter les fatigues de cette nuit.

4 mars.

Au lieu de descendre la garde hier matin, comme nous nous y attendions, nous sommes restés dans la tranchée jusqu'à la nuit. Il était plus de sept heures et demie lorsque je suis rentré sous ma tente. J'étais moins fatigué que je ne l'aurais cru, après être resté vingt-huit heures sans poser mon sabre, dont le poids meurtrissait ma hanche gauche. J'ai donc eu le plaisir, grâce à ma santé de fer, de ne pas être obligé d'interrompre mon jeûne. Il s'en fallut cependant de bien peu que je succombasse à une forte tentation. Inutile de te dire, mon ami, qu'après avoir mangé un biscuit à trois heures, j'ai eu grand faim pendant toute la nuit. Mon lieutenant avait heureusement eu la bonne idée, à laquelle je n'aurais jamais songé, de prendre un morceau de pain et du bouilli, non pas pour déjeuner, puisque nous espérions prendre ce repas au camp, mais pour pouvoir attendre le déjeuner. Entre sept et huit heures du matin, nous avons dévoré ces maigres provisions. Mon commandant, qui n'avait pris aucune précaution pour passer la journée à la tranchée, puisqu'il pensait n'y être que pour la nuit, avait cependant fait prévenir le colonel que son service le retiendrait dans la tranchée jusqu'au soir. Ne s'attendant pas à recevoir son déjeuner, il avait eu soin de se faire inviter par un chef de bataillon de zouaves. Il le reçut cependant de la pension du colonel ; et comme il savait notre disette de vivres, il envoya son ordonnance me dire d'en profiter. Il était alors près de midi, et j'étais capable de faire honneur à un déjeuner copieux. Un beefsteak entouré de pommes de terre bien roussies dans la graisse me tentait particulièrement. Enfin, j'eus la force de résister et Dieu m'en récompensa ; car

13.

je sentais à peine la fatigue, lorsque, à huit heures du soir, je fis ma collation avec un simple biscuit. J'avais passé toute la nuit et toute la journée sans boire une goutte d'eau. Mon lieutenant, qui n'a que trente ans et qui est beaucoup plus robuste que moi, se ressent encore de cette première garde : il est au lit.

Il n'est pas rare qu'une partie de plaisir où l'on comptait s'amuser beaucoup donne quelque déception. Il n'en a pas été ainsi de ma première garde de tranchée : elle m'a plu autant que je l'avais désirée. Il ne m'y a manqué qu'une seule chose : de l'émotion. Lorsque mes camarades saluaient les projectiles, je faisais comme eux, de crainte de paraître bravache ; mais lorsque je me trouvais seul, j'avais plaisir à voir tomber les obus et les bombes, à m'assurer de l'effet qu'ils produisaient en éclatant. Le boulet m'intéressait beaucoup moins. La balle du tirailleur me paraissait plus dangereuse que les projectiles de l'artillerie. Le tir à mitraille est le seul dont je n'aie pas encore joui ; mais les Russes ont construit une superbe batterie en face de nos travaux ; j'espère donc avoir bientôt l'occasion de juger de son effet. D'après ce que j'ai déjà vu du tir de l'artillerie en général, je trouve que les nations sont folles de s'en servir. Une baïonnette verserait plus de sang en un jour qu'une pièce de canon en une année. Si une puissance savait payer 50,000 hommes assez cher pour en faire une bonne troupe, je veux dire si chaque soldat était assez rétribué pour regarder la carrière militaire comme un état lucratif, cette puissance réaliserait d'énormes économies et serait en état de battre le monde entier. Je dis plus : qu'on me donne une compagnie de cent hommes déterminés, et je traverserai tous les camps russes sans être arrêté, pourvu toutefois que l'ennemi ignore mon projet. Rien ne résisterait à une troupe brave, aguerrie et sachant manier la baïonnette ; c'est la plus terrible de toutes les armes. Les Russes le savent bien, et si, le 24 février, ils ont conservé la position que les zouaves ont tenté de leur enlever, c'est qu'ils ont fait usage de la baïonnette. Je calculais dernièrement que la vie de chaque soldat tué par l'artillerie coûte environ cinq mille francs à la Russie. Nos troupiers ont donc bien raison d'appeler Novembre, Décembre, Janvier, Février et Mars les meilleurs généraux de l'empereur Nicolas. Ces généraux, pour ne pas se servir de l'artillerie, ne tuent pas moins de monde. Mais je devrais garder pour moi ces réflexions, qu'on trouvera extravagantes.

Revenons, mon ami, à la tranchée. La lune a éclairé la belle et froide nuit que j'y ai passée. J'avais mis des embuscades entre notre tranchée et celle de l'ennemi. Les Russes n'ont commencé à tirer que vers minuit : mauvais tir, beaucoup trop haut, qu'ils ont rectifié au jour. Au jour aussi a commencé le feu de leurs francs-tireurs, qui m'a paru excellent, mais qui ne pouvait ni nous atteindre derrière notre parapet, ni atteindre nos travailleurs hors de portée du fusil d'infanterie. Au bout de 24 heures, les balles, les boulets, les obus et les bombes n'avaient tué personne. Seuls, quatre travailleurs avaient reçu des blessures.

Dans sa lettre du 12 mars, Malafaye donne à son frère aîné le détail de ce qu'il possède, des sommes qui lui sont dues et de celles qu'il doit. Puis il ajoute :

Voilà, mon cher ami, une bien longue et bien ennuyeuse énumération, pour te dire qu'en cas de mort ma famille paierait mes créanciers et ne devrait rien demander à mes débiteurs. Singulier héritage que je lui laisserais, n'est-ce pas? Mais tu verras que je ne serai pas tué et que j'irai à Vergt, aussitôt la guerre terminée.

Cette confiance berçait toujours d'espoir la famille Malafaye, lorsque, le 23 mars, un camarade du capitaine leur écrivait ces lignes :

Préparez-vous à toute éventualité. Votre bon et brave frère a disparu pendant l'affreuse lutte de la nuit dernière, et ce soir à cinq heures il n'était pas encore retrouvé. L'affaire s'est passée aux environs de la tour Malakoff. Vers 8 h. et demie du soir les Russes sont arrivés en masse sur nos tranchées. La compagnie du capitaine Malafaye a été appelée la première à marcher. Elle s'est jetée résolûment sur l'ennemi, avec lequel elle a lutté d'une manière admirable malgré son infériorité numérique. Son digne chef, le commandant Daguerre, blessé dès le commencement de l'action, a enlevé ses soldats en leur disant : « Je suis blessé, mais ce n'est rien ; en avant! » Et, reprenant son sabre de la main gauche, il a continué de marcher. Sa brave compagnie a été retrouvée là, parmi les morts et les blessés. Un caporal et quelques hommes seulement ont échappé.

Le même jour, la lettre suivante partait de l'hôpital de Sébastopol :

MA BONNE ET TENDRE MÈRE,

Je suis tombé, hier au soir, au pouvoir des Russes, après avoir reçu sept coups de baïonnette et deux contusions. Heureusement aucune de mes blessures n'est grave.

Priez Dieu, bonne mère, pour que ma captivité ne soit pas longue. Je vous embrasse avec effusion de cœur...

MALAFAYE.

Hôpital de Sébastopol, 28 mars.

Les forces me reviennent à mesure que disparaît la difficulté de respirer, occasionnée par ma blessure sous le bras gauche. Les quelques pas de ma promenade d'hier m'ont donné une salutaire lassitude qui m'a fait bien dormir... A l'hôpital, j'ai la satisfaction de donner quelques soins et un peu de courage à de pauvres blessés français. L'un d'eux est un officier de zouaves mortellement atteint. Je ne le quitterai pas qu'il n'ait rendu son âme à Dieu.

Mon temps se passe ici entre l'ennui de ma position et l'ardent désir de recouvrer ma liberté.

29.

Voilà toute une semaine passée à Sébastopol ! Quelle existence ! Je vous disais, il y a trois ans, que je marchais sans but dans le chemin de la vie. Je puis dire cela maintenant avec bien plus de raison. L'existence d'un prisonnier consiste à manger, boire, dormir. Et on appelle cela vivre !

Mon pauvre camarade du 3e zouaves frappe déjà aux portes de la mort, sans se douter qu'il va quitter ce monde, à l'âge de 26 ans. Aussitôt qu'il ne sera plus, je me hâterai de quitter l'hôpital, où je vois tant de mourants. Je le soigne de mon mieux, mais cela me fatigue un peu. Chaque fois que la fièvre l'agite trop fort, il m'appelle et ne me laisse guère dormir.

31.

L'officier de zouaves est mort avant-hier soir. Je lui ai fermé les yeux. A défaut de prêtre catholique, je l'ai exhorté à penser à Dieu, à le prier de lui pardonner ses péchés. Ce brave garçon s'est montré aussi ferme dans ses souffrances que solide devant l'ennemi. La France doit être fière d'avoir de tels enfants. J'ai accompagné cet intrépide soldat jusqu'à la chapelle des morts ; j'ai dit un *de profundis* avant de le quitter, et je l'ai laissé en compagnie de quelques cadavres russes, auprès desquels priaient quelques amis des défunts, quelques parents peut-être.

J'ai une dixième blessure à vous annoncer : j'ai reçu dans le bas ventre un coup de baïonnette, qui n'a pas sans doute pénétré bien profondément, car il ne m'a causé ni ne me cause aucune douleur. Cependant cette blessure n'est pas cicatrisée. J'en ai trois ou quatre qui sont parfaitement guéries... Mon œil droit, qui n'avait reçu qu'une contusion, continue à pleurer, quoique la contusion soit guérie. Ma joue gauche est encore un peu enflée.

Le général Zalivkine est si bon, qu'en apprenant que le capitaine de frégate, M. Kern, s'était montré excessivement généreux envers moi, il a immédiatement envoyé chercher cet officier supérieur de la marine russe, pour me procurer le plaisir de passer la journée avec lui. Ces messieurs m'ont montré la rade de Sébastopol et les batteries qui forment la gauche de leurs défenses. Ma position de prisonnier ne me permet pas de dire ce que j'en pense. Mais je puis exprimer ici ce que tous les Français savent déjà : la défense de Sébastopol fait le plus grand honneur aux Russes. De leur côté, les défenseurs de la ville ont une grande estime pour l'armée française, qui supporte presque tout le poids de cette terrible guerre. Je vous dis tout cela, mes chers frères, parce que vous comprendrez mieux les sympathies dont je suis entouré. Le général Zalivkine m'a assuré que je serai toujours bien traité en Russie, parce que l'Evangile ordonne la charité envers les prisonniers, et que tout bon Russe agit d'après les préceptes de l'Evangile. La religion porte partout les hommes au bien.

Ma journée d'hier s'est passée en si bonne compagnie, j'ai reçu tant d'offres obligeantes, tant de témoignages de bienveillante sympathie, que je ne me suis pas occupé de me faire donner un logement. Je suis allé reprendre ma place à l'hôpital, où j'ai couché. Un officier du capitaine Kern m'a conduit ce matin chez le prince Vassilchikoff, d'où j'ai été amené ici. J'occupe une chambre déjà habitée par un colonel et un capitaine anglais, faits prisonniers le même jour que moi. J'ai déjà pris le thé avec ces deux officiers, qui sont très bien élevés, mais qui auraient mieux aimé rester seuls que de recevoir un officier français. Je vivrai naturellement avec eux ; et comme ils tirent leurs vivres de la cuisine du général Osten-Saken, vous pouvez être assurés que je serai bien nourri. Du reste vous savez combien j'y tiens peu. Je ferais vœu, bien certainement, de me mettre au pain et à l'eau pendant le reste de ma vie, si on voulait me rendre ma liberté et mon sabre. Pauvre sabre ! sa perte est pour moi presque un second veuvage. Tous les militaires comprendront qu'il m'a été pénible de m'en séparer, après l'avoir gardé pendant quinze campagnes. Le général Zalivkine a ordonné de sérieuses mais inutiles recherches pour me le faire rendre. Quelqu'un l'aura pris comme souvenir de cette terrible campagne de Crimée. Du reste, les Russes aiment beaucoup ce qui vient des Français. Tout le monde aurait voulu changer ma monnaie. Ma montre, que notre bon Titou m'a donnée en 1847, et qui est dans un état à ne plus pouvoir servir, a été convoitée aussi. On a voulu m'en donner une superbe, en échange. J'ai pensé qu'il ne serait pas délicat d'accepter une semblable proposition.

Si la paix ne se fait pas bientôt, ou s'il n'y a pas d'échange de prisonniers, comment fera notre cher Malafaye pour tenir son fils en pension ?

Un des bons amis de Malafaye, le capitaine d'état-major F..., voulut, à ce moment, trancher cette question avec une délicatesse et une générosité touchantes. Il lui écrivit :

Vous avez bien voulu m'initier à certains détails personnels ; je crains que votre position ne vous permette plus de faire ce que vous faisiez avant. Je viens vous proposer de me substituer à vous jusqu'à ce que des jours meilleurs reviennent pour vous. Faites-moi dire combien je dois envoyer et la destination. Vous me rendrez bien heureux en me mettant à même de faire quelque chose pour le bon Dieu et pour vous.

3 avril.

Les officiers anglais ont reçu leurs bagages et leurs lettres ; moi, rien ! Ce n'est pourtant que par le cœur que j'espère recevoir quelques compensations à mes peines. Je consentirais volontiers à mener une vie misérable et pénible pourvu qu'elle fût entourée d'affections. Je vous engage donc, mes chers frères, à m'écrire toutes les semaines.

Voici quelques détails sur ma vie de prisonnier.

D'abord je me lève le plus tard que je puis, à huit heures environ, pour que la journée me paraisse moins longue. A peine levé, il faut prendre le thé; c'est le déjeuner des Russes, qui le prennent avec un peu de pain. Mais comme on sait que les Français et les Anglais déjeunent à la fourchette, on nous sert en sus un plat de viande. A trois heures, nous faisons un repas très confortable. Vers huit heures du soir, on sert de nouveau le thé avec d'excellent pain blanc. A dix heures on nous donnait un quatrième repas auquel nous avons renoncé, habitués que nous sommes à aller dormir à cette heure, au lieu de manger.

Je compte sur vous, chers frères, pour apprendre à notre respectable mère que je suis aussi bien que possible. N'oubliez pas de lui dire que je reçois de nombreuses politesses, surtout de la part des officiers qui parlent français. Ceux qui ne peuvent pas causer avec moi me témoignent leur sympathie par des serrements de main très expressifs. Avant-hier, un capitaine qui ne sait pas du tout notre langue, prit mon bras, l'appuya sur le sien en marchant, et lorsque nous nous séparâmes il voulut absolument m'embrasser.

Rade de Sébastopol, à bord du vaisseau « Le Brave »,
16 avril.

MA BONNE ET TENDRE MÈRE,

Nous partons aujourd'hui même pour l'intérieur de la Russie... Je n'ai que 83 kopecks, environ 4 fr. 10. Mais je vais voyager avec les deux officiers anglais qui subissent le même sort que moi depuis le 22 mars, et ces messieurs m'ont fait des offres charmantes..... Adieu, ma chère mère. Ayez autant de courage que moi; mettez toute votre confiance en Dieu, qui sait pourquoi il nous afflige.

Simphéropol, 3 mai.

Je suis ici depuis le 17 avril. Nous arrivâmes à huit heures du soir. Le commandant de la prison, excellent homme, vieux militaire, nous offrit le thé et nous logea tous cinq dans une chambre beaucoup trop petite, mais c'était la seule dont il pût disposer. Le colonel commandant la ville vint nous voir le lendemain, nous fit conduire chez lui dans son équipage, nous retint à dîner et nous fit loger en ville d'une manière convenable. Le comte Adlerberg, gouverneur de la province, nous a fait une visite et nous a invités à dîner chez lui.

Je dine aujourd'hui pour la 3ᵉ fois chez Mlle Roudzévitsch. Elle est la fille du général qui prit Montmartre en 1814. Un de ses frères est général aussi. Elle emploie ses revenus à soulager les malheureux de n'importe quel pays, de n'importe quelle religion. Elle aime surtout à visiter les malades et les prisonniers. Si la guerre diminue sa fortune, elle accroît sa charité. Je la recommande, bonne mère, à vos ferventes prières. C'est tout ce que je puis faire pour m'acquitter des bienfaits dont elle me comble. Dieu seul peut payer une si grande dette.

Nous touchons 3 francs par jour. Cela ne nous suffit pas. J'ai déjà dépensé environ 25 francs sur les 300 que j'ai reçus du prince Gortschakoff. Le commandant de la ville nous a fait faire des habits neufs. Je suis vêtu, de la tête aux pieds, en officier russe.

Si nous vivions dans un restaurant, les 3 fr. que nous recevons ne suffiraient pas pour payer notre nourriture ; mais Mlle Roudzévitsch a mis sa cuisinière à notre disposition pour préparer nos aliments et elle nous fait servir à table par ses domestiques.

Nous sommes obligés de nous conformer aux habitudes du pays pour les heures des repas. Nous prenons le thé à 8 heures, nous dînons à 2 heures, nous reprenons le thé à 6 heures et nous soupons à 9 heures. Ici, on passe à table un temps considérable, surtout à prendre le thé, qu'on veut très chaud et très bon. Les Russes ne sont gourmands que pour le thé. Leurs repas, même ceux des plus grands personnages, sont fort simples et sans dessert. Il est vrai qu'on mange du fromage avant la soupe.

Le colonel Kelly et le capitaine Montagu sont partis, en poste, le 30, pour Riosan. Nous, officiers subalternes, nous aurons des voitures traînées par des bœufs et nous n'irons pas plus vite que les soldats prisonniers. Notre destination est Kalouga pour les officiers et Tamboff pour les soldats. On dit que nous ne serons pas moins de 80 jours en route.

J'ai eu le bonheur de trouver ici un prêtre catholique parlant un peu le français. J'en ai profité pour accomplir mon devoir pascal. La plus grande grâce que Dieu puisse me faire à Kalouga, c'est de me permettre de pratiquer ma religion.

Nous nous promenons tous les jours en ville, accompagnés d'un officier militaire en civil. Dans le commencement, il se formait des rassemblements de curieux autour de nous. Plusieurs dames nous ont offert des fleurs, des bonbons et des objets dont elles supposaient que nous pouvions avoir besoin, soit pendant notre séjour à Simphéropol, soit pendant notre voyage. Elles ne cachent point la sympathie que nous leur inspirons, et elles ne craignent pas de se compromettre en se promenant avec nous et en visitant nos malades dans les hôpitaux. Le nom français est aimé et respecté ici bien plus que le nom anglais. Les Russes parlent notre langue presque sans accent.   5.

J'ai lu hier avec plaisir, dans Alfred de Musset, qu'on n'est jamais bien malheureux lorsqu'on est aimé, et que l'on n'est jamais bien méchant si on aime sa mère. Je n'ai donc le droit ni d'être malheureux, ni d'être méchant, car j'ai une mère qui m'aime autant que je l'aime. Sans vous, en effet, ma bonne et tendre mère, mes malheurs me paraîtraient bien plus insupportables, et sans le respect que j'ai pour vous au fond de mon cœur, j'aurais fait bien des sottises où des folies, que j'ai évitées dans la crainte de vous affliger. Mon Elisa attribuait ma conversion à vos ferventes prières. S'il en est ainsi, vous êtes deux fois ma mère.

Odessa, 20 juillet.

J'ai mis trente-trois jours, bonne et tendre mère, pour aller de Simphéropol à Ekaterinoslav, c'est-à-dire pour franchir un espace de 461 verstes (496 kilomètres). Après avoir passé sept jours à Ekatérinoslav, au lieu de continuer ma route sur Kalouga, je fus dirigé sur Odessa le 14 juin. Je séjournai à Kerson les 17 et 18 et j'arrivai ici le 20. On nous faisait espérer que nous serions échangés dans une quinzaine de jours, et voilà déjà un mois que j'attends la réalisation de ce bonheur.

Dans toutes les villes importantes, j'ai trouvé des Français qui m'ont fait le meilleur accueil et qui se louent tous de la manière dont les traite le Gouvernement russe. A voir la considération dont ils sont entourés, on ne dirait pas que nous sommes en guerre avec la Russie.

Devant Sébastopol, 13 août.

Enfin, me voilà libre ! Quel bonheur, chère mère,

de pouvoir vous écrire ces quatre mots! Nous avons quitté Odessa le 9, au nombre de vingt officiers français, et nous nous sommes rendus à bord de la frégate à vapeur *le Panama*, qui nous a conduits à Kamiesch. J'ai déjeuné le 12 chez M. Quentin, lieutenant adjoint au trésorier du 1er régiment de voltigeurs de la garde. Ce brave garçon m'a appris tout ce qu'il a fait pour moi pendant ma captivité : c'est lui qui vous a fait connaître mon triste sort. Mais ne pensons plus à tout cela, livrons-nous à la joie d'être libre et de partager à l'avenir le sort de nos compagnons d'armes. Hélas ! ma bonne mère, j'ai trouvé leurs rangs bien éclaircis ! Le digne et intrépide colonel Malher a succombé à ses blessures. C'est presque un père que je perds en lui. Au 7e léger, presque tous mes camarades ont été tués ou blessés. Le commandant Daguerre, qui m'avait fourni l'occasion de me distinguer, si je n'étais pas tombé si vite au pouvoir de l'ennemi, a été envoyé en France pour avoir critiqué, paraît-il, la manière dont le général d'Autemarre avait combattu la formidable sortie des Russes. On m'a dit ici que mon brave commandant avait beaucoup loué la vigueur avec laquelle j'étais tombé sur les Russes. J'ai appris depuis mon retour que, sur 74 hommes que j'avais avec moi pendant cette fatale nuit, 18 avaient été tués et 38 mis hors de combat. En tout, 18 non atteints par le feu de l'ennemi. Je m'explique maintenant pourquoi je n'ai pas eu de secours, lorsque j'ai crié : « A moi, la 3e ! » J'étais surpris surtout que mon fourrier, dont j'avais remarqué l'intrépidité, ne fût pas venu à mon secours. Le pauvre garçon avait été tué, ainsi que mon unique sergent. Le sergent-major était si gravement blessé qu'il est encore à l'hôpital. On a dû recomposer ma pauvre compagnie avec des hommes pris dans toutes les autres. Hier, j'ai eu le plaisir de revoir ceux qui sont restés sains et saufs. Mais je ne les commanderai plus. Le colonel me place à la 1ère compagnie du 2e bataillon, en me prévenant que son intention n'est pas de m'y laisser ; il veut me mettre à la tête d'une compagnie d'élite.

Au bivouac, sur la Tchernaïa, 18 août.

Vous connaissez déjà par le télégraphe la bataille du 16. Je m'empresse de vous dire que je suis sain et sauf, ainsi que tous les officiers de mon régiment. La journée n'a été rude que pour les Russes. Ma nouvelle compagnie n'a eu ni tués ni blessés ; mon ancienne a passablement souffert. On évalue à 70,000 hommes les forces qui nous ont attaqués. Le moral des troupes est meilleur qu'au moment où je fus fait prisonnier. On avait de la peine à maintenir les soldats en ligne : tous voulaient charger l'ennemi à la baïonnette. Notre 1er bataillon a eu ce bonheur ; il s'en est acquitté comme à Inkermann, mais en n'éprouvant, Dieu merci, que des pertes peu considérables. Le lieutenant-colonel, dédaignant de décharger son pistolet sur des troupes en retraite, s'est servi de la crosse pour frapper à la tête les Russes qui se trouvaient à sa portée. Enfin, nous avons eu une affaire magnifique ; je remercie Dieu de m'avoir permis d'y assister.

Aujourd'hui j'ai la satisfaction de savoir que ma compagnie ne m'a point abandonné au moment où j'ai été fait prisonnier. Un nommé Huguet a eu son fusil enlevé par un boulet au moment où il accourait pour me délivrer. Dumas, chargé avec Huguet d'empêcher que je ne tombasse vivant entre les mains de l'ennemi, fut également blessé.

Le fourrier fut tué à quelques pas derrière moi. Mon sergent-major reçut une blessure qui brise à jamais sa carrière. Le capitaine de voltigeurs Messelot reçut cinq blessures mortelles en volant à mon secours avec sa compagnie. L'escouade qui se trouvait à côté de moi au moment où je me précipitai sur l'ennemi fut, le caporal en tête, mise presque entièrement hors de combat. Le caporal est estropié pour toute sa vie. Je vous raconte tout cela, ma bonne mère, pour vous associer à la reconnaissance dont je suis pénétré pour ces intrépides enfants. Ceux qui vivent encore sont venus m'exprimer la peine qu'ils ont ressentie pendant ma captivité et le regret qu'ils éprouvent de notre séparation.

Au Camp de Traktir, 25 août.

Hier, le général Vergé, commandant notre brigade, m'a complimenté du rapport que j'ai rédigé en Russie pendant ma captivité. C'est le même général qui, au moment de monter à l'assaut du Mamelon-Vert, reçut une lettre de sa dame l'exhortant à se mettre sous la protection de la sainte Vierge, afin qu'elle daignât le conserver à l'affection de sa famille. Le général fit vœu immédiatement de reconnaître publiquement le dogme de l'Immaculée Conception, s'il revenait sain et sauf du sanglant combat qu'il allait livrer. Il se précipita ensuite sur les Russes et les rejeta dans leurs ouvrages formant l'enceinte de la ville de Sébastopol. Cette attaque fut si impétueuse que nos régiments engagés n'eurent presque pas de pertes en enlevant le Mamelon-Vert ; mais pour s'y maintenir, pour retourner contre l'ennemi les ouvrages conquis, ils durent essuyer, pendant 36 heures, le feu de toutes les batteries voisines. Ils souffrirent beaucoup, mais leur pieux commandant, le général Vergé, ne reçut pas même une égratignure. Aussi, pour accomplir son vœu, a-t-il publié dans l'*Univers* religieux le sonnet suivant :

Sainte Mère de Dieu, que je n'ai vainement
Jamais dans le péril à mon aide appelée,
Ma confiance en toi ne peut être égalée
Que par ma gratitude et mon amour ardent.

J'ai hâte d'accomplir le vœu qu'en t'implorant
J'ai fait, lorsque j'allais courir dans la mêlée :
De ta Conception divine, immaculée
Je confesse le dogme avec un cœur fervent.

Oui, c'est bien toi qui m'as guidé dans la bataille,
Qui des globes de feu, du plomb, de la mitraille
A préservé mon front d'où l'effroi fut banni ;

Et je te dois de plus une illustre victoire.
Mais à toi seule aussi j'en rapporte la gloire :
Sainte Mère de Dieu, que ton nom soit béni !

28 août.

Le général Vergé m'envoya chercher samedi soir pour m'annoncer que ma croix venait d'arriver. Il me la plaça sur la poitrine, dimanche, en présence de tout le régiment sous les armes, et il m'invita à déjeuner pour hier matin.

31 août.

Notre oncle Eymery n'a pas oublié sans doute l'enfant de troupe Dupleit, de Thionville, aujourd'hui sous-lieutenant et décoré. Cet intrépide jeune homme voyant dernièrement que sa troupe hésitait à travailler au siège sous un feu très meurtrier, prit la pioche et se mit à travailler de ses propres mains, en disant aux soldats que sa vie était aussi précieuse que la leur, et qu'il était prêt à en faire le sacrifice à son devoir et à son pays. Les soldats l'imitèrent et le travail se fit. M. Dupleit, qui ne s'était même pas douté de l'acte d'héroïsme qu'il venait d'accomplir, fut tout surpris de recevoir la croix quelques jours après. Malheureusement il en coûte pour être brave : dans une autre occasion, M. Dupleit a eu la jambe cassée. Grâce à Dieu, l'amputation n'a pas été jugée nécessaire, et le valeureux officier est en voie de guérison à Constantinople.

Comme mes lettres, pendant ma captivité, faisaient connaître les égards qu'avaient les Russes pour mon malheur, l'état-major français y effaçait la moitié de mes lignes, afin, paraît-il, que l'armée française ignorât comment l'ennemi traitait nos prisonniers. On craignait sans doute que les officiers ne désertassent. Il est fâcheux que nos chefs n'aient pas une meilleure opinion des braves officiers de la meilleure armée du monde ! Les Russes savent, eux, ce que nous valons ; leurs généraux me l'ont bien dit.

Le capitaine Malafaye a cent fois raconté à sa famille que le général Zalinski lui témoigna, pendant sa captivité à Sébastopol, la plus affectueuse sympathie. « Nous avons, lui disait-il un jour, la plus grande admiration pour vous, officiers français : on vous trouve toujours à la tête de vos troupes.—Mais, mon général, répondit le capitaine, comment se conduisent donc les vôtres ? — Ah ! nous mettons nos soldats en avant, et nous leur crions : Hourrah ! à la baïonnette ! — Eh bien ! mon général, si nous agissions ainsi, nos soldats n'avanceraient pas. »

Il est bien vrai, chers frères, que les Russes, en m'enlevant la liberté lorsque je ne voulais leur donner que ma vie, m'ont fait éprouver une vive contrariété. J'étais toujours décidé à me faire tuer plutôt que d'être prisonnier de guerre. Aussi ai-je combattu jusqu'à ce que je fusse terrassé. Lorsque les Russes m'ont relevé, je tenais encore mon sabre à la main ; et tant que j'ai été sous leurs baïonnettes, je n'ai pensé qu'à la mort sans la craindre. Mon sacrifice était fait, et je ne regrettais point une existence qui n'a aucun attrait pour moi. L'affection de ma tendre mère, et la vôtre, mes frères bienaimés, me touchent profondément, sans pouvoir me rendre même une parcelle du bonheur que je n'attendais que d'un seul être. Votre dévouement m'impose des devoirs pénibles à remplir. Ma mère, dont je ne voudrais point désoler les vieux jours, ma mère est cause que je ne demanderai pas à rester en Orient, lorsque le régiment rentrera en France.

Mais je ne désespère pas d'obtenir de sa bonté l'autorisation de revenir en Afrique, où m'appellent de si doux et si tristes souvenirs. Aussi, chers frères, voyez si je dois souffrir de vous tant aimer et de constater en même temps mon ingratitude envers vous. Il n'y a pas de mère plus respectueusement chérie que la mienne ; il n'y a pas de frères plus tendrement affectionnés que vous, et cependant ce n'est point vers vous que vole mon cœur, c'est vers une cendre qui ne peut répondre aux élans de mon impérissable amour. Ici il n'y a point de tombe pour me rappeler celle que j'aime toujours, mais il y a des projectiles qui peuvent délivrer mon âme de son esclavage, couper les liens qui la retiennent ici-bas et la laisser s'envoler vers cette éternité où m'attendent mon Elisa et mon Félix. Ainsi donc, j'ai honte de vous l'avouer, et je vous prie de me le pardonner, mes bons frères, je désire le danger d'abord, l'Afrique ensuite, et vous qui m'êtes si dévoués, et ma mère qui serait si digne de remplir à elle seule le cœur de son fils, vous ne venez qu'en troisième ligne dans les vœux que j'adresse au Ciel.

Je dois cependant vous dire, chers frères, que si je ne redoute pas la mort, je ne la recherche pourtant pas. Je me défie au contraire du sentiment qui me porterait à braver inutilement le danger. Je suis peut-être le seul officier qui n'aie jamais visité les tranchées sans être de service. Je voudrais être utile à quelque chose pendant ma vie. Ainsi, lorsque je me suis trouvé hors de combat, entre les mains des Russes qui continuaient à me maltraiter, je leur ai dit que j'étais capitaine français, afin qu'on ne m'achevât pas dans un moment où le sacrifice de mon existence ne pouvait plus être d'aucune utilité. Si j'avais été tué, les deux hommes qui m'ont conduit à Sébastopol auraient continué à combattre et fait encore du mal à la garde de nos tranchées. Ainsi, chers frères, soyez sûrs que je ne rechercherai pas un danger inutile : je voudrais mourir, mais mourir en combattant.

Pourquoi avoir permis au maire de Vergt de faire la lecture de mes lettres en place publique ? A quoi pensiez-vous, mes amis, en publiant ces mêmes lettres dans la presse de la Dordogne ? J'en ai été vraiment contrarié, d'abord parce qu'elles pouvaient compromettre plusieurs personnes que je nommais, et ensuite parce qu'il n'était pas difficile de comprendre qu'elles étaient tout intimes et ne devaient pas sortir du petit cercle de notre famille et de nos amis. D'un autre côté, quel intérêt pouvaient avoir pour le public qui lit les journaux de Paris et de l'étranger, des lettres où je parlais des heures de mes repas, de jambon, de thé ! Les journaux russes n'ont pas manqué de les reproduire.

Les officiers prisonniers s'en sont mal trouvés, et mes connaissances de l'armée se sont demandé si je n'étais pas un sot qui voulût faire parler de lui. Mon colonel en a été furieux contre moi. Que mes lettres soient lues aux personnes qui s'intéressent réellement à moi, je ne demande pas mieux; mais je désire qu'elles restent toujours entre vos mains. J'ai l'habitude de vous dire tout ce que je pense, et vous comprendrez que si je me trompe (car je ne puis pas toujours vérifier par moi-même tout ce que je vous dis), je ne voudrais pas faire partager mes erreurs à d'autres.

3 septembre.

Les officiers russes prisonniers, en voyant nos lignes de la Tchernaïa, demandèrent où étaient nos réserves ; et comme on leur dit qu'ils avaient devant eux tout ce que nous leur avions opposé, ils s'écrièrent étonnés : « Comment ! c'est cette poignée de monde qui nous a repoussés ? »

3 septembre.

Je vous envoie, mes chers frères, une valeur de 500 francs et une autre de 300. Vous garderez largement ce dont vous aurez besoin et vous voudrez bien m'en faire connaître le montant, afin que je puisse rendre tout ou partie des 600 francs que j'ai reçus à Odessa et que je destine à secourir les prisonniers de guerre.

7 septembre.

Je suis enfin depuis hier dans une compagnie d'élite. C'est aux grenadiers du 3e bataillon qu'on m'a placé ; j'aurais mieux aimé les voltigeurs à cause de ma petite taille.

10 septembre.

L'assaut a été donné, le 8, jour de la Nativité de la sainte Vierge, à la tour de Malakoff, au grand et au petit redans. Malakoff et le petit redan ont été attaqués par les Français, qui les ont enlevés au pas de charge, sans, pour ainsi dire, s'y arrêter. La brigade de Saint-Pol, qui avait enlevé le petit redan, au lieu de s'y rallier, dépassa en désordre cet ouvrage, pendant que notre artillerie enclouait les pièces et que notre génie retournait les fortifications contre l'ennemi. Il suffit de 400 Russes pour ramener cette brigade, lui reprendre sa conquête et la conserver toute la journée. Cela prouverait une fois de plus, si l'histoire ne nous l'avait appris depuis longtemps, que les Français, si impétueux dans l'attaque, ne valent rien pour opérer une retraite. Le brave général de Saint-Pol, l'officier le plus distingué que j'aie vu, et le charmant colonel Javel, du 10ᵉ léger, voulant conserver à tout prix le petit redan et ne pouvant y maintenir leur troupe, préférèrent s'y faire tuer que de l'abandonner.

Les Anglais, qui sont si solides dans une position, qui opèrent de si belles retraites, ne purent jamais mordre au grand redan.

Ainsi, nos succès se bornèrent à la possession de Malakoff. Mais cette position est si formidable, que les Russes, après d'héroïques efforts pour la reprendre, regardèrent leur cause comme désespérée. L'attaque avait commencé à midi ; la retraite commença à 4 heures. Elle fut signalée par l'incendie de la ville. La marine coula ses vaisseaux, à l'exception de trois petits bateaux à vapeur qui ont servi à l'ennemi à faire retraite, et qui sont encore à flot malgré la canonnade dirigée contre eux. Le pont flottant, établi sur la rade, se rompit pendant que les troupes russes le traversaient : la mer engloutit les malheureux soldats qui se trouvaient le plus près de la rupture. Tout, dans cette heureuse journée du 8, semble marqué au coin de la protection de la sainte Vierge. Nous sommes maîtres de Sébastopol, ce terrible boulevard de la Russie. Hier matin l'ennemi a fait sauter le petit redan. Après cette explosion seulement messieurs les Anglais ont daigné se porter en avant.

Hier la ville était en feu et de terribles détonations faisaient trembler la terre. Aujourd'hui je n'en ai entendu qu'une seule. Nos soldats entrent en foule dans ce fameux Sébastopol, qui nous a coûté tant de sang et tant de trésors ; chacun veut le fouler aux pieds. Quant à moi, qui ai déjà eu le désavantage de le voir, je ne suis pas pressé d'y retourner.

On dit que le général de Mac-Mahon, qui commande la 1re division, se trouvait partout dans la journée du 8. A l'éloge qu'on m'a fait de ce valeureux chef j'ai reconnu l'ancien colonel du 9e de ligne en Afrique. Pour la bravoure, c'est le Ney du nouvel Empire.

Sébastopol est pris, et je suis encore de ce monde ! Qu'on dise que les prières, surtout celles de ma mère, ne sont pas puissantes auprès de Dieu ! Mes amis d'Oran ne se trompaient point : « Il ne vous arrivera rien de fàcheux, me disaient-ils à mon départ ; trop de personnes prieront ici pour vous. » J'ai eu, il est vrai, quatre mois et demi de captivité, mais Dieu n'a-t-il pas voulu ainsi me soustraire à bien des dangers ? Que sa volonté soit bénie.

Je viens d'apprendre que le général de Saint-Pol, ne pouvant parvenir à rallier sa brigade, brisa son épée et mourut en traitant de canailles les soldats qui fuyaient.

14 septembre.

Je vous prie, chers frères, au nom du dévoue-

ment que j'ai pour vous, de disposer notre mère à
me permettre de rester en Crimée. Craignez-vous
que je perde la vie ? Je comprends que, selon la
nature, vous me regretteriez ; mais selon la foi,
n'est il pas bon que je sacrifie à une si belle cause
une aussi peu précieuse existence ?

18 septembre.

C'est à la 1re division du 2e corps, commandée par
l'intrépide général de Mac Mahon, à la 1ère brigade
de notre division et à la garde impériale, qu'on doit
la prise de Malakoff, c'est-à-dire la chute de Sébastopol. L'assaut a été repoussé ailleurs sur toute la
ligne. Il est réellement providentiel que nous ayons
réussi. La sainte Vierge a dû combattre pour nous.
C'est encore et toujours le drapeau français qui s'est
illustré. Anglais et Piémontais ne sont arrivés sur
les bastions ennemis que lorsque les Russes, au
désespoir, les ont abandonnés dans la matinée du 8.
Réellement Dieu protège la France.

20 septembre.

J'arrive de Sébastopol. Vous devez comprendre
avec quel plaisir je me sentais libre dans une
ville où je fus captif durant vingt-six jours. Au
mois d'avril, le général Zalivkine m'avait fait visiter
les bastions 1, 2 et 3, ainsi que la tour Malakoff. Je
suis allé aujourd'hui au bastion du mât. Tous ces
ouvrages dénotent un profond génie militaire. Ce
sont des travaux de Romains. On ne comprend pas
comment les Russes ont pu remuer tant de terre
en une année.

Je voulais revoir le logement que j'avais occupé,
dans le fort Nicolas. Je l'ai trouvé brûlé. Je
croyais m'être fait une idée assez juste de ce que
devait souffrir une ville assiégée, mais il ne serait

pas exact de dire que Sébastopol a souffert. Pour être vrai, il faut dire que cette ville n'existe plus. L'histoire des sièges ne rapporte rien d'aussi terrible que ce qui s'est passé ici. Jamais l'assiégé n'avait disposé d'autant de troupes et jamais il n'avait mis en batterie une artillerie aussi formidable. Cette campagne peùt être comparée aux plus meurtrières du commencement de ce siècle.

24 septembre.

Une chose surprenante : M. le curé de Saint-Laurent, vingt-quatre heures avant de mourir, annonçait ma mise en liberté le jour même où elle s'accomplissait. Il ne faudrait pas dire cela aux impies qui ne croient à rien de surnaturel ; mais pour quelqu'un qui a la foi, n'y a-t-il pas matière à de profondes réflexions ? Pourquoi Dieu ne donnerait-il pas une seconde vue à ceux qui sont tout à lui ?

Pourquoi vous opposer à la permutation que je désire ? Aux premiers temps du christianisme, les parents n'exhortaient-ils pas leurs fils à sceller de leur sang la foi de Jésus-Christ ? Ici, il ne s'agit pas de gagner la gloire du martyre, mais tout simplement de coopérer, pour ma faible part, au triomphe des armes d'un peuple chrétien sur l'éternel ennemi de notre sainte religion. La crainte de ma mort est votre pensée continuelle. Mais qu'est-ce que me perdre pour un temps très court, si vous contribuez à notre réunion éternelle dans le ciel ? Soyez persuadés qu'aucun motif humain ne me retient ici. Je souhaite de tout mon cœur ne pas monter plus haut. Je suis médiocre capitaine, je serais mauvais officier supérieur...

J'ai fait la connaissance d'un sergent vrai modèle de piété. Je reçois d'ailleurs une foule de visites qui m'édifient, et cependant je néglige bien le bon Dieu, qui me fait tant de grâces. Je ne me suis pas approché du sacrement de la pénitence depuis ma communion de pâques à Simphéropol. Il est vrai que nous n'avons pas d'aumônier dans notre division

Grâce à la malencontreuse célébrité que vous m'avez donnée, les journaux de la capitale et des départements font savoir à toute la France ma mise en liberté.

26 septembre.

On parle d'une marche prochaine sur les lignes de l'ennemi. Pour être prêt à partir, je viens de mettre ordre aux affaires de ma conscience. Bardy m'a suivi, ainsi que le sergent Krieg, qui m'édifie beaucoup. Nous passons quelques soirées à parler de Dieu et de ses bontés pour nous. Ce matin j'ai eu le bonheur de communier; j'ai servi la messe dans une chapelle en broussailles.

On continue à me prédire un prochain avancement. Je commence à avoir réellement peur. Mon amour-propre et tout ce qu'il y a de mauvais en moi désirent sans doute un grade si recherché; mais je crains que mon salut n'en souffre et que mon incapacité ne soit nuisible aux intérêts qui me seront confiés. Et puis, chaque fois que j'entends parler de ma candidature à la grosse épaulette, je pense à cette tombe solitaire que je voudrais tant rejoindre. Si j'ai le malheur de devenir officier supérieur, il serait ridicule de me retirer à l'âge de 48 ans, comme j'en ai formé le projet. Adieu donc mon pauvre Saint-Cloud, où j'espérais passer toute ma vieillesse! Aucun grade ne pourra jamais me procurer la triste satisfaction que j'y aurais goûtée.

2 octobre.

Au moment de mon départ de Sébastopol le prince Gortschakoff m'a fait remettre 300 francs pour m'habiller. Arrivé à Simphéropol, une capote russe, un pantalon, une veste m'ayant été donnés, j'ai cru devoir rendre ces 300 francs au général en chef.

... Arrivé à Odessa, je pensais en partir presque de suite, mais nous y avons attendu 50 jours l'arrivée du *Panama*, frégate à vapeur qui nous a transportés directement en Crimée. Notre séjour dans cette ville nous aurait paru bien long sans les mille prévenances de nos compatriotes. Les Français nous ont continuellement fêtés ; de plus, ils ont remis 400 francs aux capitaines, 300 francs aux lieutenants et aux sous-lieutenants. Le consul de Bavière nous a aussi remis à chacun 200 francs provenant des dons nationaux. Je veux renvoyer ces 600 francs à Odessa : ils aideront nos braves Français à continuer leurs soins charitables aux prisonniers de guerre.

5 octobre.

Je sais maintenant qu'il n'a pas été question de moi pour le grade de chef de bataillon ; il s'agissait tout bonnement d'un de mes camarades dont le nom a quelque ressemblance avec le mien. Me voilà donc rassuré, presque heureux. Oui, bon frère, mes malheurs ne m'ont jamais paru aussi faciles à supporter que maintenant. D'abord j'éprouve une grande jouissance d'avoir recouvré ma liberté ; ensuite j'ai de si bons camarades que je mène ici une existence fort agréable. Voilà pour la vie matérielle. Quant aux délices de l'âme, c'est bien autre chose. Je découvre peu à peu de nouveaux serviteurs de Dieu. Hier encore j'ai fait la connaissance d'un capitaine adjudant-major du 73ᵉ de ligne, tout animé de l'esprit de Dieu. Enfin j'ai ici le directeur de ma conscience, qu'il me serait pénible de quitter. Ma seule crainte en ce moment, c'est de voir finir trop tôt cette vie des camps, ce tumulte de la guerre, qui vont si bien à mes penchants et à la disposition actuelle de mon esprit. L'agitation qui règne dans l'armée d'Orient est un remède qui ne guérit pas mon mal, mais qui m'empêche de le sentir. Cependant, puisque je ne reçois pas de ma bonne mère l'autorisation de permuter, je vais bientôt reprendre ces absurdes habitudes de garnison pour lesquelles j'ai toujours eu tant de répugnance. En France, nous allons jouer aux soldats, comme une petite fille joue à la poupée. Il faudra dire adieu aux émotions que nous goûtons ici. Dieu m'est témoin que je sacrifierais tout au monde pour les conserver, comme il m'est témoin que je n'ai rien à refuser à ma famille, à laquelle je ne demande, en retour, qu'une chose : me permettre de suivre une vocation qui date de mes premières années.

... Tu t'exagères beaucoup les dangers de la guerre. Mais quand bien même je devrais verser tout le sang de mes veines, quel plus noble usage puis-je en faire que de le sacrifier à cette patrie magnanime qui établit sa puissance en Orient pour y faire fructifier le sang de notre divin Sauveur ? Les douceurs de la famille, les splendeurs du trône, ont-elles empêché saint Louis d'aller mourir de la peste en Orient ? Le tombeau de Jésus-Christ n'est-il pas menacé, en ce siècle comme au xiiiᵉ, de tomber entre les mains des Grecs ? Quand je n'ai peut-être qu'un moyen de me faire pardonner mes péchés, faut-il que ma famille me l'enlève ? Dois-je conserver dans la mollesse des jours périssables plutôt que de gagner la vie éternelle ? Je soumets toutes ces questions à la conscience. Songe, cher frère, que nous resterons plus longtemps dans l'autre monde que dans celui-ci.

Je viens de me séparer d'un objet qui m'était devenu cher parce qu'il avait été témoin de mon combat du 22 mars. C'est ma capote à capuchon, toute percée par les baïonnettes qui m'ont blessé. Je l'ai prêtée à un pauvre soldat amputé d'une cuisse.

En perdant mon ancienne campagnie j'ai aussi perdu ma vielle mule, qui m'a rendu tant de services en Algérie et en Turquie. Quoiqu'elle ne m'appartienne plus, il m'arrive quelquefois de ramasser des croûtes de pain dans le camp et de les lui porter. Je suis content que ma bonne mère m'ait demandé des nouvelles de cette pauvre bête, qui a reçu souvent des caresses de ma chère Elisa. Je l'ai recommandée au nouveau capitaine de la 3ᵉ: Le soldat qui la soignait l'a quittée pour venir avec moi. Je l'ai traité d'ingrat ; j'aurais mieux aimé le voir attaché à Douéra qu'à moi.

15 octobre.

Je suis adjudant-major. Le général Vergé m'a demandé si j'étais content de mon nouvel emploi. Je lui ai répondu que je ne savais si je devais m'en attrister ou m'en réjouir. Les fonctions auxquelles je me trouve appelé sans les avoir demandées me rapprochent beaucoup des officiers supérieurs, avec lesquels je vais avoir des relations de service très fréquentes. Comme ces messieurs ne connaissent guère que les officiers qu'ils voient, je crains qu'ils ne me proposent pour l'avancement. Mais s'ils m'en avertissent, je les prierai de me laisser dans ma chère obscurité.

Je ne sais si je vivrai avec mon commandant seulement, ou bien avec tout l'état-major du régiment. C'est là le vilain côté de ma nouvelle position. J'étais habitué à la table des lieutenants et sous-lieutenants, qui avaient quelques égards pour mon grade et pour mon âge. Maintenant et jusqu'à ce que nous soyons en France, où tous les capitaines mangent ensemble, je me trouverai avec des chefs qui me railleront peut-être sur mes principes. Si cela arrive, j'offrirai à Dieu la peine que j'en éprouverai, et je le prierai d'ouvrir les yeux à ceux qui ne sont pas dans la voie du salut.

19 octobre.

Je suis commissaire, c'est-à-dire procureur impérial au conseil de guerre. Pourquoi Dieu permet-il qu'on me donne des fonctions que je suis si incapable de remplir ?

22 octobre.

Il n'était pas nécessaire, chers frères, de faire valoir les services rendus par M. R... à notre famille, pour m'engager à lui pardonner ses torts envers moi. Quand même nous ne lui devrions aucune reconnaissance, je ne lui voudrais point mal. Et si Dieu le retire de ce monde, je prierai pour le repos de son âme. Ce n'est pas la haine du prochain qui me méritera l'enfer : j'ai conscience de ne détester personne.

Je comprends que notre mère n'ait pas tout le courage de ces femmes chrétiennes qui exhortaient leurs enfants au martyre. Mais vous, mes frères, qui n'avez pas le bonheur d'être militaires, soyez contents de pouvoir offrir à Dieu un sang qui vous est presque aussi cher que le vôtre ; excitez-moi à prendre ma part de la noble tâche qu'e si bien commencée notre vaillante armée.

La promenade d'avant-hier a duré depuis huit
heures jusqu'à cinq. Je commandais notre premier
bataillon. Le colonel m'a beaucoup observé, comme
d'ailleurs pendant toute ma semaine de service. On
dirait que cet homme cherche à me prendre en
faute. J'ai peur non pas de lui, mais pour lui. Je
le plains ; car ses accès de colère doivent le faire
souffrir. Pour me jouer un tour, il a placé mon
ordonnance au 3ᵉ bataillon, c'est-à-dire aussi loin
de moi que possible. Il me boude peut-être pour
ne l'avoir pas remercié de mes fonctions d'adjudant-
major et de commissaire impérial, que je lui dois.
Je me trouvais bien dans mon modeste service de
capitaine de compagnie ; pourquoi ne m'y a-t-il pas
laissé ? Du reste je ne suis nullement inquiet de sa
mauvaise humeur. C'est un si honnête homme qu'il
est incapable de me faire du mal. Sa santé est très
mauvaise ; il a deux doigts de la main gauche emportés, et il est, il faut bien l'avouer, d'un caractère
violent. Cela ne l'empêche pas d'être un colonel
distingué, qui aime son régiment et qui en est
aimé. Il finira par ne pas me regarder de travers.
Mais je désire qu'il me déteste assez et assez longtemps pour me préserver de tout avancement.

C'est jeudi que je parlerai devant le conseil, plus
tremblant que les accusés dont je demanderai la
condamnation. Mon embarras va joliment amuser
le colonel, ou le mettre en colère.

26 octobre.

La contrariété que vous éprouvâtes, chère mère,
lorsque je restai en Afrique, me fut si sensible que
je vous promis de ne plus changer de régiment sans
avoir votre autorisation. C'est une imprudente pro
messe qu'il me sera bien pénible de tenir, si vous
ne daignez pas m'en relever. Je donnerais tout au

monde pour ne l'avoir pas faite, et je me serais bien gardé de m'engager, si j'avais pu prévoir la guerre... En me forçant à rentrer en France, vous exigeriez de moi le plus grand sacrifice qu'il me soit possible de vous faire... En campagne, où l'on se tient prêt à verser son sang pour Dieu et pour la patrie, le salut est facile. Pourvu que je sauve mon âme, que m'importe de perdre une existence qui m'expose toujours à pécher? Pour être une bonne mère chrétienne, oubliez que vous êtes ma mère selon la nature. Ce n'est pas assez de m'avoir donné une vie périssable; aidez-moi à gagner l'héritage éternel.

D'ailleurs, au lieu de ne consulter que votre cœur, qui m'aime, je crois, plus que Dieu ne le permet, demandez à votre confesseur si vous avez le droit de m'empêcher de faire pénitence, lorsque j'ai eu le malheur de passer 34 ans de ma vie dans de coupables erreurs qui m'ont mérité l'enfer. Tant que nous aurons la guerre et que je jouirai d'une aussi bonne santé, j'aurais honte de servir en France.

28 octobre.

J'ai fait part au capitaine F... de mon chagrin de contrarier notre bonne mère. Comme moi, il trouve ma position bien délicate. Son cœur et le mien disent que je ferais bien de me rendre aux vœux d'une mère bien chère; d'un autre côté, l'esprit de pénitence qui m'appelle où il y a des dangers à courir, des souffrances à endurer, ne doit-il pas passer avant les sentiments naturels?... D'après mon confesseur, je ne dépends pas de ma mère pour les choses de mon état; je n'ai que Dieu à consulter sur ma vocation. Je savais cela. Mais reste la malheureuse promesse qui trouble mon esprit et le jette dans l'incertitude!

... L'ambition n'est pour rien dans mon désir de rester ici, si ce n'est l'ambition de faire violence à Dieu et à moi pour gagner le ciel. Si j'écoutais mes mauvais penchants, je ne chercherais pas à prolonger la vie de misère, de privations et de fatigues que nous menons en Orient ; mais il y a une récompense pour ceux qui souffrent, surtout s'ils souffrent volontairement.

2 novembre.

Je vous en prie, au nom de l'attachement que vous avez pour votre malheureux frère, rendez-lui vite une liberté qu'il n'aurait jamais dû aliéner. J'ai mille tentations de permuter ; mais je crains à la fois de me créer des remords, d'offenser le bon Dieu, de déplaire à ma bonne mère et d'indisposer mes frères. Par charité, tirez-moi de cet embarras cruel.

5 novembre.

Je continue à recevoir la visite de deux pieux sergents qui me consolent de bien des misères. Celui du 62ᵉ vient de fort loin, au risque de se casser les jambes, la nuit, dans d'affreux ravins.

10 novembre.

Pardon, pardon, ma mère ! je suis en instances pour permuter. Est-ce vous désobéir que de chercher à finir ma carrière militaire dans le régiment où je l'ai commencée ? La tentation a été trop forte, je n'ai pas pu résister. Il m'était impossible d'attendre votre consentement, car mon colonel m'a prévenu que si j'avais toujours l'intention de rester en Orient, il fallait agir de suite.

Et toi, mon cher ami, rappelle-toi que si j'ai tant désiré, dès l'âge de quinze ans, d'être militaire, c'était dans l'espoir de faire la guerre. Je me dois à mon état ; je dois mon sang à mon pays, et mon devoir est de résister aux sentiments d'affection qui m'appellent auprès de vous. Il me serait bien doux d'aller me jeter dans vos bras ; mais j'ai de la force et de la santé pour quelques années encore : il me faut les dépenser pour la patrie.

13 novembre.

Comment notre bonne mère a-t-elle accueilli ma dernière lettre ? Vous, mes chers frères, qui avez l'heureux privilège d'être toujours auprès d'elle, consolez-la. Dites-lui que bien des mères sont fières d'avoir leurs enfants en Crimée. Le général de Mac-Mahon, nouvellement marié, n'a pas hésité à se séparer de sa jeune femme pour venir prendre sa part des dangers en Orient. Certes, je n'y suis pas aussi utile que lui ; cependant il y a si peu d'officiers contents d'être ici, qu'il serait bien fâcheux de forcer ceux qui s'y plaisent à rentrer en France. Un Montmorency, dont la santé était très mauvaise, demandait un jour à sa mère la permission de démissionner. « Lorsqu'on porte un si beau nom, répondit la noble dame, on meurt au service, mais on ne le quitte pas. » Et le jeune homme mourut soldat. Cela se passait en temps de paix. Pensez-vous qu'en temps de guerre Mme de Montmorency eût moins demandé de son fils ? Je ne porte pas un nom de gentilhomme, mais je suis aussi fier de ma famille que si elle avait un blason. Et vous, chers frères, ne trouverez-vous pas quelque fierté à pouvoir dire un jour, en parlant de la dernière guerre : « Un des nôtres y fût tué ; un des nôtres en fit toutes les campagnes ? » Allons, calmez-vous et calmez notre mère. Pensez que, si je me prive de vous revoir, je retrouve mes vieux amis du 9e.

Ma permutation contrarie le colonel du 9e. Il prétend que je ferai du tort à ses capitaines. Je lui ai proposé, pour le mettre à l'aise, de renoncer par écrit à tout avancement. Il n'a pas accepté.

16 novembre.

Ne vois-tu pas qu'au mal qui me dévore il faut un remède énergique? Toi, tu ne penses qu'au bonheur de me revoir; moi, j'ai peur de trop souffrir en voyant des familles heureuses. A l'armée, tout n'est pas rose ! Tu frémirais, si tu savais ce que je suis obligé d'entendre matin et soir. Chaque repas amène invariablement la même conversation. A la table des officiers supérieurs je ne suis pas plus avancé que lorsque je vivais à la gamelle du soldat : ce sont 'toujours les mêmes propos obscènes. Mes inférieurs se gênaient souvent, pour ne m'être pas désagréables... Je te laisse à penser si mes supérieurs s'observent à cause de moi. De ce côté donc j'ai d'assez grandes contrariétés. Mais je compte que Dieu me pardonnera beaucoup parce que je souffre beaucoup. Je voudrais verser pour lui jusqu'à la dernière goutte de mon sang.

Au Camp de Kadikoï, 19 novembre.

Je vous écris du 9ᵉ de ligne, où je suis adjudant-major à la place de mon permutant. C'est avant-hier que ma permutation est arrivée au corps. J'en ai d'abord été fort triste, en pensant à ma mère et à vous, mes bons frères, qui m'aimez tant et qui auriez tant voulu me revoir ! Mais ce matin je me suis senti soulagé d'un grand poids : c'est aujourd'hui la Sainte-Elisabeth, et je me plais à penser que ma douce amie veille sur moi d'une manière toute particulière. J'aurais voulu faire dire une messe pour elle ; mon service ne me l'a pas permis. J'ai vu, depuis, un aumônier qui se lève à 3 heures du matin et qui aurait pu avant le réveil me recevoir au tribunal de la pénitence. Nous avons convenu que j'irai le trouver samedi matin, vers 5 heures et demie.

Je dîne ce soir avec mon nouveau colonel.

Je n'ai pas quitté la 2e division du 2e corps sans aller voir le général Vergé, qui l'a commandé provisoirement et qui s'est toujours montré bien sympathique à mes malheurs. Il m'a blâmé de renoncer à tout avancement. Il a poussé l'amabilité jusqu'à me dire qu'il m'enverrait, un de ces jours, son officier d'ordonnance pour me ramener dîner avec lui. Il oubliera sans doute cette charmante politesse ; mais je me propose de revenir le voir, parce que c'est un chef comme je les aime, doux, poli, bienveillant.

En revenant au 9e, je gagne, en somme, plus que je ne perds. Si je laisse au 7e léger d'excellents camarades, je retrouve ici des amis. Il est vrai que quelques officiers du 9e me détestent peut-être, tandis qu'au 7e je n'avais pas un ennemi. Mais j'espère que mon désintéressement les désarmera tous.

Il y a aujourd'hui cinq ans, mon Elisa était fêtée pour la dernière fois dans sa famille. Le lendemain nous nous mettions en route. Je ne puis détacher ma pensée de ces souvenirs. Je me demande ce que vous auriez gagné en me revoyant triste comme je le suis. Croyez-le, chers frères, je viens de me donner la seule jouissance que je puisse goûter désormais : celle de faire des heureux. M. et Mme Fitili vont me devoir de se trouver réunis. Ils gagneront tout ; moi je ne perdrai rien. Pourquoi irais-je vous attrister de ma tristesse ? Je la garde pour moi ; je ne dois pas en fatiguer les autres. Laissez-moi souffrir à mon aise, puisqu'il plaît à Dieu de m'éprouver de tant de manières. Si j'étais à

Vergt, la joie que vous causerait mon arrivée me ferait mal. Je vous connais assez pour être sûr que vous vous réjouiriez beaucoup de ma présence ; mais ma tristesse ne tarderait pas à vous glacer, et vous me verriez repartir avec plaisir. Vous me plaindriez plus après qu'avant. Dès l'âge de 4 ans je me séparai de ma famille ; depuis, je n'en ai guère goûté les douceurs que pour les regretter plus vivement. Je ne me plains pas de mes douleurs, car j'ai l'espoir qu'elles effaceront mes péchés. Faites comme moi, chers frères : espérez que nous serons tous plus heureux là-haut qu'ici-bas.

26 novembre.

Le mauvais temps est arrivé, mes chers frères. C'est une assurance contre les batailles : vous n'avez plus à craindre que je perde par le feu de l'ennemi les tristes restes d'une existence sans but. Je puis mourir de maladie, mais ma robuste santé ne me permet pas de l'espérer. Il faut que mon âme, pour se purifier, reste encore enfermée dans ce corps qui a tant fait pour la perdre. Il faut que les souffrances physiques et morales soient un feu qui consume les immondices de ma vie passée.

Je continue à beaucoup me plaire à mon nouveau et vieux 9ᵉ. Parmi les officiers, il y a un capitaine, deux lieutenants et un sous-lieutenant qui ont reçu mes leçons, lorsqu'ils étaient encore sous-officiers. Le sous-lieutenant est peut-être celui qui m'aime le plus. C'est moi qui lui donnai l'idée d'arriver à l'épaulette. Ses camarades lui reprochent bien un peu d'être parti de si bas, mais comme il est très bon serviteur et moins ignorant aujourd'hui que bien d'autres, il leur cloue la bouche.

Parmi les capitaines, six ont été sous-officiers avec moi ; ce sont ceux qui me montrent le plus d'indifférence. Les vieux garçons deviennent tous égoïstes. J'en suis fâché pour mon frère Titou ; il fera, je l'espère, exception à la règle.

Je suis au mieux avec les jeunes officiers. Je fréquente plus volontiers des jeunes gens que des hommes de mon âge. La jeunesse a le cœur chaud et généreux : il y a de la ressource en elle. Les vieux sont blasés sur tout, et ils regrettent le mal qu'ils ne peuvent plus commettre. A défaut des mauvaises actions, ils disent de mauvaises paroles.

Je vis avec mon commandant, le chef et l'adjudant-major du 2e bataillon, et le médecin aide-major. Contrairement à ce qui se passe d'ordinaire, la conversation de ces messieurs est si décente qu'une jeune fille pourrait l'entendre sans danger.

Le plus important, c'est que je puis aller souvent à la messe.

Il y a dans la division Herbillon trois hommes pieux que je me propose de voir souvent : un capitaine de voltigeurs du 52e, un sergent de voltigeurs du 62e et un adjudant-major du 73e.

Le vent ayant renversé et déchiré la tente qui servait de salle à manger, Malafaye offre la sienne, mais on refuse, « parce que, dit-il, je n'y fais pas de feu. » Il ne se chauffe jamais, à cause de « la peine qu'il donnerait à son ordonnance pour aller chercher du bois. » « Quand j'ai trop froid, ajoute t-il, je me mets au lit pour écrire. »

27 novembre.

Nous sommes si tranquilles à Kadikoï que je me déshabille quelquefois pour me coucher, ce qui ne m'arrivait jamais à Traktir. Je ne posais même pas toujours mes souliers.

15.

... Pauvre mère ! combien je la plains de toutes les inquiétudes que je lui donne ! Aurai-je un jour la satisfaction de lui procurer quelque joie ? Mon exil forcé d'une famille si chère m'est bien pénible aussi. Les devoirs de mon état, le manque d'argent, le malheur, se sont donné la main pour m'empêcher de goûter, au milieu de vous, des douceurs passagères. Dans ce moment, ma vocation et ce que je crois un devoir de conscience me retiennent à mille lieues de la maison paternelle. J'espère que mon sacrifice sera agréable à Dieu et m'attirera ses bénédictions. Je lui demande surtout, et je vous prie de lui demander pour moi, mes chers frères, assez de santé pour pouvoir continuer mon service. Je consens à souffrir tout au monde, pourvu que je suive cette campagne jusqu'au bout.

1er décembre.

Je regrette de ne plus avoir de soldats à commander et à aimer ; mais je trouve bien agréable de pouvoir me livrer à un exercice qui me passionne, l'exercice du cheval.

4 décembre.

Vos conseils, me dites vous, sont une prédication dans le désert. Il n'est pas étonnant que nous ne nous entendions plus : nous voyons les choses d'un point de vue si différent ! Me sachant malheureux, vous voudriez me ramener au bonheur. Moi, dans l'accablement moral où je suis, je ne me procure le repos du cœur que par la fatigue physique. Vous me proposez de venir retremper mon âme dans les joies d'une famille aimée, de boire à cette coupe de douces délices, sans vous douter de l'amertume que je trouverais au fond. Le mot famille, je ne puis ni le lire, ni le prononcer, ni l'entendre, sans songer au cher passé que je regrette. Je me demande pourquoi je marche dans la vie sans direction et sans but. Je vois arriver avec effroi le moment où je ne pourrai plus m'agiter sous l'aiguillon du malheur. Je crains la vieillesse, non pas parce qu'elle ouvrira ma tombe, mais parce qu'elle me forcera à un repos que je redoute plus que la mort. Puisqu'il me reste encore de l'activité, pourquoi voulez-vous m'empêcher de la dépenser ? Je suis un homme inutile, déclassé, incapable de donner du bonheur à qui que ce soit, incapable d'en recevoir dans ce monde. Présent, avenir, espérance, tout est brisé pour moi ici-bas. Je ne vis que du passé et de la foi qui me fait entrevoir une autre vie au-delà des misères de celle-ci. Vous le voyez, il faut que je sois particulièrement voué au malheur, puisque votre amour fraternel, si tendre et si dévoué, n'apporte aucun soulagement à mon existence flétrie et désolée. Ma mère, le modèle de toutes les mères, pour laquelle j'ai la plus profonde et la plus respectueuse affection, ma noble et sainte mère est impuissante, elle aussi, à cicatriser les plaies de mon cœur. Je voudrais courir jusqu'aux extrémités du monde pour fuir la douleur qui s'attache à mon être. Elle me poursuit partout ; elle ne me donne de répit que lorsque je suis vaincu par la fatigue.

Mes bons amis, je vous trouve toujours prêts à me fermer le chemin que je veux suivre. J'aime à croire que vous accomplissez les desseins de la Providence en me faisant souffrir chaque fois que vous voulez me consoler. C'est une pénitence de plus. Vous me rappelez que *celui qui aime le danger périra par le danger*. C'est du danger de pécher qu'il est question, et non pas du danger de mourir. *Dieu ne veut pas la mort du pécheur, mais qu'il se convertisse et qu'il vive.* Je n'ai aucune envie de me suicider, ni même de courir des dangers inutiles ; je ne demande à Dieu que la grâce de le bien servir. Je lui offre mon sang, je le prie de l'agréer comme une faible expiation de mes fautes. *Les morts ne louent plus le Seigneur.* Vous auriez dû finir le verset : *Ni ceux qui descendent en enfer.* Les morts n'offensent plus le Seigneur, non plus ; et s'ils ont eu le bonheur de finir leur exis'ence éphémère pour une bonne cause, il leur sera fait miséricorde. Je ne suis point fatigué de louer et de servir Dieu, mais j'ai grand'peur de l'offenser. Je suis loin de croire ma mort « nécessaire à la rédemption du genre humain » ; je crains même qu'elle ne suffise pas à racheter mon âme. Il n'y a que les mérites de N.-S. J.-C. qui puissent m'ouvrir les portes du paradis ; et encore redouté-je que sa divine justice ne s'y oppose.

Vous prétendez que je pourrais, en France, m'imposer des sacrifices volontaires ; tandis que mes souffrances, en Crimée, sont des souffrances forcées. Erreur. Le riche qui s'est dépouillé de toute sa fortune pour faire du bien, n'endure-t-il pas des privations volontaires ? Il en sera de même pour moi, si je reste ici lorsqu'il m'est loisible de retourner en France. Quant à mes neveux, ils ont assez des bons exemples de leurs parents pour pouvoir se passer des miens. D'ailleurs, s'ils me connaissaient mieux, me respecteraient-ils autant ?

Pour en finir, mes bons frères, je vous dirai que votre seul service militaire dans la garde nationale, ne vous rend guère aptes à juger la conduite d'un officier dans les conjonctures actuelles. Bien que j'aie été directeur d'une école régimentaire, il me siérait mal de vouloir apprendre à Malafaye sa prol'ession d'instituteur. Ou encore, pour avoir reçu des leçons de Titou comme serger, je serais mal venu à vouloir lui enseigner à carder, peigner et tisser la laine. Chacun son état. Je ne dois pas être à Vergt pendant que nous avons la guerre en Orient.

12 décembre.

Croyez-le, bonne mère, en vous contrariant, je n'ai pas moins souffert que vous. Je sais tout ce que je vous dois de respect, d'admiration, d'amour filial. Pour ne pas vous désobéir, j'aurais donné ma vie, si ma vie avait encore du prix. Mais quelque chose de surnaturel me retient ici. Mes frères prétendent que ma conscience me trompe. A supposer que cela soit, Dieu, qui voit le fond de mon cœur, appréciera dans sa justice le sacrifice que je fais en renonçant au plaisir de vous revoir bientôt. Ce plaisir eût été mêlé de bien de l'amertume ; car il m'eût rappelé, en me déchirant le cœur, qu'à mon dernier congé, je n'allai pas seul à Vergt. Je ne sais s'il entre dans les desseins de la Providence que je vous revoie un jour. Si je meurs avant la fin de la guerre, j'espère que Dieu me fera miséricorde, et que je vous attendrai dans les joies du Paradis. Ne vaut-il pas mieux, dites-moi, bonne mère, aller retrouver là-haut ma douce et noble amie, que de traîner ici-bas une vie misérable ? Je désire d'abord que la volonté de Dieu s'accomplisse ; mais je soupire bien ardemment après le jour où il daignera m'appeler à lui.

21 décembre.

De douze à seize degrés au-dessous de zéro ! Les hommes qui sont allés chercher de l'eau, dans la journée du 19, ont horriblement souffert. Quelques-uns perdront la main qui portait le bidon... Des soldats envoyés à Kamiesch pour affaires de service

en sont revenus avec les oreilles gelées... Ma santé
est si bonne que j'ai pu avant-hier faire le jeûne des
quatre-temps ; je continue aujourd'hui, et je pense
en faire autant demain. Je crois que mes commensaux ne s'en sont pas encore aperçus. A déjeuner,
je ne mange que des plats maigres, et à dîner j'arrive juste au dessert, ayant l'air de ne vouloir que
du fromage, pour ne pas faire rapporter les autres
mets. Du reste, ces messieurs sont si bien élevés,
que je ne serais pas surpris qu'ils fissent semblant
de ne s'apercevoir de rien pour ne pas me gêner.

22 décembre.

Nous avons, pour tous les officiers de la brigade,
un cercle formé de trois baraques. Nous pensions
que ce serait un lieu d'agréables réunions ; au lieu de
cela, on en a fait une espèce de cabaret où ces messieurs boivent et chantent jusqu'à minuit. Je conti-
nuerai donc à passer mes soirées chez moi, excepté
lorsque je serai invité à faire la partie d'échecs
chez un de mes collègues.

26 décembre.

Les orgies continuent au cercle des officiers.
Notre colonel nous a réunis aujourd'hui pour nous
dire combien l'affligeait la conduite de ces messieurs. La nuit dernière, ils ont déchiré le règlement qui prescrit de se retirer à onze heures.

28.

Dans la journée du 19 décembre, le thermomètre est descendu à 20 degrés au-dessous de
zéro.

31 décembre.

M. l'abbé Garreix, curé de Tlemcen, vient de
m'envoyer une lettre toute pleine de sa tendre
affection pour moi. Il a, dit-il, beaucoup prié et
beaucoup pleuré pendant ma captivité.

... Bonsoir, chers frères ; vous êtes ma dernière occupation de l'année. Je vais me coucher pour me lever avant le jour : je veux commencer 1856 aux pieds d'un prêtre, en demandant l'absolution de mes péchés.

7 janvier.

Depuis que j'ai le bonheur d'offrir à Dieu mes souffrances et mes privations, je trouve toujours mon offrande trop modeste. Il me semble aussi que les hommes m'ont trop récompensé : je crains de n'avoir plus rien à recevoir de la main du Seigneur.

Les congélations de l'année dernière n'ont pas fait distribuer plus tôt, cette année, les effets de la saison d'hiver. Les pauvres contribuables paient bien cher un soulagement qui nous manque la moitié du temps. Je dis toujours que nous n'avons pas assez d'hommes dévoués. Trop de nos généraux songent d'abord à bien vivre.

4 janvier 1856.

Hier, pendant la marche militaire, le froid aux pieds me donna le désir de trotter pour me réchauffer. Mon cheval est un trotteur remarquable. Arrivé à quelques centaines de mètres en avant de la tête de colonne du régiment, je voulus tourner bride sans ralentir la belle allure de mon Bayard (c'est ainsi que j'appelle mon cheval, à cause de sa haute taille, sans savoir que mon prédécesseur lui avait déjà donné ce nom). Soit maladresse de ma part, soit à cause du terrain glissant et en pente sur lequel je trottais, les deux pieds droits de ma monture se dérobèrent à la fois sous elle. Le pauvre animal tomba avec tant de violence qu'il ne songea pas à se relever ; il était comme assommé par le choc de sa tête contre terre. Ma jambe droite se trouvait sous lui. Je dégageai le pied gauche de l'étrier, mais je ne pus parvenir à retirer la jambe droite dont je souffrais beaucoup. Je craignais qu'elle n'eût été brisée. Je serais resté là indéfiniment, si des soldats venant à la rencontre du 9ᵉ n'avaient mis mon cheval sur ses jambes. Aussitôt que je fus debout j'essayai de marcher : je reconnus avec une grande joie que je n'avais rien de cassé. Je me remis à trotter comme de plus belle pour rejoindre mon commandant, à qui je contai ma mésaventure. Comme il est bon cavalier, il m'enseigna les précautions à prendre pour éviter à l'avenir un semblable accident. On m'avait souvent dit qu'en tournant un cheval pouvait tomber ; mais comme depuis huit ans je suis habitué à des montures arabes qui sont d'une adresse incroyable, je ne pensais pas qu'un cheval français pût s'abattre aussi facilement. Enfin, je bénis Dieu de ce que mon inexpérience et mon imprudence ne m'ont pas coûté plus cher.

Le général de Lostanges nous a donné avant-hier, au cercle des officiers de sa brigade, un punch qui ne lui aura coûté guère moins d'un millier de francs. Le général de division y assistait. Au lieu de faire savoir à mon général que je suis son compatriote, je suis bien résolu à le lui cacher avec soin.

Le sergent Krieg m'a fait connaître un musicien du 47ᵉ, qui est d'une sainteté admirable. Ce brave garçon ne pense qu'à son congé, afin de se faire religieux de saint Jean de Dieu pour soigner les fous.

... Ce soir, après une bonne journée où j'ai vu plusieurs amis, j'ai reçu chez moi Fouilliardin et le musicien Bordeleau : nous avons ensemble fait la prière et dit un chapelet. Dans nos petites réunions, nous n'oublions jamais de prier pour nos parents. J'ai lu à mes deux frères en J.-C. la vie de saint Antoine. Et maintenant que me voilà seul, je viens, mes bons amis, vous conter mes joies. Je vous ai assez fatigués de mes chagrins. Le 9ᵉ me porte bonheur ; je me sens revivre. Je me réjouis chaque fois que je rencontre quelque nouvelle âme chrétienne. L'ordonnance que m'a laissé le capitaine Fitili est animé de sentiments pieux ; il a assisté hier au chapelet.

Malafaye fait des démarches pour mettre son frère en rapports avec un saint prêtre, l'abbé Faivre, qui avait établi à Lyon l'œuvre des militaires :

Il me semble, écrit-il à sa mère le 23 janvier, que je suis comme chargé de l'âme de Louis. Je n'ai pas voulu faire ma première communion à un âge où tout le monde la fait ; il a eu la malheureuse idée d'imiter ma coupable conduite. Lorsque, à l'âge de 35 ans, je me suis senti indigne de prétendre à la main de mon Elisa, couvert comme je l'étais des souillures d'une vie impie ; lorsque j'ai demandé à Dieu de venir purifier mon cœur par l'admirable sacrement eucharistique, Louis a suivi mon exemple. Quelques plaisanteries de ses camarades l'ont empêché, m'a-t-il dit, de continuer à pratiquer sa foi. Peut-être y a-t-il d'autres raisons, que je déplore sans avoir besoin de les connaître. Toujours est-il que notre pauvre frère se prive des douceurs d'une vie chrétienne. Plaise au ciel qu'il ne se ferme pas la porte de l'héritage promis par Dieu aux fidèles enfants de son adoption !

... Tant que je vivrai, j'espère qu'aucun des miens ne manquera de rien. Lorsque je n'aurai pas d'argent, mes amis en auront pour moi. Et n'allez pas craindre, chère mère, que je m'impose des privations. Elles seraient d'ailleurs une grande satisfaction pour moi. Car je ne sais comment vous persuader que je vous aime comme le fils le plus dévoué. Vous croyez que je reste éloigné de vous parce que je ne désire pas vous voir. Pouvez-vous me juger si mal ! Dites plutôt que le malheur a affaibli ma raison ; dites que je m'exagère les obligations de mon état ; supposez-moi une ambition que je suis heureux de n'avoir point, parce qu'elle ne serait pas justifiée par ma médiocrité ; jugez à votre guise l'extravagance qui me retient en Orient ; mais, je vous en conjure, ne vous figurez pas que je n'aie plus le désir de vous voir... Je souffre plus que vous, bonne mère, du mal que je vous fais. Laissez arriver la fin de la guerre et ma retraite (je prie Dieu de me donner la joie de vous trouver bien portante à mon retour) : je veux que vous vous appuyiez sur mon bras lorsque nous irons ensemble à l'église, lorsque nous visiterons notre terre en nous promenant.

... De son côté, mon beau-père me demande si je veux rapporter en France la peau du dernier Russe... Avec des parents tels que vous, on ne peut pas être militaire.

27 janvier.

Je regrette que mes neveux ne fassent pas de bonnes études, mais je m'en console en apprenant que leur conduite ne laisse rien à désirer. S'ils sont excellents sujets, ils seront assez instruits. L'expérience m'a démontré que les personnes les plus remarquables par leur instruction et leurs talents, ne sont pas toujours celles qui réussissent le mieux. Pour plaire, dans toutes les carrières, excepté celles qui exigent des connaissances étendues, il suffit d'avoir de l'activité, de l'exactitude, de la tenue, de l'ordre et une conduite honnête. L'instruction est un beau complément de ces cinq qualités, mais elle n'est pas indispensable. Cependant il faut tâcher de réveiller l'émulation de mes neveux. Je me souviens que mon oncle me donnait vingt-cinq centimes chaque fois que j'étais le premier d'une composition. Faites savoir à Raymond et à Marcel que je leur enverrai un franc, à chacun, lorsqu'ils auront mérité la première place dans leur composition. Au contraire, Malafaye devra les punir en n'allant pas les voir, s'il est mécontent d'eux. Il peut aussi les priver des vacances de Pàques. Cependant, comme ces deux enfants sont fort doux, j'estime que la douceur aura plus d'effet sur eux que la sévérité.

28 janvier

On doit transporter en France un grand nombre des canons russes trouvés sur les défenses de Sébastopol. Le nombre de ceux que nous avons déjà tirés des batteries s'élève à 1.500. Nos alliés n'ont pas encore commencé à prendre ceux qui leur son échus en partage. Ces gens-là sont toujours en retard. Les Anglais, je l'ai pensé bien souvent, ne sont pas capables de faire la guerre. Le jour de la bataille ils se battent bien, mais ils sont impropres à tout travail de guerre. Notre alliance leur sera fatale, en ce sens qu'elle nous a montré combien cette nation est dépourvue des qualités guerrières. Si elle faisait partie de notre vieux continent, il y a longtemps qu'elle aurait perdu le prestige qui l'entoure.

31 janvier

Il faut que je vous mette un peu au courant du

prix des denrées au kilogramme : pommes de terre,
1 fr. 25 pendant toute la saison rigoureuse, maintenant 0 fr. 95 ; carottes, 2 fr. ; lentilles 2 fr. ; haricots, 2 fr. Le pain ne se vend depuis deux jours que
1 fr. 50 le kilo ; il avait toujours coûté au moins 1 fr.
80. Bougies, 5 fr. le kilo ; la graisse, le beurre,
5 fr. ; la viande fraîche, 3 fr. Il faut payer encore
plus cher ce qui ne se vend pas au poids. Ainsi une
tête de chou se vendra 2 fr. ; une poule, de 6 à 10 fr.
Dans la bonne saison on ne la paie que 3 ou 4 fr.

On ne se figure pas combien il faut de temps
pour faire un bon soldat. Trois mois lui suffisent
pour apprendre à se servir de son fusil, mais il n'est
pas propre à supporter les fatigues et les privations
de la guerre avant trois ans de présence sous les dra-
peaux.

1er février.

C'est demain, jour de la Purification de la sainte
Vierge, le sixième anniversaire de ma première
communion. Mes amis Delong, Feuilliardin, Krieg,
viendront communier avec moi à six heures. Nous
irons ensuite, si le temps le permet, accompagner
près de Kamiech le capitaine Delong, qui se fera
recevoir du scapulaire. C'est ainsi que nous cher-
chons à nous soutenir les uns les autres dans les
sentiments et les pratiques de la foi.

4 février.

Je ne jeûnerai pas, ce carême ; mon confesseur
me le défend formellement.

7 février.

Hier matin, M. l'aumônier de la division Herbillon,
le seul que nous ayons pour toutes les lignes de la
Tchernaïa, a eu la bonté de nous dire la messe et de
nous donner les cendres, quoique nous ne fussions

que cinq : trois capitaines, un lieutenant et Fouilliardin.

Le tarif des denrées alimentaires a baissé depuis le commencement du mois. Les bruits de paix doivent y avoir contribué. Nous ne payons plus les pommes de terre que 65 centimes le kilogramme.

15 février.

Nous venons de la promenade militaire, où j'ai couru un assez grand danger. Les chevaux du commandant de Viginet sont à ma disposition pour le service. Aujourd'hui j'en ai monté un qui est extrêmement vicieux. Après avoir plusieurs fois lutté avec lui, il a fini, avec ses sauts épouvantables, par me jeter par terre. Heureusement, mes pieds se sont trouvés par hasard dégagés des étriers, sans quoi j'aurais pu être fort maltraité, et même tué. Les officiers du régiment m'ont témoigné en cette circonstance beaucoup de sympathie. Si j'avais su que le commandant de Viginet avait été désarçonné par ce même cheval et qu'il ne le montait jamais avec des éperons, j'aurais pris la petite rosse que mon palefrenier a trouvée, et que je nourris jusqu'à ce qu'elle me soit réclamée. Enfin je bénis Dieu de ne m'être fait aucun mal, quoique je sois tombé sur la tête.

18 février.

On prétend ici que les officiers d'Eupatoria sont invités par les officiers russes à un bal qui aurait lieu à Simphéropol aussitôt la paix conclue. Ces messieurs, paraît-il, se voient aux avant-postes. Les soldats en faisaient autant sur la Tchernaïa, il y a quatre mois. Mais le général en chef les avertit que toute communication non ordonnée avec l'ennemi entraînait la peine capitale. Les causeries cessèrent aussitôt, et l'on ne se parla plus qu'à coups de fusil.

Malgré notre intallation d'hiver, malgré les grandes tentes dont tous nos soldats sont pourvus, malgré les capotes à capuchon et les sabots, nous avons plus de malades que l'année dernière. A trop de fatigue a succédé trop de repos. Les marches militaire ne suffisent pas pour procurer à nos hommes un exercice salutaire. Le scorbut et le typhus font de grands ravages dans notre armée, tandis que les Anglais et les Sardes paraissent bien portants.

Le maréchal Pélissier vient d'ordonner à chaque régiment de créer des jardins potagers et d'ensemencer un champ d'orge. Cette mesure a pour triple but de donner de l'occupation aux soldats, de leur procurer des légumes verts et d'assainir le terrain que nous occupons. Cette culture donnera à nos camps un aspect moins désolé. Nous sommes fatigués de ne plus rencontrer ni un arbre ni un champ de verdure. Mais ceux qui ont bien envie d'aller à Constantinople doivent s'apercevoir que le maréchal ne songe guère à évacuer la Crimée.

Presque tous nos aumôniers ont la fièvre typhoïde. L'air vicié qu'ils respirent près des malades les tue.

22 février.

Le typhus fait des ravages dans notre armée ainsi que le scorbut. Cette dernière maladie, sans épargner absolument les jeunes soldats, sévit avec beaucoup plus d'intensité sur ceux qui ont passé l'hiver dernier en Crimée. Cela prouverait la vérité de ce que m'ont dit les habitants d'Odessa : que les Français, pendant leur premier hiver en Russie, ne souffrent pas beaucoup du froid ; la deuxième année ils sont très frileux ; au troisième hiver, leur sang s'est tellement appauvri qu'ils sont forcés, comme les Russes, de se couvrir de fourrures. C'est donc une erreur de croire qu'on s'habitue à un climat rigoureux ; plus on l'a supporté, moins on est capable de le supporter encore. Pendant la guerre de Russie, en 1812, les soldats qu'éprouvèrent le moins les congélations, étaient de nos départements méridionaux. Pour ce qui me concerne, je croyais que je devais à l'Afrique d'être frileux ; mais j'ai remarqué que je le suis encore plus cet hiver que l'hiver passé. J'ai presque toujours froid, surtout aux pieds et aux mains. Néanmoins ma santé résiste. Grâce à mon habitude de vivre sans feu, je n'ai ni rhume, ni douleurs, ni indisposition quelconque. Ma tente est excessivement humide, mais je n'en suis pas incommodé.

25 février.

Pendant cette campagne j'ai eu bien des chances de mort à courir. J'ai vu tomber tant de monde autour de moi ! Ce que les projectiles avaient respecté les maladies l'ont emporté. Je suis tout étonné de me trouver debout et bien portant avec seulement une petite infirmité à l'œil. Elle me fait un peu souffrir, mais je m'y habitue.

1er mars.

Mon bon Louis,

Je conspire contre ton indifférence religieuse. Il y a, à Lyon, un saint prêtre, l'abbé Faivre, qui est à la tête de l'œuvre pieuse des soldats. J'avais chargé un de nos aumôniers, que la fièvre typhoïde vient de nous enlever, de lui écrire pour le prier de te voir et de travailler à ta conversion. Je ne sais s'il a eu le temps de le faire avant sa mort. Mais dans le cas où tu ne recevrais pas la visite de ce vénérable ecclésiastique, tu pourrais te présenter chez lui. Il serait bien heureux de te voir, et surtout de te réconcilier avec Dieu. Songe, mon ami, que l'héritage éternel vaut plus que tous les trésors de la terre ; il ne faut donc pas le perdre. Le temps de la pénitence est arrivé, nous sommes en plein carême et les pâques s'ouvrent demain. Tu te trouves dans une grande ville : le respect humain, ton plus grand ennemi, ne peut t'empêcher de faire tes devoirs, puisque personne ne te remarquera. Réfléchis et vois si ce n'est pas une bien coupable ingratitude que d'oublier un Dieu qui est mort pour nous.

3 mars.

Comme il n'est pas douteux qu'un armistice ne précède la conclusion et même la discussion de la paix, les généraux en chef se sont entendus sur la manière de l'exécuter. Cette sage mesure permettra de l'observer dès qu'on le connaîtra. Et même, par une courtoisie de très bon goût, on s'abstient de tirer de part et d'autre, depuis l'entrevue des généraux. Les Russes et les alliés se promènent sur les bords de la Tchernaïa et se font force salutations. Ces jours derniers un officier français tira un canard sauvage qui alla tomber sur la rive droite de la rivière ; un soldat russe le ramassa pour le porter au chasseur qui lui fit signe de le garder. Le Moscovite se disposait à l'accepter, lorsqu'un autre Russe, gradé sans doute, le força à remettre cette pièce de gibier à celui qui l'avait abattue. Les hostilités ont donc cessé de fait, en attendant qu'elles cessent de droit.

4 mars.

Il a neigé pendant une partie de la journée, et le vent du nord-ouest, qui souffle, fait craindre une nuit rigoureuse.

La neige est chassée avec tant de force qu'elle

entre par les plus petits trous de ma tente. Ma bougie est si agitée que je ne puis pas continuer à vous écrire. D'ailleurs l'encre commence à geler dans mon écritoire. Bonsoir donc, chers frères.

5 mars.

Nous avons une couche de neige de six pouces... Notre colonel, qui est un excellent homme, a vidé la prison et la salle de police, pour ne pas forcer les militaires punis à subir la rigueur de la température. Il a fait aussi prendre du bois sur la réserve du régiment, pour ne pas exposer à des congélations les hommes qui iraient en chercher à la forêt. Cependant, malgré cette paternelle sollicitude, nous avons beaucoup de malades.

... Le nombre d'hommes tués par l'ennemi est insignifiant, comparé au chiffre de ceux qui n'ont pu supporter la campagne. On dirait que les troupes fondent ici. Un régiment reçoit-il un renfort de quatre ou cinq cents hommes? deux mois après, sans avoir combattu, ce régiment se trouve aussi faible qu'avant.

8 mars.

Dimanche dernier j'ai visité le grand redan. Les travaux y sont considérables, mais moins cependant qu'à Malakoff. La dernière tranchée anglaise me parut être à cent mètres de l'angle. Un redan est un ouvrage de fortification, formant un grand angle dont le sommet et les côtés menacent l'assaillant ; l'ouverture sert, au besoin, de retraite à ses défenseurs. Ces détails vous aideront à comprendre la cause naturelle de notre succès du 8 septembre. Vous savez que j'en attribue la cause surnaturelle à la divine Marie, dont on célébrait ce jour-là la Nativité. Vous n'avez pas oublié que la brigade de l'impétueux général de Saint-Pol enleva le petit redan, à droite de Malakoff, au pas de course. Nos soldats, toujours raisonneurs et indisciplinés, au lieu de s'y rallier pendant qu'on retournait les ouvrages contre les Russes, allèrent se heurter en désordre contre le réduit. Un réduit est une fortification en arrière de la première ligne pour pouvoir encore fusiller et mitrailler l'assaillant, lorsqu'il s'est emparé de l'ouvrage principal. Le réduit est surtout excellent pour la défense des ouvrages ouverts à la gorge, c'est-à-dire du côté des défenseurs. La brigade de Saint-Pol, trop en désordre pour emporter ce réduit, fut forcée de plier, et il suffit d'une charge de 400 Russes pour la rejeter hors du petit redan. Mais son intrépide général ne savait pas reculer : il se fit tuer, sans rompre d'une semelle, et les deux colonels de sa brigade tombèrent vaillamment à côté de lui.

Les Anglais avaient à attaquer un ouvrage de même forme, mais plus grand, dont l'angle était distant de leur dernière tranchée d'environ deux cents mètres. Ils l'attaquèrent inutilement le 18 juin et le 8 septembre. Est-ce parce que les ouvrages d'attaque étaient trop éloignés et que la mitraille les avaient décimés avant qu'ils eussent abordé l'ennemi ? Est-ce faute d'élan et d'intrépidité ? Est-ce que les ouvrages ouverts à la gorge sont plus difficiles à prendre que les autres ? Cette dernière raison me paraît la plus admissible. La place de défense de Malakoff était couverte de traverses en terre, pour préserver les défenseurs des éclats des projectiles creux. Une bombe tombait-elle entre deux traverses ? les Russes s'enfuyaient derrière une autre, où ils se trouvaient hors d'atteinte, à cause de l'épaisseur des traverses. Mais notre vaillant général de Mac-Mahon emporta toutes ces traverses les unes après les autres, établit au moins une compagnie derrière chacune d'elles, et lorsque les Russes donnèrent l'assaut pour nous en chasser, l'ouvrage de Malakoff n'ayant pas assez d'ouverture de leur côté pour qu'ils pussent s'y précipiter en masse, leur effort désespéré fut repoussé. Si Malakoff avait eu la forme du grand redan, nous ne l'aurions peut-être pas conservé et nous serions encore devant Sébastopol.

J'ai visité la tranchée où j'étais de garde lorsque je tombai au pouvoir de l'ennemi. Elle est comblée, je ne comprends pas pourquoi.

14 mars.

J'aurais mieux aimé que l'œil malade de Titou fût le gauche. En nous promenant ensemble nous aurions eu un bon œil de chaque côté. Mais cela ne nous empêchera pas d'avoir, comme autrefois, de bons entretiens, quand nous nous rendrons ensemble à notre terre, à laquelle je pense souvent. Si je vais en demi-solde, je demanderai à y faire des essais d'agriculture.

Le Gouvernement s'est ému du triste état de notre armée de Crimée. Il a envoyé, pour en rechercher les causes, un médecin inspecteur. Ces causes, nous les connaissons tous ; l'inspecteur aura du malheur s'il ne les trouve pas. La nourriture du soldat, outre sa mauvaise qualité, est insuffisante. Ce qui le prouve surabondamment, c'est la bonne santé des armées anglaise et piémontaise, qui vendent des vivres à nos pauvres soldats français. Qu'on n'aille pas accuser d'insalubrité les positions que nous occupons. Les officiers n'ont pas d'indispositions graves, et cependant ils habitent les mêmes camps que les soldats. C'est une honte pour nous de voir l'armée française courir chez nos alliés pour y acheter un complément de nourriture. On ne distribue de viande fraîche que deux ou trois fois par semaine, et quelle viande ! Le biscuit et le lard sont de mauvaise qualité. La troupe n'est bien servie qu'en café, sucre et conserves. Mais la mauvaise nourriture n'est pas la seule cause de l'invasion du typhus. Nos soldats sont sales et paresseux. Leurs camps sont mal tenus. Ajoutez à cela un peu de nostalgie, et vous ne serez plus surpris de la mauvaise santé de notre armée.

Depuis qu'on attend un armistice, il n'y a plus aucun acte d'hostilité. Les alliés et les Russes s'assemblent sur les deux rives de la Tchernaïa, et là ils se font toutes sortes de politesses. Les plus pauvres envoient une croix, une médaille, un scapulaire, pour qu'on leur jette un sou à l'effigie de Napoléon. Les officiers échangent leurs calepins pour y inscrire leurs noms. — En passant devant les ruines d'Inkermann, on trouve les ossements et les vêtements des malheureux Russes qui, blessés pendant la bataille du 5 novembre 1854, n'eurent pas la force de traverser la vallée pour se rendre à leur camp. Ils tombèrent entre les deux armées : ni amis ni ennemis ne purent les inhumer. Leurs cadavres ont été la proie des animaux carnassiers.

17 mars.

Sur les exhortations du pieux commandant F.., Malafaye est résolu à s'enrôler dans le tiers ordre de saint Dominique.

La vie de garnison m'a tant ennuyé pendant quatorze ans, que je serais effrayé de la recommencer jusqu'à ma retraite, si je ne comptais sur les grâces dont j'aurai besoin pour une existence si contraire à mes goûts et aux dispositions de mon esprit. Je tâcherai de me loger près d'une église, où je puisse entendre la sainte messe tous les jours. J'assisterai autant que possible aux conférences de saint Vincent de Paul. La satisfaction que mon cœur goûtera dans ces pratiques de piété me fera oublier un peu les ennuis de la pension, dont j'espère cependant profiter, grâce à mon ami F... Ce bon commandant blâmait un de mes collègues de vivre seul : « Vous perdez, lui disait-il, le mérite de la peine que vous éprouveriez en entendant blasphémer contre Dieu et la religion. » Quoique cet avis ne fût pas à mon adresse, puisque je vis comme il est d'usage dans ma position, j'en fis mon profit : je ne redoute plus autant d'ouïr toutes les sottises, tous les paradoxes, toutes les horreurs qui se disent à une table de garçons. Les personnes qui ne sont pas pénétrées de l'esprit de Dieu ne se respectent que devant des femmes honnêtes. La conversation des réunions composées d'hommes sans foi est d'un cynisme révoltant. Les officiers avec lesquels je vis font une rare exception à cette détestable règle. Aussi, depuis quatre ans ne me suis-je jamais trouvé aussi bien qu'avec eux.

Le docteur inspecteur a sans doute reconnu deux causes de l'épidémie régnante : car on s'empresse beaucoup d'approprier nos camps, et la ration de viande est augmentée.

L'encre gèle sur ma plume ; je vais tâcher de me réchauffer dans mon lit. Tout à vous, toujours.

25 mars.

A l'occasion de la naissance du prince impérial, un *Te Deum* a été chanté au quartier général de Mac-Mahon, sur la crête des monts Fédioukine. Les officiers supérieurs et une grande partie des officiers montés des cinq divisions de la Tchernaïa s'y trouvaient. Le canon mêla sa terrible voix aux accords des musiques jouant l'air triomphal de nos églises ; mais cette fois nos pièces d'artillerie ne lancèrent dans les airs qu'un bruit inoffensif.

A la nuit, tous les camps s'illuminèrent d'une ceinture de feux. Nos alliés s'unirent à notre joyeux enthousiasme. Mais ce qui vous surprendra, mes chers frères, c'est que nos ennemis eux-mêmes, profitant de l'armistice, eurent le bon goût de faire des illuminations encore plus belles que les nôtres. La seule chose qui ne m'ait pas amusé pendant ce beau jour, c'est qu'une grande partie de nos soldats étaient ivres. Pour stimuler leur enthousiasme, on leur avait fait une distribution d'un demi-litre de vin. Une fois les têtes échauffées, les soldats ont tiré des coups de feu, sans prendre la peine, bien entendu, de retirer les balles. De sorte que, à un moment donné, on entendait le sifflement de ces balles comme au beau temps des hostilités.

Notre journée d'hier a été plus belle encore que celle d'avant-hier. Une société d'amateurs, qui s'intitule *Société printanière de Sébastopol*, a donné des courses fort intéressantes. La plaine de la Tchernaïa était couverte de soldats alliés, dont les différents costumes formaient des groupes agréablement bariolés. Sur trois prix que j'ai vu disputer, les Français en ont gagné deux. C'était la première fois que je voyais sauter des rivières, des haies, des barrières. C'est un spectacle émouvant. Malheureusement il arrive toujours quelques accidents.

Les Russes ont pu jouir de nos courses en se tenant sur la rive droite de la rivière. Nos officiers les ont engagés à passer de ce côté ci, mais le général Luders avait donné une consigne si sévère

que pas un n'a osé franchir la Tchernaïa. Nous
avons regretté de ne les avoir pas au milieu de
nous.

29 mars.

Tout le monde regarde comme infaillible l'issue
pacifique des conférences du congrès de Paris. Si
je dois aller à Vergt en demi-solde, je demanderai
à exploiter une des deux métairies de ma sœur.
L'agriculture, non comme spéculation, mais comme
délassement, me procurera des distractions dont
j'aurai grand besoin. Le désœuvrement, l'ennui de
ne plus voir de militaires, tuent beaucoup d'officiers
retirés. Je tâcherai de trouver dans l'affection de
notre famille et dans des occupations sérieuses plus
que je ne perdrai en m'éloignant de mes vieux
amis, en renonçant à des habitudes qui me sont
devenues chères. Mais c'est en Dieu surtout que
j'espère trouver le plus de douceurs. J'ai peut-être
tort de me bercer de ces espérances ; il est possible
qu'il me faille servir activement jusqu'à ma retraite.

5 avril.

Cent un coups de canon nous ont appris, le 2, que
la paix est conclue. Je bénis Dieu de cette heureuse
nouvelle, mais je ne sais pas m'en réjouir. Je sens
au contraire que la tristesse me gagne et qu'à notre
première entrevue je vous demanderai de m'accorder de bonne grâce la permission de retourner en
Afrique, où je pourrai encore me croire soldat. Vu
d'ici, le service de France me paraît insupportable.
Mais espérons que la suppression d'une partie de
l'armée me permettra de me retirer pour vivre de
la vie de famille au milieu de vous.

Ne vous attristez pas trop de ma mélancolie,
chers frères. Vous savez bien que je suis mort au
bonheur. Je n'étais pas heureux, ici, mais les émo-

tions m'empêchaient de sentir mon mal. Plus j'aurai le calme, plus je souffrirai.

L'hiver nous tient toujours dans ses griffes, quoique nous soyons dans la saison du printemps. Avant-hier il a beaucoup neigé ; le thermomètre marquait hier matin dix degrés au-dessous de zéro.

Il y a eu foule au bal du 1er avril, organisé par le général Jannin. Je vous laisse à penser quelles femmes on y trouvait. J'ai gardé le camp pendant que l'adjudant-major y assistait.

12 avril.

Hier, 25 degrés de chaleur. Nous avons profité du beau temps, mon commandant et moi, pour aller voir manœuvrer les Sardes. Le général et son aide de camp, qui parlent parfaitement français, nous ont aimablement donné toutes les explications nécessaires pour bien comprendre les mouvements exécutés devant nous. A la fin de l'exercice, la brigade a défilé avec une précision dont nos soldats seraient jaloux. Le général nous a gracieusement invités à dîner ; mais nous n'avons pas cru devoir accepter cette politesse.

Les Russes viennent nombreux dans nos camps. Ils font des achats considérables chez nos cantiniers.

Avant-hier, j'ai vendu cent francs le vieux mulet que j'avais acheté soixante-dix francs à la succession du lieutenant-colonel Chaunac de Lanzac. Mais, ne voulant pas faire de bénéfice, j'ai donné vingt francs à mon palefrenier et dix à un soldat qui avait conduit à mon écurie un petit cheval abandonné, dont je me servirai jusqu'à notre embarquement.

14 avril.

Pour honorer notre vieux maréchal, le général

Luders lui a fait passer en revue la 11e division de l'armée russe. Mon lieutenant-colonel avait une carte collective où il a pu inscrire mon nom à côté du sien. Je n'avais jamais vu les Russes aussi beaux ; ils étaient tous vêtus de tuniques en drap grossier mais dont la forme se rapproche de celle des tuniques de l'armée française. Lorsque j'étais prisonnier, ce changement de tenue n'était pas encore opéré. L'artillerie de cette division a été remarquée à juste titre par nos officiers. La cavalerie était peu nombreuse : quelques Tatares bien habillés et bien montés ; un magnifique peloton de gendarmes ressemblant assez aux nôtres ; deux ou trois affreux escadrons de Cosaques. L'allure des Russes sous les armes est très martiale. Lorsque le maréchal passait devant leurs bataillons, ils le saluaient de leurs acclamations guerrières. Après le défilé, chaque bataillon chantait en chœur en regagnant les huttes de son camp.

Demain, le général Luders passe en revue l'armée française, déjeune avec le maréchal et assiste à un carrousel que donne en son honneur notre cavalerie d'Afrique. N'est-il pas beau de voir deux peuples qui viennent de s'entretuer se tendre une main si cordiale ?

25 avril.

Ce matin, j'ai eu à examiner devant le général Daurelle de Paladines l'instruction militaire des sous-officiers proposés pour le grade de sous-lieutenant. C'était la première fois que j'interrogeais quelqu'un devant un aussi haut personnage.

1er mai.

Le 27 avril, j'ai visité le palais des Khans ; c'est un édifice bien curieux, mais il n'est pas beau. Ses peintures murales ne peuvent être comparées qu'aux gribouillages des enfants sur leurs cahiers ou sur les murs de leur salle d'école. Les peintres les plus primitifs n'ont jamais dessiné aussi mal que cela. Il n'y a que les Musulmans pour atteindre à ce degré de dégradation de l'art.

A Symphéropol, ma première visite fut pour les demoiselles Roudzévitsch. En les voyant il me sembla que j'étais rajeuni d'une année ; mais la pensée d'être encore prisonnier ne me vint pas à l'esprit ; je me sentais bien libre dans cette ville où j'avais passé vingt jours de captivité. J'éprouvais le bonheur inespéré d'exprimer ma reconnaissance à ces demoiselles qui ont fait tant de bien aux prisonniers. Je les ai trouvées, comme l'année dernière, tout occupées à l'exercice de leur charité.

Le général Adlerberg, gouverneur de la Tauride, qui s'était cru compromis parce que j'avais dit dans mes lettres que j'avais dîné chez lui, a été changé de gouvernement. Après la publication de mes lettres, il avait tenu enfermés les pauvres officiers prisonniers. Ils étaient pourtant bien innocents de l'imprudence commise par vous en confiant ces lettres au rédacteur *du Périgord*. Le général avait gardé rancune aux demoiselles Roudzévitsch de ce qu'elles secouraient toutes les infortunes sans distinction de nationalité et de religion. Il paraît aussi que, dans l'espèce de persécution dont elles furent l'objet, elles se rappelaient avec plaisir les sentiments que m'avait inspirés leur généreuse conduite. Un morceau de journal, qui contenait ma lettre les concernant, leur avait été envoyé par leur frère, général en Pologne, et par plusieurs autres personnes de leur famille ou de leurs connaissances. Comme vous, chers frères, personne ne se doutait que leur admirable conduite envers des malheureux pût leur attirer la disgrâce du gouverneur.

Le jour de mon arrivée, Mlle Roudzévitsch eut la complaisance d'envoyer chercher M. Vétoschnikoff, officier civil, qui était chargé, l'année dernière, de nous conduire à la promenade et qui s'acquittait de cette ennuyeuse mission avec le zèle le plus gracieux. J'avais eu l'avantage de le revoir deux fois à Odessa, où il avait conduit des officiers prisonniers. Nous nous embrassions toujours comme deux frères...

A mon départ, le 28, nous montâmes sur une voiture attelée de quatre chevaux; mon Bayard fut attaché derrière, et nous partîmes au grand trot jusqu'à sept verstes de Symphéropol. Là nous nous arrêtâmes pour prendre le thé chez la fiancée du lieutenant Yaroschinto. Nous nous remîmes bientôt en route et nous étions avant midi à Batgé-Seraï.

Le 29, je fis visiter à Yaroschinto Balaklava, Kadicoï, St-Georges, Kamiesch et Sébastopol.

Au camp du monastère Saint-Georges, 24 mai.
Nous avons maintenant pour aumônier supérieur le P. de Damas, notre compatriote. J'ai l'intention d'aller lui demander s'il ne serait pas opportun de lier les militaires pieux de l'armée par une association qu'on placerait sous le patronage d'un saint ayant été soldat. Nous pourrions ainsi nous aider mutuellement à soutenir notre foi contre les séductions de toute sorte que nous allons rencontrer en France, et nous opposerions une barrière à la corruption des jeunes soldats, menacés dans leur vertu par les horribles conversations et les mœurs déplorables du régiment. Il y a d'autant plus de bien à faire dans l'armée, que personne ne s'occupe de la moraliser. Je l'ai souvent dit, le Gouvernement, qui nourrit mal le corps du soldat, ne nourrit pas du

tout son esprit, son cœur, son âme. Cependant il passe tant de monde dans l'armée que, si on travaillait à la rendre meilleure, la nation s'en ressentirait certainement. Et si on donnait des principes de morale et d'honneur à nos soldats, ils seraient invincibles dans le combat et ne mourraient pas d'ennui en attendant le jour de la bataille. Si l'homme de guerre était chrétien, il serait résigné. Si la foi lui manque, il a en horreur les souffrances d'une campagne et ne pense qu'aux plaisirs de garnison.

27.

Je viens d'assister à une messe où nous étions sept communiants.

29 mai.

Nous attendons les agrafes des médailles d'Angleterre et les médailles sardes. Des personnes ordinairement bien informées prétendent qu'il y en a une pour moi. J'aurais donc deux médailles et une croix, moi qui n'avais rien du tout il y a deux ans. Tu vois que la poitrine de ton frère sera bien ornée. J'y tiens si peu que je ne porte de décorations qu'avec ma grande tenue. Il m'arrive souvent de ne pas même porter de ruban.

2 juin.

Nous avons travaillé, hier, chez le P. de Damas, notre aumônier supérieur, à la constitution de la *Société de Saint-Maurice*. Dimanche prochain nous aurons une autre réunion. J'ai bien peur que le temps nous manque pour organiser cette association religieuse.

9 juin.

Je n'ai plus mon pauvre Bayard.

J'ai cédé à la remonte, pour la somme de cent francs mon petit cheval trouvé. Avec cette somme je ferai trois heureux : je donnerai 40 francs à mon palefrenier, 30 au soldat qui recueillit cette monture, et enfin les 30 autres à l'ordonnance qui soigne mes effets.

Nous avons arrêté dimanche les statuts de notre association religieuse. Le P. de Damas en sera le directeur spirituel.

10 juin.

J'ai reçu les quatre agrafes qui doivent couvrir le ruban de la médaille de Crimée. Elles portent chacune l'inscription d'une bataille où les Français et les Anglais ont combattu côte à côte : Alma, Balaklava, Inkermann, Sébastopol. Au 9e, il n'y a qu'un officier qui ait, comme moi, les quatre agrafes ; un seul en a trois ; tous les autres n'ont que celle de Sébastopol.

13 juin.

Notre association rencontre des difficultés qui, je le crains, la feront échouer. Les associés ne sont pas d'accord pour la constituer, et ceux qui ne doivent pas en faire partie jettent les hauts cris, prétendant que nous sommes des ambitieux qui veulent former une union d'admiration mutuelle pour nous pousser aux grades.

Marseille, 1er juillet.

Je suis sur la terre de France depuis hier. Je n'ai vu Constantinople qu'en passant. J'ai visité Thérapia sur la rive européenne.

Tournus (Saône-et-Loire), 6 juillet.

Je viens d'assister à vêpres avec grand plaisir ; voilà plus de deux ans que cela ne m'était arrivé. En captivité je demandais la permission d'aller à la messe, mais je craignais d'être indiscret en demandant aussi d'aller à vêpres.

16 juillet.

Je veux envoyer à Odessa les 400 francs que j'y

ai reçus l'an dernier. Comme je vous l'ai déjà dit, ce n'est pas un prêt que m'ont fait les habitants d'Odessa ; mais je trouve que je ne suis pas dans une position assez gênée pour accepter un tel cadeau. D'ailleurs cette somme pourra servir à soulager bien des misères, lorsqu'elle sera entre les mains charitables de mes bienfaiteurs.

A mesure que nous avançons vers le Nord, nos logements sont de plus en plus beaux. A La Marche, je n'osais pas entrer dans ma chambre, de crainte de la salir. Les habitants de ce pays sont bien plus affectueux que ceux du Midi.

Sivry-sur-Meuse, 21 juillet.

Depuis Marseille jusqu'à Lyon, nous avons voyagé sur la rive gauche du Rhône. De Lyon à La Marche, nous n'avons pas quitté la vallée de la Saône. Enfin nous entrons, à Neufchâteau, dans le bassin de la Meuse pour ne plus le quitter ; il nous conduira jusqu'à Mézières. Nous sommes sur une route enchantée. Les populations paraissent animées du meilleur esprit. Les Lyonnais sont enthousiastes pour l'empereur depuis qu'il s'est transporté au milieu des inondés. Les Marseillais me semblent bien froids pour le Gouvernement actuel.

Je devrais n'avoir jamais par devers moi d'argent dont je puisse disposer. Pendant cette route, j'ai prêté 60 francs.

Mon commandant, parti pour Mézières, a laissé son cheval à ma disposition. Mais je l'abandonne à mes camarades qui sont souffrants. Je brûle mes étapes avec trop de facilité pour avoir besoin d'un cheval.

Mézières, 25 juillet.

A Sivry j'ai logé chez deux respectables époux qui ont, à eux deux, 143 ans : M. Verdun, 72 ans ;

sa compagne, 71. Leur union dure depuis 49 ans. Ils m'ont cordialement invité à la cérémonie religieuse qu'ils feront célébrer l'an prochain pour remercier Dieu de leur avoir accordé 50 années d'un bonheur aussi complet qu'il puisse l'être sur cette terre. J'eus l'imprudence d'appeler cette cérémonie un second mariage. « Non pas ! me dit Mme Verdun. Pour rien au monde je ne voudrais me marier deux fois, même avec mon mari. »

Dans la famille Verdun personne ne se tutoie. La maîtresse de la maison me dit qu'elle croirait n'être plus respectée de son mari, s'il la tutoyait. Le père et la mère disent *vous* à leurs propres enfants.

Quand je considérais les bénédictions qu'il a plu à Dieu de répandre sur les deux bons vieillards, l'idée me venait naturellement qu'il m'avait jugé indigne d'une pareille félicité. Je ne l'ai entrevue que pour la pleurer toute ma vie. Fasse le Ciel que les regrets de mon cœur me préservent jusqu'à la mort des dangers que me fera courir la fréquentation obligée de bien des personnes pour lesquelles la crainte de Dieu n'est rien... Je redoute plus le repos des garnisons que les baïonnettes des Russes. Dieu, je l'espère, prendra en considération la souffrance que me feront éprouver les blasphèmes contre son saint nom ; il ne permettra pas que mon âme se laisse corrompre par les paroles qu'entendront mes oreilles.

Plus heureux que moi, les époux Verdun s'aiment toujours, m'a dit la respectable vieille, et encore plus aujourd'hui qu'au temps de leur jeunesse.

En quittant cette famille de bénédictions et de prières, je dis à Mme Verdun : « Je vous recommande d'être toujours bien fidèle à votre mari », et

au vieillard : « Ne soyez pas jaloux sans motif. »
Cette plaisanterie fut si bien du goût de ma bonne
hôtesse qu'elle me sauta au cou et m'embrassa.
M. Verdun en fit autant.

Les habitants du Nord valent mieux que ceux du
Midi. Dans le Nord, les cœurs sont plus français,
la gloire de la patrie leur est plus chère. A mesure
que je m'éloignais de Marseille, je me trouvais
toujours de mieux en mieux. A son arrivée à Sedan,
où il tient garnison, le 73ᵉ reçut une pluie de couronnes. Le colonel O'Malley, ancien chef de bataillon
au 7ᵉ léger, qui m'avait fait dire de n'accepter
d'autre dîner que le sien, me montra son drapeau
dont l'aigle était encore toute couverte de fleurs.

Les habitants de Sedan n'avaient pas donné toutes
leurs couronnes au 73ᵉ. Ils en ont réservé pour
le 9ᵉ, quoique de passage seulement dans leur cité.
Avant d'entrer dans Mézières, chaque membre
du 9ᵉ a reçu un joli bouquet, excepté moi, qui ne
me trouvais pas à ma place de colonne au moment
de la distribution. Les soldats ont mis ces bouquets
à la bouche de leur fusil, toute surprise de recevoir
des fleurs, elle qui n'avait mangé et vomi que des
balles. Discours du préfet, du maire ; réponses du
colonel. Guirlandes, couronnes, arcs de triomphe,
défilé des troupes devant le préfet, acclamations de
la foule. Le soir, réception dans les salons du préfet.
La ville de Mézières a distribué 800 francs aux
soldats. J'ai quitté de bonne heure la préfecture
pour aller voir les illuminations ; elles étaient fort
belles.

31 juillet.

On m'a remis mon brevet de chevalier de la
Légion d'honneur. Mon intention est de vous l'envoyer ; vous le conserverez pour mes neveux.

En le faisant lire à Raymond et à Marcel, vous tâcherez de leur inspirer l'amour de la patrie.

1ᵉʳ août.

Les officiers paraissent s'habituer à boire de la bière à leurs repas. Quant à moi, je continue à boire de l'eau.

Le colonel Bessières, très bienveillant pour notre capitaine, voulait qu'il entrât dans la garde impériale. Mais on exigeait du candidat une démarche personnelle. Malafaye refusa de la faire. Demander soi-même à entrer dans un corps d'élite réservé aux plus méritants, c'était, d'après lui, commencer à démériter.

7 août.

Je conserve mes insignes jusqu'au jour où l'on aura une compagnie à me donner. J'enlèverai mes grenades, après avoir eu trois fois le droit de les porter : deux fois comme adjudant-major, une fois comme capitaine de grenadiers. C'est inouï ! Je remercie Dieu de me donner cette leçon d'humilité et je le prie de la faire servir à mon salut.

Le lieutenant-colonel, prévoyant ma *déconfiture*, m'a donné les enfants de troupe à soigner. Il ne pouvait pas m'être plus agréable. J'aime beaucoup les enfants. Ceux qu'on me confie sont aux trois quarts perdus. Vous devez croire que, vivant au milieu d'hommes adultes sans éducation et souvent sans principes de morale, ces pauvres enfants ne gardent pas longtemps leur innocence. Jusqu'ici ils ne faisaient la prière ni le matin ni le soir. Neuf d'entre eux ont fait leur première communion, mais je crains bien qu'ils n'aient pas rempli leur devoir pascal cette année. Je voudrais les voir approcher des sacrements, à l'Assomption. Dans ce but j'ai déjà demandé le concours des Frères de la doctrine chrétienne , qui les instruisent, et celui de **M.** le curé de Mézières. Ces messieurs m'ont tous promis de m'aider à faire des chrétiens des seize diablotins dont j'aurai à répondre devant Dieu. J'essaye d'abord de les prendre par la douceur : je les ai envoyés en promenade au-delà de Charleville, après leur avoir acheté quatre balles élastiques pour qu'ils puissent jouer à la campagne. Ce soir, je les fais conduire au bain dans la Meuse. Leur caporal est bon nageur ; j'espère qu'il ne leur arrivera pas d'accident.

21 août.

A peine né, le prince impérial est grand'croix de la Légion d'honneur. De plus, on le place au 1er régiment de grenadiers de la garde impériale comme enfant de troupe. Que Dieu le préserve d'être jamais cela en réalité ! Mais je vous demande s'il est permis de faire soldat et grand'croix un enfant qui ne recherche encore que le sein de sa nourrice ! Cela prête à rire.

Malafaye a un congé de six mois. Le 22 octobre, les habitants de Vergt. pour le fêter, lui offrent un banquet.

Vergt, 18 novembre 1856.

Mon cher Louis,

Je suis invité par M. et Mme d'Auteville à passer deux jours par semaine à Boiras. M. le curé (1), la famille de Marsaguet, me veulent le soir toutes les fois que je suis libre. Les nobles et les riches, les bourgeois et les pauvres, me font le même accueil flatteur. Mes six mois s'écouleront en courses aux environs de Vergt, et je ne sais même pas s'ils

---

(1) M. l'abbé Masson.

suffiront à satisfaire tous ceux qui désirent m'avoir.

Notre belle-sœur voudrait que son mari quittât l'enseignement ; mais il me semble que ses revenus d'un millier de francs ne peuvent pas lui suffire, tant que les enfants seront en pension... Si tu n'as plus besoin de moi, je pourrai lui donner près de 600 francs par an.

Pour laisser son état, Titou n'aurait besoin que d'une pension de 300 francs. Nous aviserons ensemble. Quel bonheur si nous pouvions dispenser nos deux frères de travailler, eux qui ont tant et si longtemps travaillé pour nous deux !

10 janvier 1857.

J'ai promis à mes frères d'abandonner mon projet d'établissement en Afrique, projet que j'ai caressé bien longtemps.

Je ne puis pas satisfaire à toutes les invitations qui me sont faites. J'en ai refusé trois cette semaine.

Rocroi, 3 avril.

Depuis le 16 mars je ne suis plus auprès de notre excellente mère. Le 15 elle avait réuni tous les membres de la famille. On aurait dit qu'elle oubliait, en préparant le repas, que sa tendresse maternelle allait être soumise à une dure épreuve. Le lendemain matin elle versa quelques larmes en m'embrassant, mais elle se montra courageuse jusqu'au moment de notre séparation ; elle me dit alors : « C'est peut-être la dernière fois que nous nous voyons. »

Titou m'accompagna jusqu'à Périgueux, où nous fîmes plusieurs visites. Lorsque je le vis rester devant le bureau des messageries, pendant que la voiture de Thiviers m'emportait sur la route de Paris, je ne pus retenir mes sanglots. Mon ami Narfon m'attendait à Thiviers pour me conduire chez sa mère à Saint-Jean-de-Côle. Ce modèle des femmes chrétiennes me témoigna le plus grand attachement, à cause de ma vive affection pour son fils. Le lendemain j'allai coucher à Nontron. J'y trouvai M. Ricou, ancien brigadier de gendarmerie à Vergt. Quel plaisir me fit ce brave homme en me disant qu'il n'avait jamais rencontré personne plus parfait que notre frère aîné ! Il assure qu'il l'a beaucoup fréquenté sans l'avoir jamais entendu dire du mal de qui que ce soit. A Paris, où j'ai passé dix jours, mon beau-frère et toute la famille Duval m'ont comblé de politesses. Ernest m'a donné un beau calepin, M. Duval une médaille avec quatre agrafes, Edouard une croix de la légion d'honneur. Ces présents me montrent combien je suis aimé dans ma famille de Paris. J'éprouve cependant de la peine à recevoir toujours sans pouvoir jamais rendre.

Mézières, 28 avril.

Nous voici à la fin d'avril, et la neige n'a pas honte de tomber encore ici. A Rocroi, cela ne me surprenait pas trop, parce que cette malheureuse ville passe, à bon droit, pour la Sibérie de notre belle France. A Mézières on nous a prévenus, sous forme de plaisanterie, qu'il y a chaque année dans ce pays, huit mois d'hiver et quatre mois de mauvais temps.

10 mai.

Aujourd'hui deux de mes enfants de troupe ont fait leur première communion. Ils sont venus hier me demander pardon. Il ne m'était pas difficile de le leur accorder : leur bonne conduite depuis plus de six mois ne mérite que des compliments. Le colonel est enchanté.

3 juin.

Je viens de me faire admettre à la conférence de saint Vincent de Paul de Mézières, dont le président est un chef d'escadron en retraite.

24 juin.

Mon cher Titou,

Aujourd'hui je prie notre saint patron de nous obtenir la grâce d'être un jour avec lui dans le ciel. Nous sommes déjà sur le déclin de la vie ; nos beaux jours sont passés. S'il n'y avait pas d'au-delà, nous regretterions de vivre : car nous trouvons dans notre triste et courte existence plus de peines et de soucis que de plaisirs et de joies, et les moments heureux ne nous donnent eux-mêmes qu'un demi-bonheur, parce que nous les savons courts. Lorsqu'au mois d'octobre dernier j'arrivai à Vergt avec cinq mois de congé, il semblait bien que j'avais un long espace de temps à demeurer au milieu de ma famille. Néanmoins, chaque jour je me disais avec tristesse : cela va bientôt finir ! Ainsi, mon ami, tant que notre bonheur a des limites, ce n'est plus un bonheur : la certitude qu'il finira nous empêche d'en jouir. C'est donc dans les joies éternelles qu'il faut nous réfugier, c'est pour là-haut que nous devons nous aimer, c'est dans la patrie des élus qu'il fait bon avoir ses amis. Là, on ne se sépare jamais ; là, l'inconstance n'est pas à craindre. S'aimer sur la terre, c'est avoir à peine le temps de se le prouver. S'aimer dans le ciel, c'est avoir des affections qui dureront autant que Dieu. Il faut penser, mon cher Titou, qu'il n'y a ici-bas que le clinquant du bonheur de là-haut.

22 juillet.

Je fais de mon temps comme de mon argent : j'en promets plus que je ne puis en donner.

17.

Hévrard, Couderc, Alfred, Armand, viennent prendre des leçons chez moi, et nous avons à nous préparer pour l'inspection générale.

Mes devoirs de société, je ne les remplis guère mieux à Mézières qu'à Vergt. Les lettres s'entassent dans mon secrétaire sans que j'y réponde. Comme membre de la conférence de Saint-Vincent de Paul je ne visite pas mes familles pauvres aussi souvent et aussi bien que je le voudrais. Le président m'a fait nommer secrétaire au moment où il fallait faire un rapport sur les bonnes œuvres de la conférence depuis le 19 juillet 1856 jusqu'au jour correspondant de 1857. Ce rapport m'a coûté une peine infinie. Je l'ai fait cependant et je l'ai lu, dimanche dernier, devant les conférences réunies de Mézières et de Charleville. On m'aurait conduit au supplice que je n'aurais pas plus tremblé. A la fin de la séance, mon collègue secrétaire de Charleville me prit la main et me demanda pourquoi je tremblais ainsi devant des hommes pacifiques, moi qui n'avais point tremblé devant les Russes. Je dois vous dire cependant que mon rapport, débité avec une émotion visible, produisit passablement d'effet : je touchai mon auditoire au point de le faire pleurer.

Le rapport du capitaine Malafaye commençait ainsi :

« A peine admis à l'honneur de faire partie de votre conférence, vous me confiez, bien à tort assurément, le soin de mettre sous vos yeux le résultat des bonnes œuvres que vous avez faites depuis le 19 juillet dernier. Tout autre membre se serait mieux acquitté que moi de cette tâche honorable. Mais j'ai voulu faire acte de bonne volonté en me soumettant au désir de votre bureau. C'est d'ailleurs une occasion toute naturelle pour vous remercier du bonheur que vous me faites éprouver, en m'associant aux bienfaits que vous répandez autour de vous en dignes disciples de notre saint patron, dont nous célébrons aujourd'hui la fête. Etranger à votre ville, vous me donnez mieux que le droit de cité, en me permettant de participer au bien que vous y faites. De quel plus beau privilège pouviez-vous me faire jouir ? Recevez aujourd'hui, chers confrères, l'expression de toute la gratitude que j'en ressens.

» Avec les modiques ressources dont vous disposez, et dont une grande partie provient des quêtes de la société, vous avez secouru cinquante-six familles. Ce chiffre doit vous démontrer, mieux que je ne pourrais le faire, que nos pauvres n'ont pas été aussi abondamment pourvus que nous l'aurions désiré. Les cœurs de nos membres visiteurs ont quelquefois saigné devant l'impuissance de soulager toutes les misères dont ils étaient témoins. Plus d'un de nos confrères a senti sa paupière se mouiller en voyant couler les larmes d'une mère qui lui faisait avec confiance le récit de ses appréhensions au sujet de l'avenir de ses enfants. En considérant cette mère, entourée de pauvres petits à demi nus, grelottant de froid dans une chambre sans feu, ayant faim peut-être, le visiteur, après avoir déposé l'obole de la société, ne s'est-il pas dit : La vue de cette misère m'est plus utile que ne l'est à cette malheureuse famille le faible secours que je lui porte ? Je lui donne de quoi adoucir un peu ses souffrances, et je reçois en retour des bénédictions qui peuvent faire descendre sur moi et sur mes confrères des grâces inestimables. Si je me retirais ainsi, nous ne serions pas quittes. Il faut que je souffre aussi des souffrances de cette bonne mère qui porte la croix lourde mais bien précieuse de Jésus-Christ ; il faut que je l'aide à la charger d'une manière plus commode ; il faut que je lui fasse envisager que la route à parcourir n'est pas aussi longue qu'elle paraît ; que le chemin du Calvaire conduit à l'éternelle et céleste patrie ; que le lot qui échoit aux pauvres ici-bas vaut souvent mieux que celui des riches dont ils envient le sort ; que les biens de la terre sont difficiles à conserver ; que l'héritage reçu par une génération ne se transmet pas toujours à la génération suivante. Tandis que l'héritage réservé par Dieu à ceux qui souffrent en son nom est basé sur des titres qui en assurent l'éternelle possession.

« Alors les secours affectueux, plus doux à recevoir que les secours matériels, viennent mettre un baume salutaire sur les plaies de la mère chrétienne, qui promet de souffrir avec patience et de prier pour celui qui vient de lui prodiguer ainsi d'abondantes consolations. Et le visiteur se retire le cœur ému mais content d'avoir fait entrer l'espérance dans une famille désolée. C'est ainsi que la charité bien exercée porte des fruits immédiats pour celui qui la fait comme pour celui qui la reçoit. Montrons-nous donc toujours compatissants aux maux que nous rencontrons dans nos chères familles de pauvres. Souvenons-nous qu'en entrant dans leurs misérables logements nous devons être pénétrés de respect, comme si nous allions rendre visite à notre divin Sauveur, qui nous a donné l'exemple de la pauvreté et qui l'a sanctifiée pour nous la faire aimer. »

Alfred (1) est de plus en plus gentil. Je lui lâche la bride à mesure que je suis plus content de lui. Je lui ai fait faire une redingote, un gilet et un pantalon. Il est très bien habillé. Il gagne en instruction, en éducation, en propreté, en sincérité. Je n'obtiens rien pour l'ordre, la confiance, l'exactitude et l'amour du travail. Il se montre aussi plus soumis. Tous mes amis lui donnent de bons conseils qui paraissent produire un excellent effet sur lui. Vous allez être surpris en apprenant qu'il est économe ; il l'est peut-être même un peu trop. Depuis que nous vivons ensemble, il ne m'a fait manger qu'une poule ; encore était-elle bien faite pour me dégoûter de la volaille. Cependant je ne serais pas fâché de manger quelquefois du poulet. Je lui ai demandé des abricots ; il m'a répondu : « Ils sont trop chers ! » J'ai eu toutes les peines du monde à manger des cerises. Il m'a procuré des fraises autant que j'ai voulu, probablement parce qu'il les aime. Mais je ne puis obtenir qu'il me fasse cuire des carottes ; sans doute il les aime moins que les fraises. En résumé, il change beaucoup à son avantage. Il ne me gêne guère plus que la nuit : c'est le plus mauvais coucheur que j'aie connu ; il prend presque toute la place, accapare les couvertures, fait aller ses pieds et ses bras comme un tisserand ; il me réveille dans des moments où j'aurais bien besoin de dormir.

19 août.

MONSIEUR LE CURÉ (2),

Puisque j'ai renoncé à tout espoir de retour en Afrique, il me serait bien doux de penser que je

---

1) Un jeune garçon que Malafaye avait emmené de Vergt pour l'instruire et le pousser.

(2) M. Masson, curé de Vergt.

pourrais donner le reste de mes jours à mes deux frères de Vergt. J'habiterais et je vivrais avec Titou. Mais comme je veux faire de l'agriculture et élever des bestiaux, Malafaye m'en donnerait la facilité. J'irais le trouver dans sa jolie résidence de Chalamard à peu près tous les jours, après avoir entendu la messe et déjeuné à Vergt; je passerais le journée dans sa famille, pendant que Titou vaquerait à ses occupations du bourg, où je reviendrais avant la nuit pour souper, passer la soirée et coucher. Ce déplacement journalier me donnerait un exercice fort utile à ma santé et serait tout à fait à ma convenance.

1er septembre.

Mon cher Malafaye,

... Tu m'engages à n'abandonner ni ta femme ni tes enfants, si tu viens à mourir. Tu me fais là un legs dont je te suis reconnaissant et que je recueillerais pieusement, mais je ne suis pas du tout pressé de voir ta femme veuve et tes enfants orphelins. C'est que, vois-tu, tous mes soins pour ma sœur et mes neveux ne me rendraient pas le frère que j'aurais perdu...

19 octobre.

L'année dernière j'ai compté, avec Titou, que je toucherai, étant en retraite, 2.122 francs, y compris mon traitement de légionnaire. Je me propose de fournir à Mme Roux, jusqu'à sa mort, sa pension de 250 francs par an. Je donnerai à Titou 730 francs pour ma nourriture et mon logement. Notre frère cessera alors, ou bientôt, de travailler ; nous vivrons fort bien tous deux avec la somme annuelle que je mettrai à sa disposition. Je consacrerai 365 francs à mon entretien et au sien. Je distribuerai environ 200 francs aux pauvres de la commune. J'aurai encore à disposer de 577 francs dont je ne veux pas économiser un centime. Je ne puis pas faire un meilleur usage de cette dernière somme qu'en l'employant à aider mes neveux. **Tes deux enfants auront fini leurs classes dans six ans, ou bien ils auront à cette époque appris un état. Malgré ton refus, je veux t'assurer 600 francs pendant quatre ans** ; puis 300 francs pendant deux ans encore, pour conduire ton plus jeune fils au bout de ses études. A ma retraite, je n'aurai donc plus d'engagements pour tes deux enfants, et je te paierai peu à peu l'arriéré des 600 francs que je n'aurais pu te fournir chaque année. Je ferai ensuite des sacrifices pour mon neveu Nodet. Alfred ne me coûtera que s'il est bon sujet; s'il ne fait pas un bon militaire, je l'abandonnerai. Sa mère lui aidera avec les 250 francs qu'elle recevra de moi chaque année.

Tes métayers ont tort de ne pas vouloir élever de lapins. Ce serait une occupation toute trouvée pour leurs enfants. Pas de cheptel à dépenser, pas de bons fourrages à sacrifier pour nourrir ces petites bêtes. Le lapin aime tout ce qui est vert, il utilise tous les débris des repas des personnes et des animaux. On n'aurait même pas à s'occuper de lui, si on le plaçait, comme on fait ici, dans l'étable des bœufs. Il se contente alors de ce qui tombe des crèches et se perdrait dans le fumier, il mange la partie la plus tendre de la bruyère et des ajoncs qui forment la litière des animaux. Mais lorsqu'on l'enferme dans un espace plus étroit, il donne d'excellent fumier.

Alfred me fait quelquefois sans fautes des dictées de 25 lignes, ce qui lui vaut, comptant, une gratification de cinq centimes ; il la reçoit toujours avec un sourire oblique, comme quelqu'un qui aurait bien

envie de dire que ce n'est pas assez payé. Sa conduite est fort bonne.

19 décembre.

Dans ma correspondance avec mes amis je suis
fort en retard. Je me suis cependant imposé l'obligation d'écrire au moins une lettre par jour. Si j'y
manque, je me mets à l'amende de 25 centimes par
lettre, au profit d'Alfred. Il m'est arrivé déjà quatre
fois de préférer payer l'amende.

30 décembre.

Vous voyez, ma bonne et tendre mère, que j'ai
bien fait de vous embrasser tous les jours, pendant
cinq mois, puisque je ne puis plus vous donner
cette marque de ma filiale affection, même au commencement de l'année 1858. Mais je baise ici ce
papier à l'endroit même où j'écris ces mots, en
vous priant d'y poser aussi vos lèvres. Je vais bien
souffrir après-demain de ne pas être auprès de vous,
Cette lettre, plus heureuse que moi, ira, je pense,
vous trouver à votre lever. Souvenez-vous que je
prie pour vous tous les matins à la messe.

5 Janvier 1858.

Mon cher Frère,

C'est à toi que j'écris ma première lettre de
l'année 1858. J'ai mis quatre jours à faire et à
recevoir des visites. Je n'aurais pas reçu à Vergt
plus de politesses qu'ici.

J'ai lu avec bien du plaisir, mon bon ami, les
lignes où tu m'exprimes tes veux pour moi, à l'occasion de la nouvelle année. Tu n'auras pas de
peine à être exaucé, car je ne désire rien sur cette
terre. Je ne demande à Dieu que les grâces nécessaires à mon bonheur éternel. Tous les biens d'ici-
bas ne sont rien, puisqu'il est impossible de les

emporter là-haut. Quand je prie pour ma mère, pour mes frères, pour tous ceux que j'aime, — et je le fais tous les jours, — je demande pour eux le bonheur, la santé et la piété : le bonheur, qui est un avant-goût de la félicité céleste ; la santé, qui donne la force de bien servir Dieu ; la piété, qui aide à supporter les misères de la vie, à marcher d'un pas ferme dans le chemin du ciel.

28 janvier.

Je te demande la permission de te gronder, mon cher Louis. Je t'ai dit souvent que je ne garde jamais d'argent par devers moi. Aussitòt que j'en ai, je l'envoie à Malafaye pour nos neveux. Eh bien ! voilà trois ou quatre mois que je t'ai prié de me faire connaître ta position. Tu m'as répondu que tu te tirerais d'affaire sans moi ; et alors, j'ai envoyé 200 francs à Vergt, j'ai donné 50 francs à Malafaye, 30 francs à notre mère et 20 francs à Mme Roux. Et maintenant que je suis sans le sou, tu me demandes cent francs ! Il faut que je les emprunte. Je le répète, je te suis toujours et pour toujours tout dévoué ; mais comme je suis ennemi de l'argent, si on veut que je puisse en fournir, il faut me donner le temps d'en économiser.

4 février.

Mon cher Louis,

Je t'envoie un billet de banque de cent francs. Souviens-toi, une autre fois, de me prévenir trois mois d'avance. Me priver, afin que tu puisses faire honneur à tes affaires, sera toujours pour moi un véritable plaisir.

6 mars 1858.

En ma qualité de secrétaire, j'ai fait et lu le rapport à l'assemblée générale de notre conférence de Saint-Vincent de Paul. Le président croyait exagéré mon éloge de nos pauvres. Cependant, après une visite générale à toutes nos familles secourues, il a convenu que j'avais dit vrai : il y a ici une touchante sympathie chrétienne entre les disciples de saint Vincent de Paul et leurs pauvres. J'ai, pour mon compte, neuf familles à visiter. Il y en a plusieurs auxquels la conférence ne donne de secours que de loin en loin ; eh bien! ils me reçoivent avec autant d'affabilité que si je leur portais un bon de vêtements, de pain ou de chauffage.

22 mars.

MONSIEUR LE CURÉ (de Vergt),

Il paraît que l'arrivée de mon frère Louis a été si agréable à ma bonne mère que son état de santé s'est aussitôt amélioré. Pendant que vous avez auprès de vous ce cher frère, tâchez d'en faire un chrétien pratiquant. Il m'est bien pénible de voir que, sur trois frères que j'aime de tout mon cœur, il y en a deux qui ne font rien pour gagner la vie éternelle. Je prie beaucoup pour eux ; je voudrais bien que Dieu m'accordât la grâce de leur conversion.

On se plaint dans ma famille que je n'écris pas assez souvent. Veuillez communiquer cette lettre à mes frères, afin qu'ils prennent patience Mes occupations sont réglées de telle sorte qu'il me reste peu de temps à dépenser. Je prendrais volontiers sur mon sommeil le plaisir de m'entretenir avec eux ; mais mon œil blessé ne me le permet pas. Depuis une dizaine de jours j'en souffre plus que d'habitude.

3 avril.

Me voici arrivé à la fin du carême à peu près aussi bien portant qu'au commencement. Lorsque mon estomac s'est fâché de mes rigueurs, je l'ai écouté. Ainsi, le jeûne de quarante jours n'aura fait qu'aiguiser mon appétit.

Bocroi, 27 avril.

Je te remercie, mon cher Malafaye, d'avoir pensé à mettre un appartement à ma disposition. Je ne l'accepte que pour le jour. La nuit, je veux être auprès de notre mère, dont j'ai été trop longtemps éloigné. Lorsque Titou vivra en rentier, nous passerons, je l'espère, presque toutes nos soirées ensemble ; lorsque nous irons à Chalamard, tu nous feras les honneurs de tes salons. Je fais mille projets pour rendre l'existence agréable à ce cher Titou. J'étudierai ses goûts ; je n'aurai pas le mérite de lui sacrifier les miens, puisque je n'en ai pas ; mais je ferai tout mon possible pour me conformer à ses désirs. Je suis persuadé qu'on n'aura jamais vu deux frères vivre dans un plus parfait accord.

19 mai.

Je viens de recevoir la lettre de ma tata Roux. Je la trouve sévère pour Alfred. Il mérite bien les reproches qu'elle lui fait ; mais il serait bon de l'encourager à se corriger de quelques défauts. J'ai dit qu'il était probe, économe et sobre. Ce sont trois belles qualités à conserver. Dans l'état militaire, il sera bien exposé à les perdre ; je voudrais donc que sa mère m'aidât par ses conseils à lui conserver ce qu'il a de bon et à le préserver de ce qui est mauvais. C'est un enfant auquel je ne suppose encore aucun vice ; il n'a que de mauvais penchants. Il croit que je suis fait pour le gronder ; ce que je lui dis produit peu d'effet. N'ayant été ni assez adroit ni assez heureux pour me l'attacher, je recommande à ceux qu'il aime d'user de leur influence sur lui pour le faire marcher dans la bonne voie.

26 juillet.

L'engagement d'Alfred est un fait accompli. Je lui avais donné carté blanche pour le choix du corps où il voudrait servir. Non seulement il a choisi le 9ᵉ, mais encore il a demandé à faire partie de ma compagnie.

J'ai tout récemment rendu visite à des trappistes belges. Le prieur du couvent m'a comblé de politesses et d'honneurs. Contrairement à l'usage, j'ai été admis à réciter l'office dans le chœur avec les Pères. On m'a fait occuper, à l'église et au réfectoire, la place du sous-prieur absent. En dînant j'avais devant moi et tout près de moi la tête d'un religieux mort il y a peu d'années. J'ai couché au couvent. Je me suis levé à deux heures après minuit pour assister à *matines* et à *laudes*. J'ai mangé de la soupe à l'eau, c'est-à-dire sans graisse, sans beurre et sans huile. Je l'ai trouvée moins bonne que celles que font ma mère, ma tante Fillou et Mᵐᵉ Roux.

Paris, 28 septembre.

On vous menace, ma bonne mère, de garder ici votre fils plus longtemps que vous ne voulez. Si vous jugez qu'on vous maltraite trop, dites moi quel jour vous désirez que je vous embrasse à Vergt. Il y a, à Paris, tant de gens qui me gâtent, que je n'ai guère la force de leur résister ; mais vous devez passer avant eux : je ferai tout ce que vous voudrez.

Malafaye a obtenu un congé de six mois, du 20 septembre 1858 aux 31 mars 1859.

Amiens, 13 avril 1859.

Ma Bonne Mère,

Je n'ai pas toujours du malheur : je vais revoir

cette terre d'Afrique que j'aime tant. Le régiment a reçu l'ordre de former trois bataillons de guerre qui devront se tenir prêts à partir au premier ordre du ministre. Aucune nouvelle ne pouvait m'être plus agréable. Pour vous consoler de mon départ, bonne mère, songez que l'Algérie est ma seconde patrie et que je vais être heureux de me rapprocher des restes de mon Elisa toujours aimée.

> *Au bivouac de l'Agha, près d'Alger,*
> *8 mai 1859.*

Le 5, *La Bretagne*, le plus beau vaisseau de guerre de l'univers, portant 130 canons, nous prenait à son bord pour nous conduire à Alger. Elle a fait le trajet en quarante heures.

> *Camp d'Isly, près d'Alger, 21 juin.*

Je frissonne de plaisir et d'émotion. Je vais partir pour l'Italie avec une compagnie de voltigeurs.

Si j'étais resté à la 2e du 3e bataillon, je ne partais pas. Et pourtant je n'avais aucune envie de passer dans une compagnie d'élite. Nous ne savons jamais ce qu'il nous faut ; le plus sage parti, c'est de se laisser conduire par la main de Dieu. Mon œil va mal aujourd'hui ; je lui donne cependant plus de soins que jamais, afin qu'il ne m'empêche pas de partir.

> *A bord du Mogador, 9 juillet.*

Ce matin, j'ai servi la messe et j'ai reçu mon Dieu dans la chambre de l'aumônier. Il n'est pas d'usage à bord de communier à la messe du dimanche, qui se dit en grande pompe devant l'état-major et l'équipage.

Avant-hier, à la table de l'amiral, tous les officiers, avant de s'asseoir, ont dit le *bénédicité*. Comme j'en témoignais de la surprise, on m'a dit que der-

nièrement un invité s'étant assis avant le *bénédicité*, l'amiral l'avait prié de se lever.

Malafaye vient d'apprendre la mort de son
frère Louis. Il écrit à sa mère pour la consoler :

21 juillet, à bord du Jura.

La nouvelle de l'affreux malheur qui nous a
frappés m'est arrivée au moment où nous allions
quitter le vaisseau l'*Algésiras*. J'avais à prendre
des dispositions pour le départ ; je perdais la tête,
je ne savais plus rien faire. Le capitaine de la compagnie qui se trouvait avec nous se mit à ma
place. Tous mes camarades du 9ᵉ présents sur l'*Algésiras*, les officiers du vaisseau, même les officiers supérieurs, me donnèrent des marques d'affectueuse sympathie.

Mais ce fut le ministre de notre sainte religion
qui me donna les plus douces consolations. J'allai
me jeter aux pieds de M. l'aumônier, le priant de
recevoir ma confession avant mon départ. Ce saint
prêtre me dit de ne pas me préoccuper du salut de
mon frère. « Dieu, dit-il, a les bras ouverts pour
recevoir ceux qui font noblement le sacrifice de
leur vie pour leur pays. » Et, en effet, de qui donne
son existence que demander de plus ? N'est-ce pas
une excessive charité que de se faire tuer sur un
champ de bataille lointain, afin d'assurer à son pays
la paix et la liberté ? Et puis, ce cher Louis, pour
qui j'ai tant prié, ce bon frère que je m'efforçais de
ramener à la pratique de ses devoirs religieux, m'a-
vait écrit que sa fiancée lui avait donné un scapulaire, qu'il le portait avec respect et dévotion, et
qu'il priait le bon Dieu matin et soir. Vous le savez,
ma mère, ceux qui sont revêtus du saint habit de la
Mère de Dieu, jouissent du précieux privilège de

ne pas mourir en état de péché mortel. Ce fils, mère, objet de votre vive tendresse, est donc au ciel : ce que m'a dit mon confesseur me permet presque de vous l'assurer. Comme mon Elisa et mon Félix l'auront bien reçu ! Heureux frère ! pourquoi ne suis-je pas à ta place ? Etres chéris, quand serai-je digne d'aller vous rejoindre !

Louis, le benjamin de la famille Malafaye, nommé capitaine le matin de Solférino, fut tué ce même jour avant d'avoir eu la joie de porter son troisième galon. Il devait à son frère Firmin sa position dans l'armée. Venu au monde deux mois après la mort de son père, choyé plus que de raison par sa mère, assez mal loti d'ailleurs sous le rapport des inclinations, il aima beaucoup, dès sa première jeunesse, l'argent et le jeu. A 15 ans, il volait à la maison pour jouer, passait une partie de la nuit dehors et rentrait en tapinois par la fenêtre. Bref, il menaçait de faire un franc mauvais sujet. « Pour le réduire, je le battais comme plâtre, disait plus tard le bon capitaine, mais mes tournées contristaient notre mère sans corriger le coupable. Il voulut servir dans mon régiment. Je l'avais cependant averti que s'il avait le malheur de broncher je me montrerais aussi sévère pour lui que pour tout autre de ses camarades. »

Il se le tint pour dit et ne broncha pas trop, sauf qu'il caressait encore de temps en temps sa passion pour les cartes. « Un jour, racontait son mentor, jugez de ma surprise et de ma honte : je le trouvai blotti sous mon escalier, jouant en cachette avec Chinouilh, notre pays. Il n'était pas en faute pour le service ; je ne le punis point ni ne lui fis de reproches. Il parut sensible à mon indulgence. » Entré au régiment sans instruction, sans même les premières notions d'orthographe, Louis n'avait ni le désir d'apprendre ni l'ambition d'arriver. Firmin éveilla cette nature paresseuse, y insuffla quelque chose de sa noble, de sa généreuse ardeur, et, à la longue, par ses leçons, ses conseils, son exemple, entraîna cet heureux frère jusqu'à l'épaulette d'or. Au dire de ses camarades, il avait fait là un vrai miracle.

Alger, 10 août.

Le *Moniteur de l'armée* dit que notre cher frère a été *tué à l'ennemi*; il n'a pas du tout survécu à ses blessures. Aura-t-il seulement eu le temps de faire un acte de contrition ?... Puisque Louis avait promis à Malafaye de pratiquer ses devoirs religieux, il en avait certainement l'intention. Dieu, qui sonde les cœurs, lui aura tenu compte de sa bonne volonté.

22 août.

Monsieur le Curé (de Vergt),

La terrible épreuve envoyée à ma famille a été pour vous une nouvelle occasion de témoigner à ma vénérable mère, à mes bons frères et à moi, ce constant attachement, ce dévouement sans bornes que vous nous avez voués depuis que vous êtes le digne pasteur de notre paroisse. Soyez-en béni ! Continuez à mettre sur le cœur saignant de ma pauvre mère le baume des consolations chrétiennes. A son âge, ce n'est que d'en haut que peut lui venir le secours dont elle a besoin pour ne pas succomber à une aussi grande affliction. Faites-lui bien entrevoir qu'il nous faut, à nous ses enfants, l'exemple de ses vertus, et qu'elle doit soigner pour nous sa santé.

La perte de mon frère m'a abattu plus que je ne

l'aurais cru. Physiquement, je l'ai bien supportée ; je n'ai cessé ni de faire mon service, ni de prendre mes repas, ni de dormir. Mais la mémoire me fait souvent défaut. Les yeux de ma pensée étant constamment tournés vers mon cher Louis, j'oublie facilement des recommandations à faire, des ordres à donner. Cela m'est d'autant plus pénible qu'en ce moment-ci je commande, outre ma compagnie, le bataillon dont je fais partie, et je dois le présenter à l'inspecteur général, en l'absence de son commandant, qui est en congé.

Heureusement que mes chefs, loin de me tourmenter, se montrent pour moi encore meilleurs que d'habitude. Le colonel me comble de tant de bontés que j'en suis gêné. Je crains que mes camarades n'en soient jaloux, et que cela ne nuise à la bonne harmonie qui doit toujours régner dans un corps de troupe.

L'amitié que vous m'offrez si généreusement, Monsieur le curé, me rend bien impatient d'arriver à ma retraite. Plaise à Dieu que, dans quatre ans, rien ne s'y oppose ! Quant à me fixer définitivement à Vergt, je ne puis vous le promettre ; j'y serai aussi longtemps que Dieu me fera la grâce de laisser ma mère sur la terre. Je ne quitterai pas non plus mes frères, s'ils ont besoin de moi. Mais il faut que je conserve au moins l'espoir d'aller mourir à Saint-Cloud ; ma chère Elisa m'y attend. Je sais bien que le grand rendez-vous est au ciel ; nos âmes, je l'espère de la miséricorde de Dieu, seront unies au sein de la gloire éternelle ; mais je désire aussi que nos restes mortels ne fassent un jour qu'une même poussière.

13 septembre.

Soyons honorés de la regrettable et glorieuse

18

mort de Louis, mais n'en trafiquons pas. Tous les trésors de l'impératrice peuvent-ils être une compensation même légère à la perte de notre frère ? Notre mère a-t-elle besoin que le Gouvernement lui vienne en aide ? Est-ce Louis qui la nourrissait ? notre bon Titou n'a-t-il pas toujours pourvu à ses besoins ? Je n'ai même pas la satisfaction de pouvoir m'associer à lui pour cette douce et noble tâche. Eh bien ! pourquoi donc pétitionner ? Je suis le plus jeune de la famille, vous n'avez pas besoin de mes conseils. Je suis humilié des démarches que vous faites pour obtenir des secours bien inutiles, mais il est certain que vous avez le droit de les faire. Où vous avez dépassé votre droit, c'est en vous servant de mon nom et de mes services sans mon autorisation. Agissant sans me consulter, vous deviez agir sans me nommer.

Mes yeux sont en mauvais état : mais je m'arrêterai seulement lorsque je ne pourrai plus aller. Tant qu'il me restera un jour de bon service à faire je resterai en activité. Ne voyez-vous pas que mon amour du métier m'empêche de demander même un emploi sédentaire ? Personne au régiment n'a autant de droits que moi à entrer dans l'état-major des places. C'est une retraite anticipée. Je n'en veux pas, d'abord parce que j'y sécherais d'ennui, ensuite parce que j'en priverais un père de famille. Ce qui est plus mauvais et plus pénible est assez bon pour moi, qui ne partage avec personne mon malheureux sort. Je sais que vous avez la générosité de compatir à mes peines ; je vous en remercie de tout mon cœur, en vous priant d'observer que le meilleur moyen de ne pas les augmenter, c'est de me laisser terminer à ma guise ma carrière militaire. Ne me parlez plus, je vous en prie, de moyen détourné pour revenir au pays. Le bonheur d'être auprès de notre vénérable mère le plus tôt possible me fait renoncer à l'avancement. Tout le monde me blâme ici de songer à ma retraite au moment où je pourrais jouir d'un grade bien envié par tous les capitaines. Vous, au contraire, vous me blâmez de ne pas me retirer assez vite ; de sorte que j'ai l'avantage d'être tourmenté même par les miens. Ne parlons plus du tout de cela, je vous en prie.

Tlemcen, 1ᵉʳ octobre.

J'ai fait une bonne traversée d'Alger à Oran. J'ai visité le cimetière d'Oran ; la tombe de mon petit Félix n'existe plus ; le terrain qu'il occupait renferme une nouvelle dépouille d'enfant. J'ai demandé le concierge du cimetière, qui avait fait la tombe de mon pauvre petit ; on m'a répondu qu'il était mort. Vous le voyez, chers frères, cette journée à Oran ne m'a guère donné de satisfaction.

Les officiers me témoignent une déférence dont je leur sais bien gré. Tous les capitaines se montrent empressés à m'obéir, tout comme si j'étais pourvu d'un grade supérieur. Leur conduite me dédommage beaucoup du poids bien lourd du commandement. Ces jours-ci j'ai été dans des transes mortelles, craignant toujours de perdre quelques hommes dans les broussailles. Il fait si chaud qu'on marche d'une manière déplorable, malgré toutes mes précautions pour conduire doucement le bataillons. Nous avons tous la figure presque cuite du côté du soleil.

Lalla-Maghrnia, 17 novembre 1859.

J'ai acquis la certitude que je suis proposé pour le grade de chef de bataillon. Mes chefs prétendent que j'ai fait acte de dévouement pendant le choléra.

Moi, je suis honteux et j'ai peur que Dieu ne me
demande compte d'avoir fait si peu. D'ailleurs mes
chefs n'étaient pas là quand je commandais la
redoute du Kiss et que je me trouvais avec 1.200
cholériques (1). Quoi qu'il en soit, le général Yusuf
donna l'ordre à mon lieutenant-colonel de me proposer pour le grade de chef de bataillon ou pour
l'avancement dans la Légion d'honneur. Le lieutenant-colonel me fit venir chez lui ; je lui exprimai
mon désir de n'être l'objet d'aucune proposition.
« En présence de l'ordre formel du général, me dit-
il, je ne puis m'empêcher de vous proposer. » Plus
tard le général, après reflexion, refusa de recevoir la proposition pour la Légion d'honneur et
exigea qu'on me portât au tableau des chefs de
bataillon. Le lieutenant-colonel le pria d'observer
que j'avais déjà refusé de l'avancement à la dernière
inspection générale. Le général Yusuf lui montra
alors son travail d'inspection et lui fit voir qu'il m'a-
vait maintenu, malgré mes instances. Voilà où en sont
les choses. Prie le bon Dieu de me laisser dans mon
obscure position. Si ce n'est pas sa sainte volonté,
si je dois avancer contre mon gré, je demande à
ma mère la permission de faire campagne jusqu'à
la fin de ma carrière, afin de justifier de mon mieux
le choix dont j'aurai été l'objet.

Nous avons découvert parmi les lettres du capitaine un ordre
du général de Martimprey qui contenait un blâme implicite
de sa conduite dans une mesure de défense à la redoute du
Kiss. Malafaye se justifia si bien, qu'il reçut de cet officier
supérieur une lettre d'excuses. Le général y disait : « J'ai
grand regret d'avoir pu affliger un brave et digne officier
tel que vous, en comprenant mal la position que vous aviez
assignée à une pièce... Je vous fais réparation... Croyez, mon
cher capitaine, à mes sentiments d'estime et d'affection. »
(30 octobre 1859).

Je suis resté dans la redoute du Kiss du 19 octobre au 1er novembre. C'est là qu'on suppose que j'ai acquis des droits à l'avancement. Du 2 au 10 novembre je suis resté dans le Maroc, marchant presque tous les jours pour châtier les tribus coupables. Les Beni-Snassen sont condamnés à payer à la France cent francs par fusil; cela produira plus d'un million de francs. Les Mahia ont eu 250 hommes de tués ; on leur a pris trente mille moutons, deux mille chameaux chargés de butin. Les Angades ont été condamnés à payer 40,000 francs d'amende. Enfin la ville d'Oujda a payé 100.000 francs d'argent et 100 mulets.

Au camp d'Ammau-Sidi-Bel-Kher, 26 novembre.

Voici trois choses qui me seraient excessivement agréables : d'abord n'être pas promu ; ensuite être au 101e ou au 102e pour aller en Chine ; enfin passer au 24e pour être avec le lieutenant-colonel Daguerre, à Tlemcen. Dans ce dernier cas, je resterais chez mon père spirituel et mon meilleur ami, M. l'abbé Garreix. Ce que je crains le plus, c'est d'être nommé chef de bataillon dans un régiment stationné en France.

Nous n'avons pas besoin d'insister sur les mérites du capitaine Malafaye. Ils sont suffisamment mis en relief par ce seul fait qu'il fut plusieurs fois, et malgré lui, sur le point d'être nommé chef de bataillon. Nous connaissons ses vertus civiques, son amour de la discipline, sa vaillance guerrière. Mais il a tant diffamé sa compétence dans les choses militaires mêmes, que nous avons plaisir à raconter un trait qui la met en lumière. C'était à une inspection du légendaire

général d'Afrique, M. Yusuf. Arrivé à Malafaye,
il lui pose une question difficile sur les *évolutions
de ligne*, manœuvre qui ne regarde que les généraux à la tête des grandes masses. Le capitaine
donne sans hésitation une réponse précise, nette.
« Mais non ! s'écrie l'inspecteur ; ce n'est pas ça,
vous vous trompez ; réfléchissez bien, capitaine.
— (Après quelques secondes de recueillement) : Je
vous demande pardon, mon général, mais je ne
crois pas me tromper, et je ne vois pas dans les
théories en vigueur d'autre moyen d'exécuter ce
mouvement. » — Et le général Yusuf, s'adres-
sant au colonel du régiment : « Qu'en dites-vous,
colonel ? — Mon général, je ne saurais répondre
autrement que le capitaine Malafaye. — Capitaine, reprit l'inspecteur, je suis heureux de
reconnaître que vous êtes aussi instruit que
modeste ; je vous porte pour le grade de chef de
bataillon. » Quelques heures après, Malafaye
suppliait son colonel *d'intercéder* pour lui, c'est-
à-dire *contre lui*, auprès du général Yusuf.
Peu de temps après, mêmes démarches de notre
capitaine auprès d'un autre général décidé à lui
faire donner le quatrième galon. Celui-ci l'écoute
avec un visible étonnement. « Mon cher capitaine, lui répond-il, je suis vieux ; j'ai reçu dans
ma vie bien des réclamations, mais, je vous le
déclare, la vôtre est d'un genre à part : elle est
unique ! Je m'incline avec respect devant votre
résolution que j'admire. Mais au moins deman-
dez-moi un service que j'aie le plaisir de vous rendre. — Mon général, répond Malafaye, le sergent-major de ma compagnie est un sujet très
méritant que sa modestie tient éloigné de l'épaulette. Permettez-moi d'attirer sur lui votre bien-

veillance : je vous prie de le proposer pour le grade de sous-lieutenant. » Quelques jours après le sergent-major était officier.

1ᵉʳ décembre.

J'ai ici quatre moyens de distractions, en sus de celles que je trouve dans l'exercice de mes devoirs d'état : la promenade à cheval, mes poules, le whist et les échecs. Le temps passe avec une rapidité extraordinaire.

Malafaye écrit à son frère qu'il désire faire quelques sacrifices d'argent pour la propagation de la foi : Mᵉˡˡᵉ Hortense, de Vergt, peut l'inscrire sur sa liste pour une dizaine de cotisations.

Au bivouac, à Mers-el-Kébir, 20 décembre.

J'ai eu la faiblesse de bien pleurer notre pauvre Louis. Aujourd'hui j'envie son sort, et je suis persuadé qu'il me plaint d'être encore exposé aux orages de la vie. Je vous prie, bonne mère, de ne pas cesser de prier pour moi ; j'en ai plus besoin que jamais. Pendant l'expédition du Maroc j'ai passé deux mois sans aucun secours des sacrements ; je sentais déjà la grâce de Dieu s'affaiblir en moi.

Au bivouac, à la Maison Carrée, 2 janvier 1860.

... Je ne discute rien avec ma bonne mère. Tout ce qu'elle voudra, je le ferai. Quelque respect et quelque reconnaissance que je doive à mes frères, je ne crois pas être obligé envers eux à une semblable soumission. Je me réserve à leur égard une entière liberté.

En fuyant le 7ᵉ léger j'ai fui les grosses épaulettes dont j'étais menacé dans ces derniers temps. Peut-être, Dieu aidant, les éviterai-je encore.

J'ai du regret de n'être pas allé en Chine, parce

qu'il serait glorieux pour un chrétien d'aller planter la croix de Jésus-Christ dans ce pays barbare. Une telle campagne n'aurait-elle pas bien couronné ma carrière militaire ? Ne serait-il pas beau de marcher sur les traces de saint François Xavier ?

Je n'aime pas que tu me parles de mes droits à ton affection. C'est toi, cher frère, qui en as de bien plus anciens à la mienne.

Fort-Napoléon, grande Kabylie, 14 mars.

Nous sommes perchés ici sur une montagne, à 1.006 mètres au-dessus du niveau de la mer. Nous avons de la neige depuis plus d'un mois. Je n'en avais pas vu autant même en Crimée.

J'ai ouvert, à Fort-Napoléon, une école qui est suivie par quatre militaires, six kabyles et une vingtaine d'enfants européens. Cela me prend quatre heures par jour et m'empêche de m'ennuyer. Les six Kabyles, qui ne peuvent pas me comprendre et que je ne comprends pas non plus, me font éprouver d'assez vives impatiences. Ils sont mal élevés, sales, couverts de poux. Ils ne savent pas étudier à voix basse, de sorte qu'il me faut parler très fort. Cela me fatigue. Les Kabyles apprennent très bien à lire et à écrire ; mais j'ai beaucoup de peine à leur faire prononcer convenablement le français. Arnaud me sert de moniteur.

Nous sommes sans instituteur, ni prêtre, ni chapelle. Voilà donc plus de deux mois que je n'ai eu le bonheur d'entendre la sainte messe. Pour faire mes pâques je serai obligé d'aller à sept lieues d'ici. Aussi je te prie, mon enfant, de ne pas m'oublier pendant les exercices religieux de ce carême ; profites-en pour toi et pour moi. Je t'embrasse tendrement et je supplie les cœurs de Jésus, Marie et Joseph de veiller sur ton salut.

Au camp, près d'Azib-Zamoun, 31 mars.

J'ai quitté Fort-Napoléon avant-hier. Je montais pour la première fois un cheval vicieux du commandant Malis. Prévenu qu'il cherchait à désarçonner son cavalier, je me défiais de lui et je l'avais constamment en main. Aussi tout se passa bien jusqu'à la grande halte. Aussitôt après, on traverse l'Oued-Aïssi, principal affluent du Sébaou. Ce torrent, presque à sec en été, est considérable et très rapide, sans être bien profond, pendant la fonte des neiges. Il se divise en plusieurs branches, et son lit n'a pas moins de 800 mètres de large. C'est en traversant ces différentes branches que mon cheval s'animait de plus en plus. Arrivé à la principale et ayant de l'eau jusqu'au ventre, il se coucha et le torrent nous entraîna tous deux, moi d'abord, lui à ma suite. Deux ou trois fois je parvins à me relever, mais aussitôt le cheval venait me heurter, me renverser de nouveau, et nous continuions à être emportés ! Deux indigènes, qui passaient des sous-officiers, virent le danger, me saisirent, s'emparèrent de mon cheval et repêchèrent ma casquette. Il est probable que sans leur dévouement tu n'aurais plus, à l'heure qu'il est, de frère militaire. Je n'ai pas perdu un instant mon sang-froid, et quoique je fusse incapable de nager, j'étais convaincu que je ne périrais pas, comptant bien recevoir du secours. Je ne m'aperçus pas que ce bain dans la neige fondue fût trop froid.

Aussitôt après l'accident, je remontai à cheval, je reformai mon bataillon, j'en fis faire l'appel et je me remis en route, grelottant cette fois sur mon cheval. Je fus obligé de descendre et de marcher pour me réchauffer. On me conseilla de partir en avant pour aller me changer à Tizi-Ouzou, mais

je voulus rester à la tête du bataillon. On craignait
pour moi une fluxion de poitrine ou une congestion ;
car le moment était mal choisi pour prendre un
bain froid : nous sortions de table. J'assurai à mes
camarades que je ne serais pas même enrhumé. En
effet, je n'ai ressenti aucune indisposition, si ce
n'est peut-être un redoublement d'appétit.

Pendant la route j'ai perdu cinq poules. Armand
avait fait une volière qu'il avait placée sur mon
cheval, mais le vent l'a brisée, et les poules ont été
étouffées entre divers colis de la charge. Malgré
leur grande fatigue, les survivantes ont pondu quatre
œufs.

3 avril.

J'ai encore, mon cher Titou, un service à te
demander : Ne cède pas tes métiers avant **la fin** de
ma carrière militaire. Tu sais combien notre bonne
et vénérable mère est attachée à nos pratiques ; je
crains qu'elle ne s'ennuie, lorsqu'elle ne les verra
plus et que le travail ne te retiendra plus à la maison. Plus tard, nous serons deux pour lui tenir compagnie ; si l'un de nous s'absente, l'autre restera
auprès d'elle.

Alger, 17 avril 1860.

Le jour des Rameaux j'allai faire mes pâques à
Tizi-Ouzou, dont j'étais éloigné de 22 kilomètres.
Malheureusement mon voltigeur voulut m'y suivre.
Afin que mon absence du camp ne se prolongeât
pas, nous allâmes et revînmes à grande allure, si
bien que mon pauvre soldat se fatigua et tomba
gravement malade. C'est un brave jeune homme,
enfant naturel, que M. le curé de Vergt a élevé
et qu'il m'a confié, afin qu'il se corrompe le moins
possible au service. Si j'avais cru que ce garçon,
qui m'est fort attaché, ne fût pas capable de faire

44 kilomètres à cheval avant de déjeuner, je ne lui aurais pas permis de m'accompagner.

Alger, 20 avril.

MA CHÈRE SŒUR (Melle M.),

... En vérité, vous eûtes une bonne idée, lorsque vous vous joignîtes à notre ami F... pour me faire entrer dans le tiers ordre de saint Dominique. A Alger comme en détachement, en mer ou en route comme en station, je dis toujours mon office. Sans cette précieuse pratique, je perdrais Dieu de vue, je deviendrais aussi mauvais qu'avant ma première communion. Ne devrais-je au commandant F... que l'avantage d'avoir fait votre connaissance, je ne pourrais jamais lui témoigner assez de gratitude. Mais je lui dois aussi beaucoup dans l'œuvre de mon salut. Il a commencé par ébranler en moi les plus grosses racines du mal, et vous, chère et bonne sœur, vous les avez arrachées. En d'autres termes, le commandant m'a montré le chemin du ciel, mais je le trouvais alors si peu praticable ! Vous êtes venue l'aplanir ; vous m'avez crié : courage ! votre charité a écarté les pierres qui me menaçaient de nouveaux faux pas... A vrai dire, je chancelle bien encore quelquefois, mais vous êtes là en sœur dévouée pour soutenir ma faiblesse.

Alger, 21 avril.

Le 3e bataillon, que je commande provisoirement, va partir dans les premiers jours de mai pour la province de Constantine, en passant par Aumale. ...Je trouve bien lourde la responsabilité qui va m'incomber : ce sera celle d'un chef de corps. J'aurais mieux aimé, amour-propre à part, être en sous-ordre. Mais, avant tout, je suis content de marcher, de faire une longue route par terre, dans

une admirable saison, et de voir une province que
je ne connais pas du tout.

Aumale, 7 mai.

Je suis arrivé ici hier en bonne santé. Je ne
souffre que du poids du commandement.

La fatigue des grandeurs ne m'a pas empêché de
goûter en route deux grandes satisfactions. En
lisant mon office dans l'église de l'Arba, j'ai rencontré un de mes confrères en Saint Vincent de Paul
qui est venu m'embrasser avec une sainte effusion.
Hier au soir, pendant le mois de Marie ; ce matin,
à la messe où j'ai eu le bonheur de communier,
j'avais à côté de moi le chef de service des ponts
et chaussées, qui m'a également reconnu pour
m'avoir vu aux séances de notre pieuse société, à
Alger. Ce bon confrère aurait voulu m'avoir chez
lui toute la journée, mais le devoir m'attache au
bivouac, où mon incapacité ne me permettra pas de
prendre toutes les mesures nécessaires au bien-être
de la troupe sous mes ordres. Ah ! que ne suis-je
encore serger, plutôt que chef de bataillon !

Je renonce à tout projet de retraite anticipée.
Le médecin-major affirme que je puis aller, sans
de graves inconvénients, jusqu'au bout de ma carrière, et que s'il attestait le contraire, ce serait uniquement pour m'être agréable. Or, je ne veux pas
un certificat de complaisance. Ce qu'il me reste à
faire, après l'expédition, si on est content de moi,
c'est de demander la faveur d'être rayé du tableau
d'avancement.

Au bivouac de Sétif, 19 mai.

MA BONNE ET TENDRE MÈRE,

Le dernière nuit, j'ai été bien heureux dans mon
modeste lit de campagne : j'ai rêvé que je pourrais,
à l'avenir, vous embrasser tous les jours. J'ai eu le

La sainteté comporte l'ensemble de toutes les vertus ; et je voudrais bien savoir celle qui fit défaut au capitaine Malafaye.

Panégyrique du capitaine Malafaye par M. le vicaire général LAPARRE.

bonheur de communier ce matin dans la petite église de Sétif ; je serai privé de cette douce joie pendant la durée de l'expédition ; mais je me confesserai à loisir : nous avons un aumônier.

Au bivouac de Milah, 24 mai.

Mon commandant est arrivé hier, il a pris son service aujourd'hui. Je viens d'écrire à mon colonel. Je le supplie de faire en sorte que je ne figure pas au tableau d'avancement. J'ai également dit à mon nouveau commandant que si le 9e avait l'occasion de se distinguer en Kabylie, je désirais n'être l'objet d'aucune proposition.

Au bivouac de Fedj-el-Arba, 3 juin.

Nous sommes ici depuis le 30 mai, occupés à recevoir la soumission des chefs qui reconnaissent a folie de leur insurrection, à détruire la récolte des malheureux qui persistent à méconnaître l'autorité de la France. Depuis que nous pesons sur le pays de tout le mal que peut faire une colonne de neuf mille hommes, aucun coup de fusil n'a été échangé.

22 juin.

Ma chère Sœur (Melle M.),

Le bataillon marcha, le 19, sans moi. Il eut l'honneur de faire la première razzia. Quand mes voltigeurs revinrent, je ne pus m'empêcher de pleurer devant eux, tant j'étais peiné de ne les avoir pas commandés dans cette affaire. Le capitaine qui les avait sous ses ordres me fit compliment sur la manière dont ils s'étaient conduits. On trouva l'ennemi caché dans des grottes situées au fond d'un épouvantable ravin. Plusieurs Kabyles furent tués ; d'autres, ayant foi sans doute en notre civilisation chrétienne, se cachèrent derrière de tout petits

enfants et furent épargnés : les fusils, déjà en joue,
se redressèrent. Nos soldats furent assez humains
pour ne pas tirer sur des hommes que les balles ne
pouvaient atteindre sans frapper de pauvres petits
innocents. A la vue de la troupe, les femmes, affo-
lées, se jetèrent dans un torrent ; plusieurs se
tuèrent dans leur chute, d'autres se précipitèrent
dans l'eau et n'eurent que quelques contusions.
Deux furent faites prisonnières. L'une d'elles, jeune
et jolie, chercha à s'étrangler en se serrant le cou
avec les deux mains. Ces malheureuses exprimaient
un désespoir tel que mon commandant donna l'ordre
de les relâcher.

Au bivouac de Ta-Fertas, 28 juin.

Le 11 de ce mois, les Kabyles commencèrent à
tirer sur notre colonne. La journée la plus désas-
treuse a été celle du 15 : trois tués, dont un officier,
et quinze blessés, dont deux officiers. Depuis ce
jour nous brûlons les maisons ou plutôt les misérables huttes des Kabyles, nous coupons leurs
arbres fruitiers, nous enlevons leurs troupeaux et
nous faisons manger leurs moissons à nos chevaux.
Malgré cette sévérité, l'ennemi ne se soumet que
bien lentement. Pour lui les plus dures conditions
sont de nous livrer les chefs de la révolte et de
nous faire la remise de tous les fusils. Les brouil-
lards ont aussi retardé nos opérations ; nous sommes à 1,400 mètres au-dessus de la mer, dont les
flots calmes semblent nous inviter à voguer vers la
France. A une semblable hauteur nous nous trouvons souvent dans les nuages.

Au bivouac de M'Harka, 6 juillet.

Le 2, l'ennemi m'a visé : deux balles sont venues
frapper tout près de moi. Un tir habile de quelques

voltigeurs a suffi pour éloigner les Kabyles qui distinguaient mon costume d'officier.

Au bivouac du Bordj des Beni-Ider, 14 juillet.

Le 8 courant, la première brigade était d'avant-garde, la troisième formait l'arrière-garde. Ces deux brigades, prêtes à soutenir le combat, marchaient sans bagages. La nôtre était divisée en plusieurs fractions pour défendre le convoi. Je commandais deux compagnies placées entre le convoi arabe et le troupeau. Le sentier où nous marchions était si étroit et si difficile que les bêtes de somme s'arrêtaient à chaque instant. Ajoutez à cela qu'au dire des indigènes mêmes la chaleur était suffocante. Vers midi, mes hommes commencèrent à ne plus pouvoir aller. J'avais déjà rencontré des militaires appartenant aux compagnies qui me précédaient ; ces hommes étaient couchés dans les bois sur le bord du sentier. Je mettais leur retard sur le compte de leur paresse. D'ailleurs mes voltigeurs m'avaient habitué à les voir supporter les fatigues mieux que les autres. Personnellement, je ne souffrais pas ; je sentais la chaleur, sans la croire extraordinaire. Un Arabe du convoi m'avait bien dit à plusieurs reprises : « Chili bezzef, » c'est-à-dire il fait très chaud ; mais je n'y avais pas fait attention. Sans tenir compte des difficultés de la route, de la poussière que nous envoyaient les mulets et les bœufs, de l'escarpement rapide de la montagne, que nous gravissions précisément du côté sud, de la faiblesse des hommes qui, depuis deux heures du matin, n'avaient pris qu'un café, je me mis à me fâcher ; je dis à mes voltigeurs : « Si l'ennemi se présente, vous n'aurez pas le courage de lui faire tête et j'irai seul à sa rencontre ! » Piqués au vif, ils marchèrent encore ; mais les forces ne secondaient pas leurs efforts. Ma mauvaise humeur leur était cependant très sensible. Ils s'adressèrent au plus ancien sergent, qui vint me dire de leur part, que si l'ennemi se montrait, eux se traîneraient plutôt que de ne pas me suivre ; qu'ils éprouvaient un véritable chagrin de me voir marcher trop avant, lorsqu'il y avait des coups de fusil à recevoir, et que, si j'étais enlevé, la compagnie se regarderait comme déshonorée.

Arrivé à un bois d'oliviers, qui offrait en abondance de l'ombre, de l'eau et du combustible, je permis à mes hommes de faire un second café. Il était une heure après midi. Je vous laisse à penser, ma sœur, si celui qu'ils avaient pris onze heures auparavant était digéré. J'accordai une heure de repos. Quand je me remis en route, tout semblait bien aller, mais je ne tardai pas à semer mon monde. Les plus courageux marchèrent jusqu'à ce qu'ils tombassent presque étouffés par la chaleur, la poussière et la fatigue. Deux sergents sur quatre restèrent en arrière gravement malades. Depuis ce jour, je n'ai pas moins de quatre hommes à chaque visite du médecin. Un de mes plus solides voltigeurs a la fièvre depuis ce temps-là.

Enfin, vers trois heures, j'arrivai au bivouac avec ce qui me restait d'hommes valides. Rien à manger pour réparer des forces bien épuisées ! On ne put toucher de la viande qu'à six heures, pour faire la soupe qui ne fut prête qu'à dix heures. Ma compagnie demanda la permission de faire un troisième café. J'y consentis, à condition de le payer moi-même, pour réparer mes torts et mes paroles sévères dans un moment où j'aurais dû traiter avec douceur ces braves gens qui s'efforçaient de m'être agréables. La leçon que m'a donnée leur attachement ne sera pas perdue; je serai moins dur à l'avenir.

Le soir du même jour, mon lieutenant me fit un sensible plaisir en affirmant qu'il fallait, pour n'avoir pas souffert, que je fusse soutenu par la puissance d'en-haut. Que je voudrais, ma chère sœur, mes camarades convaincus que la force de l'homme lui vient de Dieu !

Le 10, je fus envoyé, avec une petite colonne de 300 hommes, incendier un village insoumis. Ce détachement brûla aussi une quantité considérable d'oliviers. Non seulement beaucoup de Kabyles sont ruinés, mais encore plusieurs générations de leur descendance : l'ouvrage de plusieurs siècles a été détruit en quelques heures.

J'avais pris mes dispositions pour combattre lorsque j'aurais à opérer ma retraite ; mais le général tint l'ennemi éloigné avec deux bataillons de zouaves, et je pus revenir au camp sans avoir reçu un seul coup de fusil, tandis que les zouaves eurent à combattre jusqu'à leur retour.

Le général eut la bonté de me témoigner sa satisfaction sur la conduite de mes hommes.

Pendant cette affaire, la 1re et la 3e brigades opéraient avec la même sévérité sur d'autres points. Aussi, le lendemain, les Kabyles vinrent se soumettre en si grand nombre qu'on crut le territoire pacifié.

On dit que les opérations de la colonne ne dureront pas moins de deux mois, et cependant la contrée à pacifier n'a guère plus de superficie que le canton de Vergt.

Au bivouac d'El-Aroussa, 21 juillet.

Deux brigades sont parties, lundi 16, en colonne

légère, pour venir chez les Beni-Khetab. A notre
arrivée au bivouac, je fus commandé de grand'-
garde. On m'établit avec mes voltigeurs dans un
affreux bois où nous pouvions être tous égorgés.
A peine installés, je vis errer comme des bêtes les
malheureux qui se trouvaient sans abri. Il y en
avait dans toutes les montagnes environnantes.
Quelques-uns, aimant autant mourir d'une balle que
de faim, faisaient leurs moissons à portée de fusil,
avec une très grande précipitation, afin de cacher
leur récolte pendant la nuit. D'autres, avec leurs
haïks, me faisaient des signes que je prenais pour
autant de provocations. Quand ils virent que je
ne répondais pas à leur pantomime, ils se mirent à
crier de toute la force de leurs poumons ; je pensai
que chaque cri était une insulte. Enfin, à bout de
moyens, ces malheureux se couvrirent la tête de
branches d'olivier, en signe de paix, et s'approchè-
rent résolument de ma grand'garde. Mon sous-lieutenant les reçut et les fit conduire chez le général
en chef. Cette soumission mit fin à mes craintes ; et
comme je n'avais pas reçu un seul coup de fusil à
onze heures du soir, je me permis de m'endormir,
à la belle étoile, d'un sommeil aussi tranquille que
si j'avais été dans l'excellent lit de Titou. Arnaud
s'était couché auprès de moi pour me défendre ;
mais j'avais là un triste défenseur, car il dormit
encore plus profondément que moi. Heureusement
que nos bons voltigeurs veillaient et qu'ils avaient
l'œil sur leur capitaine. Depuis le commencement
de cette expédition, ces braves militaires m'ont
donné toutes les marques de l'attachement et du
dévouement les plus délicats. Dans les moments de
danger, ils tremblaient pour moi comme des enfants
pour leur père.

Le 18, nous tombâmes pour la première fois sur un village que surprit notre arrivée. Nous prîmes trois troupeaux et nous fîmes des prisonniers.

Le 19, toutes les tribus étaient soumises.

Hier, nous sommes venus nous établir à El-Aroussa, où la résistance des Boni-Khétab a été sérieuse le 14 juin dernier. Ce jour-là, ils tuèrent un sergent du 4ᵉ de ligne, qui fut enterré la nuit et sur la tombe duquel on fit un feu de bivouac pour cacher à l'ennemi cette sépulture. Eh bien! malgré ces précautions, nous avons trouvé la fosse ouverte et vide. Le cadavre a dû être horriblement profané et mutilé. Le 2 juillet, à peine avions-nous quitté le camp de Ta-Ferta, que les tombes étaient déjà ouvertes. On trouva les cadavres gisant à côté, lorsqu'un retour offensif eut mis les Kabyles en fuite.

J'ai appris que le fils de M. L... s'est fait destituer. Comme j'avais répondu pour lui à son logeur, à son tailleur, à son cordonnier, je crains d'avoir de fortes notes à payer. J'avais déjà dépensé 110 francs, avant de quitter Alger, pour bien l'installer dans l'emploi d'agent de police. Je lui avais donné aussi beaucoup d'effets. Tu vois comme il se montre reconnaissant.

Le 3, j'ai brûlé, avec ma compagnie, un hameau des Boni-Toufou (les soldats disent *tous fous*). Arnaud en a rapporté deux couvées de poulets qu'il voudrait bien élever. J'aurais désiré une chèvre; j'ai craint de donner trop de peine aux voltigeurs pour la conduire.

Le 9, à onze heures du soir, deux compagnies se dirigèrent sur des grottes occupées par des bandits. Les brigands, quoiqu'ils n'eussent que huit fusils, opposèrent une vive résistance; leur position était

d'un accès si difficile qu'on ne put l'enlever d'assaut.
Les tirailleurs, obligés de se présenter un à un,
y auraient tous péri. Le capitaine commandant
l'expédition eut la bonne idée de faire venir de
l'artillerie. Des obus furent lancés dans une grotte
étroite où se trouvaient, au nombre de 45, les
bandits, leurs femmes et leurs enfants. Ces obus,
en éclatant, tuèrent les uns, emportèrent aux autres
des bras, des jambes, et répandirent la terreur et
la désolation. Les malheureux se rendirent enfin.
Ils avaient blessé deux officiers et neuf tirailleurs.

Alger, 21 août.

Bonne et tendre mère, ne craignez plus pour moi
les balles des Kabyles ; mon bataillon est arrivé ici
hier soir. Mes camarades restés à Alger ont été frappés de mon air de bonne santé, alors que tant d'officiers avaient souffert d'une aussi longue expédition.

10 septembre.

Je ne te dis rien, mon cher frère, des préparatifs
qu'on fait ici pour recevoir l'Empereur. C'est une
véritable folie, une ruine. La ville dépense plus de
300.000 francs. Comment nourrira-t-elle ses pauvres
cet hiver ?

Une proposition du général Desvaux en ma faveur,
au sujet de l'expédition de la Kabylie, a été agréée
par le général de Martinprey et envoyée à Paris. De
leur côté, mon commandant, mon colonel et le général
Yusuf refusent d'écouter ma demande de n'être pas
proposé à l'inspection générale.

9 octobre.

Je voudrais bien rester capitaine !... J'ai plus
envie que jamais de me retirer, afin de commencer
à servir Dieu comme je l'entends, et de profiter
aussi des exemples de vertu que me donnera notre

mère bien-aimée. Ici je sens croître mon amour de Dieu, mais je ne fais aucun progrès dans son service.

Le vénérable curé de la Casbah d'Alger voulait me faire remarier. Je lui répondis que je tenais trop à mes souvenirs pour contracter une nouvelle union.

16 octobre.

Mon cher Raymond,

En pensant, ces jours derniers, au bonheur qu'on éprouve à servir le bon Dieu, je me sentais saisi d'une profonde reconnaissance envers ta mère : en 1847, elle me donna en pleurant la première médaille de la sainte Vierge que j'aie portée à mon cou. Je me demande si cette petite attention n'a pas touché mon cœur endurci et ne lui a pas valu la grâce de ma conversion. Dis-lui que ce souvenir m'émeut jusqu'aux larmes. En reconnaissance d'un si grand bienfait, il n'y a rien que je ne sois disposé à faire pour ses enfants.

Mustapha, 20 octobre.

Mon cher Alfred,

Je commande les 1re, 4e et voltigeurs, en garnison à Mustapha. J'habite la grande maison meublée, qui a l'air d'un palais devant la misérable baraque servant d'église. J'ai honte d'être si bien logé, quand le bon Dieu l'est si mal.

Saint-Cloud, 31 octobre.

Je suis arrivé ici le 27 ; je reçois l'hospitalité chez M. Lioult, mon ancien géomètre. J'ai trouvé la tombe de mon Elisa ornée d'une couronne d'immortelles et de quelques plantes. N'est-il pas beau qu'il y ait de bonnes âmes pour honorer encore les vertus de ma bonne Elisa ?

Avant-hier j'ai fait célébrer un service. Les écoles y ont assisté. Les colons m'ont prouvé en cette circonstance que leur attachement a résisté à une absence de plus de sept ans. Hier, la dame de l'instituteur m'a fait cadeau d'une couronne de fleurs naturelles pour la tombe de ma bonne chérie. Demain toute la colonie doit aller en procession au cimetière.

19 novembre.

Depuis mon retour de Saint-Cloud, je me sens presque heureux. Tu ne saurais croire, cher frère, quel besoin j'ai d'être entouré d'affections. Mon voyage dans la province de l'Ouest m'a fait retrouver de vieux amis qu'une absence de plus de sept ans n'a pas refroidis. Et puis, mon inquiétude pour mes anciens colons a beaucoup diminué depuis que j'ai vu les choses de près. Il faut bien que la misère n'y soit pas très grande, puisqu'on ne trouve personne qui veuille être métayer. Je me trompe, M. Campillo en a un dans sa belle propriété, et cet homme, qui n'est là que depuis peu de temps, a déjà deux mille francs d'économies. Y en a-t-il beaucoup en Périgord, même dans les meilleures métairies, qui se trouvent dans des conditions aussi avantageuses ?

Dans la province d'Oran, deux hectares de vigne suffiraient, dit-on, pour faire vivre une famille. Cependant les viticulteurs ont deux terribles ennemis en Afrique, les chacals et les merles. Depuis le moment où le raisin commence à mûrir jusqu'aux vendanges, il faut payer un homme qui soit toujours prêt à tirer sur ces hardis vendangeurs. Malgré cette dépense assez considérable (25 francs par mois et la nourriture, pour chaque vigne), les vignerons sont bien payés de leur peine. Le vin de ce pays-ci vaut 150 francs la barrique.

11 décembre.

Lorsque j'aurai droit à ma retraite, même avec la

grosse épaulette, je ne resterais à l'armée que si ma famille en avait besoin, ou si la France était en guerre.

25 décembre.

Pourquoi n'as-tu pas essayé l'élevage des poules? J'ai fait l'expérience en Algérie avec des poules arabes, enfermées dans un grenier, nourries avec de l'orge et du son. J'en perdis un certain nombre, et malgré cela, leurs œufs ne me revinrent qu'à trois centimes. Je n'en fis pas couver. Je crois que des petits poulets m'auraient donné un produit encore plus beau. Je demeure convaincu qu'un cultivateur ne fait pas rapporter à ses biens la moitié de ce qu'ils peuvent donner. Il devrait calculer les profits et les pertes pour chaque denrée, comme fait un négociant pour chaque marchandise. Lorsque l'expérience l'aurait fixé sur la culture et l'élevage les plus rémunérateurs, il n'est pas douteux que ses revenus augmenteraient considérablement.

Je ressens une peine infinie quand tu m'exprimes la gratitude pour les petites sommes que je te fais passer. C'est à moi plutôt à être reconnaissant envers toi et envers Titou. Sans vous, si vous ne m'aviez pas tiré de la misère lorsque j'étais sous-lieutenant, que serais-je devenu? Je ne pourrai jamais vous rendre le bien que vous m'avez fait.

27 décembre.

MA BONNE ET TENDRE MÈRE,

En 1863 nous nous réunirons pour ne plus nous séparer qu'à la mort. Vous verrez comme je vous tiendrai compagnie. Vous vous appuierez sur mon bras pour aller à l'église, à la promenade. Nous reviendrons ensemble dans ce hameau où vous êtes née, où j'ai passé cinq années de mon enfance, où nous serons reçus à bras ouverts par la respectable Mme Bordas, votre amie si dévouée. Nous visiterons souvent aussi cette terre que mon père acheta peu de temps après votre mariage, et que j'ai arrosée de mes sueurs avec mon frère Titou... En attendant, je prie Dieu de vous conserver en bonne santé, de combler vos vieux jours de joie et de bénédictions... Je ne cesserai jamais, bonne mère, de me repentir d'avoir tant tardé à marcher sur vos traces. Il fallait que j'eusse le cœur bien endurci pour ne pas comprendre quel chagrin je vous faisais en suivant des principes si contraires aux vôtres ; il fallait que je fusse bien aveugle pour ne pas voir que je courais à ma perte. Ah ! ma mère, combien je demande pardon à Dieu et à vous d'avoir passé les plus belles années de ma vie dans d'aussi déplorables erreurs ! Mais puisque le Seigneur a eu pitié de moi, alors que, ne priant jamais, j'avais même oublié les saintes formules apprises sur vos genoux, il ne me refusera pas de me tendre les bras, maintenant que, faible encore, je lui demande la force d'aller à lui. Prions-le, ma mère, de nous unir dans son cœur compatissant, en attendant qu'il nous réunisse à Vergt pour un temps, au ciel pour l'éternité.

Je me plais toujours beaucoup en Afrique. Pour être mieux qu'ici, il faudrait que je fusse à Vergt. Mes confrères de saint Vincent de Paul, d'Alger, sont tous mes amis, et quels amis ! Je visite deux familles pauvres : une à Alger, l'autre à Mustapha. L'école des militaires m'intéresse vivement. Tous les jeudis, je vais voir au Sacré-Cœur la fille de M. Youssouf, principal du collège d'Oran et Mlle Michel, fille du comptable des subsistances militaires de Fort-Napoléon. Ces deux petites me témoignent leur reconnaissance en m'aimant beaucoup. Je visite aussi tous les jeudis un pauvre capitaine, plus malheureux que coupable. Sa position laisse sans ressources sa belle-mère, sa femme et deux enfants. Vous voyez, ma mère, qu'en ajoutant à tout cela mon service militaire je n'ai pas le temps de m'ennuyer.

17 janvier 1861.

On parle d'améliorer considérablement la retraite des officiers. Que je plains les contribuables !

14 février.

Les personnes que je vois avec le plus de plaisir, ce sont mes pauvres. Ceux qui se privent du bonheur de visiter les malheureux ne savent pas à quelle douce satisfaction ils renoncent. Ces clients de la charité me témoignent un attachement qui me touche beaucoup.

19 février.

Je fais mon carême en pension à peu près comme si j'étais à Vergt, excepté que je suis forcé de prendre à dix heures mon repas du matin. Mes camarades ne font aucune réflexion. Ils se mettent à table à six heures du soir ; je ne vais m'asseoir avec eux que vers sept heures, c'est-à-dire lorsqu'ils sont à la salade. Je suis donc aussi libre que possible. Les mercredis, vendredis et samedis, il est bien possible que je mange, au repas du matin, des légumes préparés avec du jus de rôti, mais comme je suis de bonne foi et que je n'en sais rien, je les mange comme s'ils étaient tout bonnement cuits à la graisse, qui est permise.

24 février.

Le gouverneur général, le sous-gouverneur et le directeur général des affaires civiles donnent force soirées, auxquelles je n'assisterai pas, à moins qu'on ne m'en fasse un devoir d'état. J'aime mieux donner mon temps à mes pauvres, qui sont presque tous malades... Je visite aussi un sexagénaire paralytique, dont le frère a cinq cent mille francs de fortune à Alger, et dont une nièce est mariée à un colonel d'état-major, que je suis allé voir dernièrement pour lui recommander son oncle par alliance. J'ai été mieux reçu que je ne l'espérais ; mais j'ai su, depuis, que ma visite avait vivement contrarié les deux familles riches. Si la peine qu'elles ont éprouvée les rendait plus charitables, je me consolerais vite de les avoir affligées.

Mes plus doux plaisirs, je les goûte auprès de mes quatre familles pauvres. J'espère que la conférence m'en accordera ce soir une cinquième. Il me semble que les malheureux soulagent mes misères de tout le poids des leurs.

Tizi-Ouzou, 2 avril.

J'ai le plaisir d'élever des poules. J'en ai 34, et j'en fais couver une.

9 juillet.

Nous avons ici, mon sous-lieutenant et moi, des lapins, des pigeons, des merles, des canards, des poules et des poussins en quantité. Nous avions aussi une charmante couvée de onze perdreaux ; ils sont tous morts. Nos poules aussi meurent beaucoup.

Un officier, qui vient de partir, a un singe, un chacal et un sanglier. Les bêtes sauvages s'apprivoisent parfaitement en Afrique.

Mes petits Kabyles de Tizi-Ouzou apprennent fort bien à écrire ; leurs progrès pour la lecture et le français sont moins rapides.

27 juillet.

Je viens de passer l'inspection générale ; j'ai demandé officiellement à être rayé du tableau d'avancement, et j'espère l'obtenir. Le général de Liniers a été parfait pour moi.

Aumale, 11 mars 1862.

Le 28 février j'ai assisté à une chasse au sanglier, à 23 kilomètres d'ici. Nous avions 200 Arabes comme traqueurs, et deux escadrons à cheval pour tirer le malheureux gibier. Quoique les bêtes d'Afrique ne soient pas méchantes, cette chasse n'est pas sans danger ; car une fois les tireurs animés dans la poursuite du gibier, on entend siffler les balles comme dans une bataille. J'étais allé là, d'abord pour répondre à l'invitation de nos camarades de la cavalerie, ensuite pour faire une belle course à cheval, mais pas du tout pour chasser. On m'avait cependant engagé à prendre un fusil, et mon sergent-major m'avait prêté le sien. J'aurais pu tirer un sanglier qui passa tout près de moi ; je n'y songeai même pas, tant j'admirais sa poursuite, au galop des cavaliers, sous une grêle de balles. Un sous-lieutenant de chasseurs, qui se trouvait sur son passage, faillit être tué : plusieurs balles destinées au sanglier passèrent près de lui en sifflant. Deux chevaux se tuèrent dans leur course. Un vieux solitaire fut abattu. Quand ils le virent par terre et bien mort, les Arabes vinrent lui faire toutes sortes d'insultes : les uns lui donnaient des coups de pied, c'étaient les plus hardis ; d'autres lui lançaient des pierres ; enfin quelques-uns lui disaient des paroles grossières dont le pauvre animal ne pouvait plus se fâcher. A la fin de la chasse, on avait tué un chacal et cinq sangliers. Nous étions de retour à Aumale le 1er mars à l'heure du déjeuner. Mes commensaux m'avaient gardé, de la veille, un excellent morceau de panthère.

17 avril.

Dans ce jour solennel de jeudi saint, il me semble que ma piété filiale se développe et s'élève, au spectacle des touchantes et pompeuses cérémonies de l'Eglise. A mesure qu'on vénère davantage le bon Dieu dans l'auguste mystère de l'Eucharistie, on sent qu'il vous comble de ses grâces et que le cœur, dilaté, se remplit de tendresse. Mais c'est peu, bonne mère, de s'aimer dans le temps si court de notre vie mortelle ; c'est dans la vie éternelle qu'il fera bon s'aimer, sous l'œil de Dieu, en bénissant son nom et en le glorifiant. Un pieux jeune homme, quittant sa mère, lui disait récemment ces belles paroles : « Ma mère, avant de nous séparer, promettons-nous l'un à l'autre de ne jamais commettre aucune action qui fît obstacle à notre réunion dans l'éternelle patrie. » Ah ! ma mère bien-aimée, comme je prie le Seigneur de me pardonner mes péchés, afin de nous retrouver un jour avec mon Elisa dans son saint paradis ! Toutes deux vous avez eu assez de vertus et assez de croix pour attirer sur vous la miséricorde de Dieu ; mais moi !

29 mai, jour de l'Ascension.

C'est le jour de l'Ascension, le 4 mai 1815, que ma mère me mit au monde. En cette grande fête je suis heureux de penser beaucoup à elle. Je l'ai recommandée au Seigneur dans ma communion de ce matin. Je ne crois pas avoir passé, depuis ma conversion, un seul jour de ce beau mois sans porter son souvenir aux pieds de la Vierge immaculée.

7 juin.

Mon cher et excellent Titou,

Me voici dans ma dernière année de service. Je pense plus que jamais à la douce joie de notre réunion prochaine. Quelle existence calme nous mènerons auprès de notre mère si respectable et si aimée ! Pour moi, ce ne sera pas tout-à-fait le bonheur ; mais je trouverai auprès de toi, auprès de la plus vénérée des mères, toute la consolation que je puisse éprouver dans mon malheur. Vos cœurs seront toujours prêts à compatir aux douleurs du mien. Dans les moments difficiles — il s'en présente toujours dans la vie — nous aurons recours à notre frère aîné, qui a plus d'expérience, plus d'instruction, plus de lumières que nous. Son tendre dévouement ne nous fera pas défaut. De notre côté, nous nous efforcerons d'aider ce bon frère à conduire ses enfants dans la bonne voie ; nous le seconderons dans l'exploitation de son domaine... Je te supplie de ne point embellir, en vue de me recevoir, la demeure paternelle. Plus j'avance dans la vie, plus j'ai de mépris pour les vanités humaines. Ce qui était bon pour moi, il y a trente ans, le sera encore l'année prochaine. Laisse tout dans l'état actuel. Notre mère, qui habite cette maison depuis plus de cinquante ans, s'y trouverait toute dépaysée, si tu en changeais seulement les principales dispositions. Les vieux amis de notre famille n'auront pas besoin, pour venir nous voir, que nous les recevions mieux que par le passé. Quand je suis au pays, tu sais que les grands ne dédaignent pas de me rendre visite dans la pièce qui nous sert d'atelier, de chambre à coucher, de cuisine, de salle à manger et de salon de réception. C'est là que mes bons compatriotes vinrent me prendre, pour me fêter, à mon retour de Crimée. Tout est assez bien comme cela. Nous occuperons tous deux, comme en 1833, la chambre du premier. Si nous offrons à quelqu'un l'hospitalité, nous coucherons encore, comme alors, dans le même lit. Est-ce que nous ne sommes pas toujours frères, et bons frères ?

A son frère aîné disgracié, envoyé de Vergt, comme instituteur, dans une petite commune, le capitaine Malafaye écrit ses condoléances :

28 juin.

Je ne vois pas un grand malheur dans ce qui t'arrive. Ton amour-propre, tes sentiments de justice, peuvent être froissés ; mais tu as assez d'expérience pour savoir ce que valent les hommes et quelle confiance on peut avoir en eux. Malheur à ceux qui mettent leur espérance en d'autres qu'en Dieu ! Lui seul est juste, lui seul tient ses promesses.

En résumé, tu perds de trois à cinq cents francs par an, à supposer que ta nouvelle position ne te rapporte rien du tout. Eh bien! mon frère chéri, rappelle-toi que ma retraite est augmentée de plus de 600 francs par an : ils seront pour toi. N'est-ce pas que tu ne te sentiras pas humilié de me devoir ton bien-être ? Tu n'as donc à demander à Dieu qu'une seule chose : de ne pas me survivre. Tu es mon ancien ; il est donc naturel que tu quittes le premier ce séjour des méchants, pour jouir avant moi de la gloire de Dieu. Je crois que les protections ne changeraient rien à ta position. A mon avis, il faut te résigner et l'accepter comme une épreuve profitable à ton salut.

3 juillet.

La campagne du Mexique aurait bien couronné ma carrière ; mais je me console de ne pas la faire, en pensant aux soucis qu'elle aurait causés à ma tendre et bien-aimée mère.

6 septembre.

Après avoir fait à la fièvre quatre sommations de se retirer, elle n'a pas osé se présenter ce matin. Mes sommations étaient représentées par une purge de 60 grammes de sulfate de soude et par trois doses de quinine, de un gramme chacune. J'ai repris hier mon service, interrompu depuis deux jours seulement. J'ai fait aussi ma promenade à cheval et je ne m'en suis pas mal trouvé. Hier matin, le médecin en chef de l'hôpital me dit d'un ton d'extrême bienveillance : « Vous allez mieux, mais j'estime que vous avez besoin de changer d'air. » Le comptable des vivres, marié à une demoiselle de Périgueux, ajouta en riant : « Oui, vous avez besoin de revoir le Périgord. » Le docteur sait que j'ai la plus grande envie d'aller en congé ; mais il sait aussi que je ne le demanderai pas : je laisse cela à sa conscience.

18 septembre.

Je me suis rétabli si promptement que la conscience de mon médecin se refuse à certifier qu'il me faut aller en France pour recouvrer la santé. « Je voudrais bien, me disait-il hier au soir, que vous eussiez une petite rechute. » Il m'a demandé encore ce matin si je n'étais pas un peu souffrant. Je l'ai désolé en affirmant que je ne m'étais jamais mieux porté.

30 septembre.

Pour assurer le bonheur de mon pauvre *Kabyle*, que j'aime comme un vieil ami, je le laisse pour cent francs, tout harnaché, à un médecin de l'hôpital d'Aumale, qui en est fou. De fait, *Kabyle* est une des bêtes les plus belles et les mieux dressées de la localité. Il a quatre mauvaises jambes, usées à force de faire de la *fantasia*; mais quand il est bien monté, tout le monde l'admire. Que de fois on m'en a fait compliment, croyant que j'avais un cheval de prix.

J'assure aussi le bonheur de trois poules : je les donne à Mme Chapuy, la charmante et pieuse femme du médecin qui m'a soigné et qui a attesté, peut-être sans avoir consulté sa conscience, que j'avais besoin d'un congé de convalescence de trois mois.

Malafaye, qui aimait les chevaux à la passion, regretta longtemps son *Kabyle*. Peut-être s'était-il attaché à cette bête, parce qu'elle était très ardente et assez vicieuse. Le capitaine trouvait du plaisir à dompter les animaux tout comme les hommes. *Kabyle* avait d'ailleurs de belles qualités, jusqu'à rendre jaloux de son maître les officiers amateurs d'équitation. L'un d'eux avait souvent manifesté le désir de le monter. « Eh bien ! lui dit un jour Malafaye, et *Kabyle* ? Quand l'essayez-vous ? — Mon cher, répondit-il, je crois que je dois y renoncer ; des mauvaises langues m'ont rapporté que votre cheval est aussi dévot que vous. »

De fait, la faiblesse des jambes était la tare de *Kabyle*. Mais, outre qu'il avait pour lui le proverbe : *Il n'est pas si bon cheval qui ne bronche*, et qu'il n'était jamais tombé sous la main de Malafaye, il rachetait son défaut par une tenue très fière et des performances toujours admirées. Puis il avait sa manière à lui de prouver la force musculaire de ses membres : il ruait traîtreusement bien. Un jour que son cavalier chevauchait botte à botte avec un chef de bataillon, *Kabyle* détacha une si forte ruade à son congénère, que monture et officier supérieur roulèrent dans le fossé. Dans une autre circonstance où le capitaine s'amusait en route à des exercices de voltige, le commandant du bataillon, croyant Malafaye en danger, s'élance vers lui au galop de son cheval, prêt à lui porter secours. *Kabyle* arrête aussitôt sa *fantasia* et accueille la monture du commandant d'une ruade si vigoureuse qu'il lui casse une jambe. Entre animaux, ces procédés n'ont pas de suites ; mais pour les hommes, des êtres raisonnables, c'est autre chose : à dater de cette aventure le chef de bataillon bouda Malafaye et ne voulut plus avoir de relations avec lui.

7 octobre.

Mon congé est accordé. Pardonnez-moi, bonne mère, de n'en pas profiter tout de suite pour goûter le bonheur d'être auprès de vous. Je demande une permission de quinze jours. Je ne peux pas quitter ce pays sans revoir Saint-Cloud, sans dire adieu, peut-être pour toujours, à cette tombe où repose celle qui m'est si chère et que j'ai tant aimée.

Saint-Cloud, 29 octobre.

En traversant Sainte-Léonie, j'ai vu en ruines les deux plus belles maisons du village. Ce spectacle m'a serré le cœur. Mefessour et Saint-Cloud, villages parisiens, sont plus prospères que Sainte-Léonie, fondée pourtant dans le but d'y établir de bons cultivateurs prussiens. Qui aurait pu croire que des Parisiens, autrefois horlogers, bijoutiers, commis en nouveautés, deviendraient meilleurs cultivateurs que de rudes Allemands ?

Alger, 3 mars 1863.

Le **28** février je rends visite à Mme Sarlande.

Elle reçoit le samedi. C'est une femme charmante : je la vois pour la première fois ; néanmoins, elle me donne la main. Cette Parisienne connaît et apprécie notre Périgord ; elle est décidée à l'habiter, si l'Empereur donne un autre maire à Alger. Les fonctions de maire se paient ici 10,000 francs ; mais M. Sarlande sera plus riche dans le Périgord avec sa belle fortune personnelle, qu'à Alger avec 10,000 francs de plus.

Je fais faire ma photographie.

21 mars.

Jeudi, j'ai passé, comme d'habitude, une grande partie de la journée avec mon jeune ami, Louis Bordenave. Je l'ai fait jouer aux boules, ainsi que deux de ses camarades. Naturellement Louis était mon partenaire. Nous avons battu nos adversaires, dont l'un était très fort.

J'ai visité, avec le trésorier de notre conférence, une famille juive. Quel spectacle ! une petite chambre sans croisée pour la mère et deux enfants déjà grands. La mère, presque aveugle, a une extinction de voix qui lui fatigue beaucoup la poitrine quand elle parle. Cette pauvre femme n'a qu'un lit. Elle doit cinq mois de loyer, à 8 francs.

24 mars.

Je suis revenu chez la pauvre Juive. J'ai prié la concierge d'avertir le principal locataire que s'il consentait à donner quittance à cette femme pour 20 francs au lieu de 40, je lui payerais cette somme. J'irai trouver une des filles de saint Vincent de Paul, sœur Pauline, la providence visible des pauvres d'Alger. Nous tâcherons ensemble de procurer à ma protégée une paillasse et une couverture pour faire coucher les deux enfants.

Je suis indigné contre les riches insouciants des misères d'autrui. Si les dames vendaient leurs diamants, qui ne servent ni à les habiller ni à les embellir, elles auraient assez d'argent pour soulager tous les pauvres.

Hier je suis allé dans une autre famille que je visitais avant mon départ pour Tizi-Ouzou, il y a plus de deux ans. Par suite de je ne sais quel malentendu, ces pauvres gens n'avaient plus reçu aucun secours. Des protestants leur étaient venus en aide et leur promettaient qu'ils ne manqueraient de rien, s'ils embrassaient leur religion.

Quel malheur, si la misère, au lieu d'être une salutaire pénitence pour leur âme, ne sert qu'à la perdre !

31 mars.

Le 25, jour de l'Annonciation, j'ai visité la trappe de Staouéli. L'abbé, qui a rang d'évêque, célébrait pontificalement. Avant de recevoir la sainte Eucharistie, Pères et Frères se donnèrent tous le baiser de paix. Cette cérémonie me toucha profondément. J'eus l'avantage de me jeter dans les bras d'un ancien membre de la conférence de Saint-Vincent de Paul, aujourd'hui novice. Il lave la vaisselle ; il soigne les bœufs, quoiqu'il en ait une extrême frayeur. Il veut cependant persévérer et il ne changerait pas sa position, m'a-t-il dit, pour celle de gouverneur général de l'Algérie.

2 avril (jeudi saint).

J'ai eu le bonheur d'obtenir, à la dernière réunion de la conférence, ce qui me manquait pour payer le logement de la veuve juive Krief. Un autre malheureux est venu me demander de lui rendre le même service. J'ai eu le regret de ne pouvoir rien obtenir pour lui.

Vendredi dernier, j'ai accompagné quelques confrères qui allaient porter des secours à des Arabes indigents. Nous avions 35 francs, que nous distribuâmes presque sou par sou en moins d'une heure. Ces pauvres gens me prenaient par la tunique, par les bras, me baisaient les mains ; je crus un instant qu'ils déchireraient mes habits. Nous avions avec nous une sœur de St Vincent de Paul qui connaît tous les pauvres, même les femmes qui sont voilées ; elle sait quelles sont leurs misères et le nombre d'enfants à nourrir. Cette malheureuse population diminue rapidement, parce qu'elle périt faute d'une nourriture suffisante. Elle ne peut plus manger de viande : un mouton qui valait de 2 à 3 fr. avant la conquête, se vend aujourd'hui 18 francs.

La fête des Rameaux est plus belle en Afrique qu'en France. Une grande partie des rameaux qu'on bénit ici sont, comme ceux qu'on jetait à Jérusalem sur le passage de Notre-Seigneur, des branches de palmier de toute beauté.

A deux heures de l'après-midi, course de chevaux à Mustapha. J'y conduis le fils du juge de paix et celui de M. de Sainte-Marie, ancien inspecteur de colonisation à Saint-Cloud. M. de Marsaguet, jeune officier, court et gagne un prix. Deux chevaux roulent dans la poussière, heureusement sans écraser leurs cavaliers.

Au camp de Satonay, 17 mai 1863.

Mon colonel fait des démarches pour m'obtenir la croix d'officier de la Légion d'honneur. Moi, je voudrais me retirer tel que je suis.

30 mai.

Tout le monde me blâme de demander ma retraite au moment où mes chefs me témoignent un si grand intérêt ; mais je reste inébranlable dans ma résolution. Ai-je besoin d'être officier de la Légion d'honneur pour que vous m'aimiez ? Tout cela n'est que vanité.

Avant de suivre Malafaye dans sa retraite, récapitulons dans ses grandes lignes sa vie de soldat.

A dix-huit ans, il remplace à titre gratuit son frère Titou, plus nécessaire que lui à la maison de la veuve Malafaye. Son instruction était alors à peu près celle d'un bon élève de quatrième ; mais au régiment il travaille avec une telle persévérance qu'il obtient l'épaulette d'or à 26 ans. Nous avons dit dans notre préface-notice, qu'il fut lieutenant l'année suivante. Il n'eut ce grade qu'à l'âge de 32 ans. A 36 ans, il fut capitaine. En 1850, il épousa Mlle Nodet à Collonges. Huit mois avant son mariage, pour purifier son âme des « immondices d'une vie sans religion », il avait fait à Tlemcen sa première communion. A dater de cette époque, il ajoute à l'honnêteté de l'homme et à la bravoure du soldat une générosité chrétienne qu'il portera souvent jusqu'à l'héroïsme. Son aimable et vertueuse épouse ne lui donne que quinze mois d'idyllique bonheur ; mais leurs chastes amours, plus fortes que la mort, survivront dans l'âme de Malafaye à l'envolement de sa très unique bien-aimée. Dès lors, insensible et fermé à toutes les joies d'ici-bas, le cœur du bon capitaine ne bat plus que pour les devoirs de son état et les infortunes qu'il rencontre sur le chemin de la vie. Nous avons énuméré, dans notre préface-notice, les charités de tout genre dont l'exercice ininterrompu occupa son dévouement et vida toujours sa bourse. Mais nous n'avons pas assez dit l'influence de sa patriotique et belliqueuse ardeur dans les milieux où elle se fit sans cesse admirer.

Malafaye avait le don de rendre contagieuse sa vaillance militaire. Un jour, dans la campagne de Kabylie, on avait décidé qu'un coup de main hardi mais dangereux serait tenté pour surprendre l'ennemi. Le commandant du bataillon suit l'une après l'autre ses compagnies et se fait présenter les plus intrépides soldats, qui seront chargés de cette périlleuse entreprise. Le capitaine Malafaye en offre un si grand nombre que l'officier supérieur, étonné, ravi, lui fait cette flatteuse remarque : « c'est extraordinaire ! Je ne sais comment vous faites, vous ; mais s'il faut des hommes d'élite, vous en fournissez, à vous seul, autant que tous les autres ! »

C'est que Malafaye savait admirablement travailler la pâte de soldats. On lui confiait de préférence les sujets réfractaires à la discipline et aux vertus guerrières, et parfois il les façonnait merveilleusement à son image. Il aimait à raconter en famille qu'il eut dans sa compagnie, pendant la guerre de Crimée, un soldat voleur, connu de tous et noté comme tel. Ses conseils et ses soins le corrigèrent si bien et le transformèrent à ce point, qu'il mérita, par de brillants, par d'héroïques faits d'armes, de figurer plusieurs fois sur le tableau des récompenses. Mais la tache infamante, consignée dans son livret, mettait toujours à sa décoration un invincible obstacle : la commission se montrait impitoyable. Cependant le capitaine prit à cœur d'obtenir à ce brave cette marque suprême de réhabilitation, et à la fin (chose surprenante à cette époque, mais depuis !...) le voleur fut décoré !

Et quels beaux états de service à l'actif de notre héros ! vingt-six campagnes de guerre ; dix blessures reçues sous les murs de Sébastopol ; en Afrique, la colonisation, nous pourrions presque dire la création de sept ou huit villages, entre autres Saint-Cloud, cette perle de la province d'Oran ; l'instruction primaire donnée à de nombreux enfants arabes en même temps qu'aux soldats illettrés ; la porte des grades ouverte par ses persévérantes leçons à une dizaine de militaires, dont l'un, son compatriote, s'est retiré chef de bataillon ; enfin et par-dessus tout, sa foi de chrétien sans peur, foyer rayonnant où, mieux qu'à tout autre, s'alimente la flamme guerrière, lorsqu'elle ne s'y allume pas.

Paris, 3 avril 1866.

Mes dépenses à Paris sont plus modestes qu'il y a deux ans. M. Duval et mon beau-frère me menaçaient, si je n'avais pas été sage, de prendre ma bourse et de ne me donner que cinquante centimes par jour. Cela ne m'aurait pas suffi ; mais il ne me faut pas plus d'un franc lorsque je n'ai pas de dépense extraordinaire. Mes intérêts et les vôtres ne souffriront donc pas de mon trop long séjour à Paris.

12 mai.

Je passe, à Paris, mon temps aussi agréablement qu'on puisse le faire quand on n'a pas vu sa vieille mère depuis trois mois et qu'on meurt d'envie de l'embrasser. Sans compter que les prairies de Vergt sont plus agréables à voir, dans ce moment-ci, que les pavés de la capitale.

14 juin.

Depuis le 1er janvier jusqu'à ce jour, je n'ai pas franchi les limites que je me suis fixées au sujet de mes dépenses. Je me prive au point de n'avoir pas encore offert un bouquet à ma belle-sœur ni un joujou à André. J'ai fait nettoyer mon chapeau en portant celui de M. Duval pendant une semaine, au lieu d'en acheter un neuf. Je me suis contenté aussi de faire réparer mes bottes, quoiqu'elles me chaussent très mal.

Paris, 5 juillet.

J'ai fait des démarches pour le mariage de deux indigents dont un des trois enfants n'est pas même baptisé. Je serai le parrain de cet enfant lundi prochain.

18 avril 1872.

J'ai lu, mon cher Raymond, avec un indicible bonheur, les sentiments que tu exprimes au sujet de ta femme et de ton enfant. Il y en a qui prétendent que le mariage tue l'amour. Rien n'est plus faux assurément.

Collonges-Fort-l'Ecluse, 21 octobre 1881.

J'éprouve le besoin de vous dire combien je suis heureux ici. Je voudrais même l'être moins. Mme Nodet, M. et Mme Laurençon, ne savent que faire pour m'être agréables. Depuis mon arrivée, les deux ménages se sont réunis, afin de ne pas perdre un instant de ma présence à Collonges. Autre joie : il y a des gens qui se souviennent encore du temps où je leur apprenais à lire et à écrire.

Saint-Cloud d'Oran, 2 novembre 1881.

Me voilà arrivé au but de mon voyage. Je puis dire que j'en ai supporté ce qu'on appelle les fatigues avec autant de facilité que si j'étais encore à l'âge de trente ans. Il me faudrait un volume pour vous dire toutes mes impressions. L'excellent M. Bordenave m'a donné une si généreuse hospitalité, à Alger ! Ici, M. Campillo m'a forcé d'abandonner mon hôtel pour prendre le logement qu'il m'a fait préparer chez lui. Au lieu d'une simple messe chantée que j'avais demandée pour mon Elisa, M. le curé a voulu faire un service de 1re classe, auquel assistèrent un assez grand nombre d'anciens colons.

6 novembre.

Je suis émerveillé de ce que je vois ici. Les colons qui ont persévéré sont presque tous riches. La vigne donne d'excellents produits. De mon temps, on disait déjà que Saint-Cloud était la reine des colonies agricoles ; aujourd'hui sa couronne de reine est plus brillante que jamais. Les propriétés que j'avais données ont au moins triplé de valeur depuis mon départ.

Ce qui m'attriste ici, c'est la disparition de plusieurs personnes qui m'étaient bien chères. Entre toutes, Mme Campillo est celle que je regrette le plus. Hier matin, j'ai fait, au nouveau cimetière, une visite à chacune des tombes portant un nom connu.

J'avais pris les noms des anciens colons pour les visiter. Je n'avais pas sur ma liste les familles qui ont perdu père et mère : les enfants viennent réclamer ma visite, quoique je ne les aie connus que tout petits.

Les bonnes sœurs ont été chassées du local que je leur avais donné. Elles sont logées aujourd'hui par M. Campillo.

Argelès-sur-Mer (Pyrénées-Orientales),
11 novembre 1881.

Me voilà égaré à Argelès, que je ne croyais ja-

20.

mais trouver sur ma route. Mais on dit qu'il né faut jurer de rien. Voici pourquoi et comment je suis ici.

J'ai appris à Oran que M. l'abbé Garreix était encore de ce monde et qu'il habitait dans les environs de Perpignan. Le vénérable abbé Garreix est l'ancien curé de Tlemcen, qui m'a fait faire ma première communion. Jugez si je veux manquer l'occasion de mon long voyage pour le voir. Je suis revenu en France par Port-Vendres.

Gare d'Argelès, 12 novembre.

Je suis parti à pied pour Sorède. Mon temps n'a pas été perdu pour l'agriculture. Les vignes, très belles, ont fixé surtout mon attention. J'ai vu des chênes-lièges aussi beaux que ceux d'Afrique. Les oliviers sont chargés de fruits. Je remarque un autre arbre d'une rare beauté que je ne connaissais pas; c'est le micoucoulier, qui produit le bois dont on fait les manches de fouet ; il est d'un très grand rapport. Je rencontre, avant d'arriver, un homme qui me donne tous les détails dont j'ai besoin et qui me conduit chez mon vieil et vénérable ami, M. l'abbé Garreix. Mon conducteur m'ayant mis en face de M. l'abbé Garreix, je défie le vénéré prêtre de me reconnaître ; mais pendant qu'il cherche à deviner qui je suis, je lui saute au cou en me nommant. Cet excellent homme a aussitôt ouvert ses bras tout grands : je m'y suis jeté et il m'a tenu longtemps étroitement serré. Je le voyais si ému que je regrettais de l'avoir surpris et que je redoutais pour lui une attaque. Ce précieux ami a beaucoup vieilli et il souffre d'un asthme qui, en ce moment, se complique d'un gros rhume. Ce matin j'ai assisté à sa messe et visité ses propriétés. Le bien de son père, m'a-t-il dit, rapportait autrefois de deux à trois mille francs. Depuis qu'on a planté des vignes et des micoucouliers, il donne de trente à trente-deux mille francs,. c'est-à-dire que son revenu a plus que décuplé. Les habitants de ce pays n'ayant guère de bestiaux à cause de la rareté des fourrages, font peu de fumier. Ils se servent de chiffons de laine pour donner de la vigueur à la vigne. Ils en mettent deux kilogrammes pour quatre pieds. Mais ce n'est pas tout : on échaude chaque cep avec de l'eau bouillante pour le délivrer des insectes qui pourraient lui nuire.

Paris-Passy, 18 mai 1882.

Lundi dernier je suis allé à la messe de première communion des ramoneurs. J'ai vu le déjeuner préparé pour ces enfants et pour leurs familles. Un de mes frères en saint Dominique avait formé ces petits chrétiens à la connaissance de la religion. C'est lui aussi qui a organisé le déjeuner. Il me tarde de savoir comment fonctionne cette œuvre si intéressante.

25 mai.

Les noces d'argent de mon beau-frère ont été splendides. Je crois que je n'ai jamais vu un si beau dîner. J'étais confus d'être si mal habillé au milieu des plus riches toilettes. Ma belle-sœur avait une bague achetée pour la circonstance, que Mme Duval estime de 2 à 3 mille francs. Et pourtant elle m'avait donné la place d'honneur à sa droite. Combien j'aurais mieux aimé être dans sa maison de la rue Vineuse que dans ces riches salons resplendissants de dorures et de peintures ! Aussi, dès que ces dames donnèrent l'exemple, je me sauvai, sous prétexte d'accompagner Mme Duval à sa voiture.

Paris-Passy, 12 avril 1883.

Avant-hier j'ai assisté aux obsèques de Louis Veuillot. L'église de Saint-Thomas-d'Aquin s'est trouvée trop petite pour recevoir la foule des chrétiens qui venaient prier pour ce vaillant champion de la cause catholique.

Vergt, 26 janvier 1885.

Merci d'abord, ma chère cousine, des vœux que vous et les vôtres voulez bien faire pour ma santé. Le divin enfant Jésus vous a tous à peu près exaucés ; car je ne souffre que d'une invasion d'engelures aux pieds et aux mains. Néanmoins je suis forcé de me faire soigner pour cette bagatelle, comme si j'étais malade, afin qu'elle ne m'arrête pas ; car il me serait bien pénible de cesser d'assister chaque jour à la sainte messe, où mon Elisa et sa famille ne sont jamais oubliées. Je boite beaucoup ; j'offre ma souffrance à Dieu pour la rémission de mes péchés.

Vergt, 26 janvier 1887.

Le 6 décembre dernier je suis parti pour l'Algérie, afin de faire porter de l'ancien cimetière, aujourd'hui abandonné, dans le nouveau, les restes vénérés de ma pauvre femme. Il peut paraître imprudent d'entreprendre, à 72 ans, et aux approches de l'hiver, un voyage d'un millier de lieues ; mais j'avais à m'arrêter dans les Pyrénées-Orientales chez d'excellents amis, entre autres le saint prêtre qui m'avait fait fairè ma première communion. Deux jours me suffirent pour m'y rendre ; j'y restai huit jours. Je m'embarquai ensuite à Port-Vendres pour Oran, où m'attendaient mon cher beau-frère Louis Nodet ainsi que sa femme et sa gentille fillette. Je fus leur hôte pendant dix jours. Je reçus de cette heureuse famille un accueil que je n'oublierai jamais. De plus, mon beau-frère me prêta son bienveillant concours dans l'accomplissement de la tâche qui m'appelait en Algérie. Dès la veille de l'exhumation il m'accompagnait à Saint-Cloud. Sa femme et son enfant y seraient venues aussi, mais quelques cas de croup dans cette localité imposèrent la prudente mesure d'en tenir éloignée la chère petite. Ma belle-sœur laissa sa fille à Oran et vint nous rejoindre le lendemain pour assister au service et à la translation des ossements, — car il ne restait plus que cela de ma pauvre amie !

Paris-Passy, 14 avril 1887.

Ce soir, je vais tâcher, non pas de réconcilier un père et une mère avec leur fils et leur belle-fille, — ce serait trop de bonheur, — mais d'apaiser des haines et de faire accorder des secours nécessaires. Puissé-je être bien inspiré pour toucher, sinon le cœur, du moins la raison et la justice de parents irrités.

Paris-Passy, 19 mai.

J'ai assisté aux trois processions des Rogations, à Passy, dans le jardin de M. le curé.

Vergt, 19 décembre 1891.

Mon pays est envahi par l'influenza, et c'est à cette maladie qu'a succombé mon frère aîné, le seul qui me restât des trois que j'avais. Ses 83 ans ne lui laissaient pas la force de résister. Au moment de sa mort, ses deux fils et sa belle-fille étaient atteints du mal régnant, et aucun d'eux n'a pu l'accompagner au cimetière. Malgré mes 76 ans, j'ai dû conduire le deuil. Moi-même, qui jouis ordinairement d'une excellente santé, je suis enrhumé depuis un mois.

Vergt, 22 janvier 1895.

Si je vis jusqu'au 4 mai prochain je commencerai ma 81ᵉ année. Ma santé est bonne comme au temps de ma jeunesse. Sans doute je serais plus heureux avec une famille ; mais s'il a plu à Dieu de prendre mon enfant d'abord, ma femme ensuite, c'est qu'il voulait avoir ces deux chères âmes dans son paradis. Qui sait si elles n'y servent pas mieux qu'auprès de moi mes intérêts éternels ?

J'ai d'ailleurs, en compensation, deux neveux et deux petits-neveux tout à fait bons pour moi. Je n'en suis séparé que par la largeur d'une rue ; nous ne faisons pour ainsi dire qu'une seule maison.

Vergt, 21 janvier 1896.

Ma chère Cousine,

Les années passent si vite que vous avez dû perdre de vue le grand âge qu'il a plu à Dieu de m'accorder. Le 4 mai prochain, si je vis encore, j'aura jeté derrière moi ma 81ᵉ année. Petit de taille, faible de complexion, affaibli encore par vingt-six campagnes de guerre, je ne pensais pas jouir longtemps de ma retraite. Il y aura pourtant trente-trois ans le 31 mai que j'ai demandé ma retraite. Le même jour je sollicitais un congé pour aller attendre dans mes foyers qu'elle me fût accordée. Il y a plus de temps que je suis payé sans rien faire que je n'en ai mis pour gagner cette position de paresseux. Et, chose plus étonnante encore, je suis mieux payé pour ne rien faire que je ne l'étais pour travailler. Quel cas l'Etat faisait-il donc de mes services ? Ce qui me rend confus, c'est que ma santé d'octogénaire me fait craindre de manger encore longtemps du pain mal gagné. J'ai bien quelques misères qui sont l'accompagnement obligé, le cortège inévitable de la vieillesse : j'ai des engelures aux pieds et aux mains, mes blessures de guerre me font quelquefois souffrir, mes forces s'affaiblissent, mon estomac devient difficile. Mais l'état général est bon : je dors bien, je fais presque tous les jours ma partie de cartes, de dames ou d'échecs. J'ai un charmant curé, (1) de joyeux compatriotes qui s'appliquent à me distraire. Je suis très gai. J'avais cru, autrefois, que les vieux étaient désagréables, répugnants même, et qu'on les évitait comme la peste. C'est le contraire qui m'arrive. Ainsi, dans une petite localité comme Vergt, j'ai trois maisons où je puis passer mes soirées. Au moment où je vous écris, je suis attendu pour faire la partie de piquet; le plaisir de causer avec ma jeune et chère cousine peut seul me forcer d'être désagréable à mon aimable adversaire en me faisant trop longtemps désirer. En un mot, malgré mon grand âge, je me trouve fort heureux. Et cependant j'ai perdu la meilleure, la plus vertueuse des épouses ; mon enfant est mort avant elle ; je survis à mes trois frères et presque tous mes amis ne sont plus. Ils me manquent, me manquent beaucoup ; je serais plus heureux encore s'il avait plu à Dieu de me les conserver. Mais je bénis le Seigneur qui me fait la grâce de me conformer à sa sainte providence et d'accepter comme bon et utile tout ce qu'elle m'envoie.

Vergt, 6 octobre 1900.

MA CHÈRE COUSINE,

Vendredi dernier, à la conférence de Saint-Vincent de Paul, dont je suis l'indigne président, je n'ai pas pu faire la prière qui termine chacune de

---

(1) M. l'abbé Jollivet, chanoine honoraire, qui a précédé de quelques mois le capitaine dans la tombe.

nos réunions. Rentré chez moi, j'ai perdu connaissance et je suis resté dans cet état jusqu'au samedi. Je me trouve bien maintenant, mais ma nièce veille sur moi, afin de me faire éviter toute fatigue. Je vis chez elle depuis six mois. J'y suis comme dans un paradis terrestre. Ce n'est pas elle seulement qui me comble de bienfaits : son mari, ses enfants, sa belle-fille, tous rivalisent de zèle pour me procurer des distractions et me conserver le plus longtemps possible.

Ma servante et son fils, voyant que ma nièce désirait me donner elle-même ses soins, se sont discrètement retirés. J'ai pour leurs services une reconnaissance telle que je ne les aurais jamais renvoyés. Ils se sont logés dans mon voisinage, dans une des deux maisons qu'ils ont achetées pendant qu'ils étaient chez moi ; car j'ai eu le bonheur de faire la petite fortune de deux servantes avec le produit de mes lapins que j'élevais par centaines.

Vergt, 24 janvier 1902.

Chère Cousine,

Ma santé continue à être bonne, quoique les infirmités m'aient envahi depuis les ongles des pieds jusqu'à la racine des cheveux. Je suis resté très gai : je joue beaucoup, dans ma famille d'abord, puis avec des amis et des voisins.

Le bon capitaine n'oubliait pas dans sa retraite ses vieilles connaissances du régiment. Il était en correspondance avec plusieurs vétérans, autrefois ses soldats, auprès desquels, à la veille de mourir, il exerçait encore ses sollicitudes de chrétien et d'ami. Voici deux de ces lettres qui nous viennent de Bayonne, où vit encore sans doute « son cher Récart. »

Vergt, 9 janvier 1892.

CHER ET BON AMI,

Rien ne pouvait m'être plus agréable que votre lettre. Voilà bien des fois que vous me donnez des preuves de votre fidèle attachement. J'en suis très fier et je prie le bon Dieu de vous rendre au centuple le bien que vous me faites.

A mesure que j'avance en âge, je vois tomber autour de moi des êtres qui me sont bien chers. En deux ans, j'ai perdu deux frères et une tante. Il me reste encore deux neveux, une nièce et trois petits-neveux. Ils sont tous charmants pour leur vieil oncle qui les aime tendrement. Quatre frères et deux sœurs de ma femme sont encore vivants. J'ai avec eux des relations aussi fraternelles que si ma femme vivait encore. Mes neveux et nièces de ce côté-là sont aussi aimables que ceux de Vergt. En un mot, si je n'ai pas le bonheur d'avoir une famille à moi, le bon Dieu m'a fait la grâce de voir ma vieillesse entourée de solides affections...

Comme je suis très vieux et que j'ai la tête faible, peut-être que je vous conte tous les ans les mêmes histoires ; mais j'espère vous faire plaisir.

Vergt, 17 juillet 1902.

MON EXCELLENT AMI ET BON CAMARADE,

Bien loin d'être étonné de recevoir de vos bonnes nouvelles, je suis honteux d'être en retard avec vous qui ne m'avez jamais négligé.

Je regarde comme une bénédiction de Dieu la bonne chance que votre fils et mon neveu se soient, comme nous, rencontrés sous le drapeau de ce brave 9ᵉ de ligne, et qu'ils se soient aimés comme nous nous aimions tous deux à Thionville. C'est au point qu'ils sont encore en correspondance et qu'il ne se passe guère de mois de janvier sans qu'ils se souhaitent mutuellement une bonne année....

J'ai commencé cette lettre le 17 et je ne suis pas certain de la finir aujourd'hui, 22, fête de sainte Marie-Madeleine. La bonne volonté ne suffit pas pour écrire, même à ses meilleurs amis comme vous. Quand je suis bien résolu, je prends fièrement ma plume ; mais, au lieu de marcher, elle aime mieux obéir au sommeil, qui la fait tomber de mes mains et maculer mon papier.

Vous avez tort, et je veux vous en faire le reproche, de garder mes lettres. Elles ne méritent pas tant d'honneur, et si vous les trouvez « belles », c'est que votre amitié pour moi est aussi profonde que constante.

Depuis que je suis vieux comme les chemins, je n'ai plus de mémoire et j'avais oublié que vous aviez une fille dans l'ordre des Filles de la Croix. Sa profession lui fait bien de l'honneur en ce moment où les religieuses sont persécutées.

Depuis plus de deux ans, je vis dans la famille de mes neveux, où tout le monde me gâte. Aussi, je suis très heureux, quoique je trouve un peu plus lourd le poids de mes 87 ans.

Que Dieu vous bénisse avec tous les membres de votre honorable famille.

Capitaine MALAFAYE.

ÉPILOGUE

Aussitôt après la mort du capitaine Malafaye, un comité se formait à Vergt en vue d'élever un monument, « œuvre de reconnaissance et de justice », à la mémoire de cet homme de bien. Une circulaire fut lancée, demandant des souscriptions. Elle portait les douze signatures suivantes :

Général MINOT, ✳ O. ; Commandant RÉJOU, ✳ O. ; Léo LAGRANGE, ✸ I, *maire de Vergt* ; SAILHOL, *curé-doyen de Vergt* ; Docteur DE BROU DE LAURIÈRE, ✸ I, *maire de Cendrieux, conseiller général du canton de Vergt* ; F. JAMMET, *maire de Breuilh, conseiller d'arrondissement du canton de Vergt* ; Docteur MERCIER, *conseiller municipal, suppléant du Juge de Paix* ; M. GADAUD, *agent-voyer en retraite* ; Comte DE MONTAGUT, *propriétaire, château de Boirat* ; Commandant ROUX, ✳. ; Auguste DANO, *ancien négociant* ; DU RIEU DE MARSAGUET, *docteur en droit, chevalier des ordres de Malte et de Pie IX.*

Compatriotes, admirateurs et amis du *bon capitaine* accueillirent si bien ce projet, qu'en quelques semaines les souscriptions dépassèrent la somme nécessaire pour le réaliser.

D'autre part, une délibération du conseil

municipal de Vergt, prise à l'unanimité, accordait un terrain pour l'érection du monument sur la principale place publique du chef-lieu de la commune.

Actuellement, on coule en bronze le buste de notre héros. Il sera bientôt sur son piédestal. On doit l'inaugurer solennellement le 28 juin prochain.

Nous venons de recevoir, trop tard pour les insérer, trois belles lettres du capitaine. Nous nous bornons à y cueillir cette perle :

Devant Sébastopol, 18 mars 1855.

Je souhaite à mon pays les bienfaits de la paix, mais je désire me trouver au nombre des combattants toutes les fois que nous aurons à supporter le fléau de la guerre.

14 mai 1903.

ERRATUM :

Page 137, ligne 15, lisez : *Aouïna*.

PÉRIGUEUX. — IMP. DE LA DORDOGNE.

Imprimerie de la Dordogne
PÉRIGUEUX

www.ingramcontent.com/pod-product-compliance
Lightning Source LLC
LaVergne TN
LVHW021215170726
843501LV00003B/526